高等职业教育"十四五"规划旅游大类精品教材
研学旅行管理与服务专业系列专家指导委员会、编委会

高等职业教育"十四五"规划旅游大类精品教材

研学旅行管理与服务专业系列

总顾问 ◎ 王昆欣　　总主编 ◎ 魏　凯

研学旅行概论

YANXUE LÜXING GAILUN

主　编：魏　凯　赵恩兰

副主编：刘丽莉　张玉娟　陈　超　丁黎明

华中科技大学出版社
http://press.hust.edu.cn
中国·武汉

内 容 简 介

本教材基于《研学旅行指导师国家职业标准》的相关要求与规范,按照问题导向和任务导向的逻辑框架编写完成。本教材体现了党的二十大和党的二十届三中全会精神中强调的"产教融合"职教特色,遵循"有依据、有案例"的原则,既有教育政策依据,又有鲜活的研学案例。本教材共分为七个项目,聚焦"研学旅行是什么? 如何运行?"等关键问题,从研学旅行的前世今生、研学旅行的基本体系、研学旅行的主体对象、研学旅行的客体类型、研学旅行的介体职责、研学旅行的运维要求、研学旅行的从业技能等方面进行解析,提供了全面系统的政策梳理、行业案例和基本知识。

本教材内容难度适中,既适合作为中等职业院校、高等职业院校、职业本科院校及应用型本科院校相关专业的教学用书,也可作为研学旅行指导师职业技能等级考试的参考教材,还可以作为中小学教师或研学旅行从业人员的培训用书。

图书在版编目(CIP)数据

研学旅行概论 / 魏凯,赵恩兰主编 . -- 武汉 : 华中科技大学出版社,2025.2. -- (高等职业教育"十四五"规划旅游大类精品教材). -- ISBN 978-7-5772-1591-4

Ⅰ . F590.75

中国国家版本馆 CIP 数据核字第 2025KH6149 号

研学旅行概论

Yanxue lüxing Gailun

魏 凯 赵恩兰 主编

总 策 划:李 欢

策划编辑:王雅琪 王 乾

责任编辑:张 琳

封面设计:原色设计

责任校对:刘 竣

责任监印:周治超

出版发行:华中科技大学出版社(中国·武汉)　　　电话:(027)81321913

　　　　　武汉市东湖新技术开发区华工科技园　　　邮编:430223

录　排:孙雅丽

印　刷:武汉科源印刷设计有限公司

开　本:787mm×1092mm　1/16

印　张:13.25

字　数:277千字

版　次:2025年2月第1版第1次印刷

定　价:49.80元

序一

党的二十大报告指出,要"统筹职业教育、高等教育、继续教育协同创新,推进职普融通、产教融合、科教融汇,优化职业教育类型定位","实施科教兴国战略,强化现代化建设人才支撑","要坚持教育优先发展、科技自立自强、人才引领驱动","开辟发展新领域新赛道,不断塑造发展新动能新优势","坚持以文塑旅、以旅彰文,推进文化和旅游深度融合发展",这为职业教育发展提供了根本指引,也有力地提振了旅游职业教育发展的信念。

2021年,教育部立足增强职业教育适应性,体现职业教育人才培养定位,发布了新版《职业教育专业目录(2021年)》,2022年,又发布了新版《职业教育专业简介》,全面更新了职业面向、拓展了能力要求、优化了课程体系。因此,出版一套以旅游职业教育立德树人为导向、融入党的二十大精神、匹配核心课程和职业能力进阶要求的高水准教材成为我国旅游职业教育和人才培养的迫切需要。

基于此,在全国有关旅游职业院校的大力支持和指导下,教育部直属的全国重点大学出版社——华中科技大学出版社,在党的二十大精神的指引下,主动创新出版理念、改进方式方法,汇集一大批国内高水平旅游院校的国家教学名师、全国旅游职业教育教学指导委员会委员、全国餐饮职业教育教学指导委员会委员、资深教授及中青年旅游学科带头人,编撰出版"高等职业教育'十四五'规划旅游大类精品教材"。本套教材具有以下特点。

一、全面融入党的二十大精神,落实立德树人根本任务

党的二十大报告中强调:"坚持和加强党的全面领导。"党的领导是我国职业教育最鲜明的特征,是新时代中国特色社会主义教育事业高质量发展的根本保证。因此,本套教材在编写过程中注重提高政治站位,全面贯彻党的教育方针,"润物细无声"地融入中华优秀传统文化和现代化发展新成就,将正确的政治方向和价值导向作为本套教材的顶层设计并贯彻到具体项目任务和教学资源中,不仅培养学生的专业素养,还注重引导学生坚定理想信念、厚植爱国情怀、加强品德修养,以期落实"立德树人"这一教育的根本任务。

二、基于新版专业简介和专业标准编写,兼具权威性与时代适应性

教育部2022年发布新版《职业教育专业简介》后,华中科技大学出版社特邀我担任总顾问,同时邀请了全国近百所旅游职业院校知名教授、学科带头人和一线骨干教师,以及旅游行业专家成立编委会,对标新版专业简介,面向专业数字化转型要求,对教材书目进行科学全面的梳理。例如,邀请职业教育国家级专业教学资源库建设单位课程负责人担任主编,编写《景区服务与管理》《中国传统建筑文化》及《旅游商品创意》(活页式)等教材;《旅游概论》《旅游规划实务》等教材成为教育部授予的职业教育国家在线精品课程的配套教材;《旅游大数据分析与应用》等教材则获批省级规划教材。经过各位编委的努力,最终形成"高等职业教育'十四五'规划旅游大类精品教材"。

三、完整的配套教学资源,打造立体化互动教材

华中科技大学出版社为本套教材建设了内容全面的线上教材课程资源服务平台:在横向资源配套上,提供全系列教学计划书、教学课件、习题库、案例库、参考答案、教学视频等配套教学资源;在纵向资源开发上,构建了覆盖课程开发、习题管理、学生评论、班级管理等集开发、使用、管理、评价于一体的教学生态链,打造了线上线下、课内课外的新形态立体化互动教材。

本套教材既可以作为职业教育旅游大类相关专业教学用书,也可以作为职业本科旅游类专业教育的参考用书,同时,可以作为工具书供从事旅游类相关工作的企事业单位人员借鉴与参考。

在旅游职业教育发展的新时代,主编出版一套高质量的规划教材是一项重要的教学质量工程,更是一份重要的责任。本套教材在组织策划及编写出版过程中,得到了全国广大院校旅游教育教学专家教授、企业精英,以及华中科技大学出版社的大力支持,在此一并致谢!

衷心希望本套教材能够为全国职业院校的旅游学界、业界和对旅游知识充满渴望的社会大众带来真正的精神和知识营养,为我国旅游教育教材建设贡献力量。也希望并诚挚邀请更多旅游院校的学者加入我们的编者和读者队伍,为进一步促进旅游职业教育发展贡献力量。

王昆欣

世界旅游联盟(WTA)研究院首席研究员

高等职业教育"十四五"规划旅游大类精品教材总顾问

序二
XUER

2024年5月17日,全国旅游发展大会在北京召开。在本次会议上,习近平总书记对旅游工作作出重要指示,强调"新时代新征程,旅游发展面临新机遇新挑战",要"坚持守正创新、提质增效、融合发展"。党的十八大以来,我国旅游业日益成为新兴的战略性支柱产业和具有显著时代特征的民生产业、幸福产业,成功走出了一条独具特色的中国旅游发展之路。当下,我国旅游业正大力发展新质生产力,推动全行业高质量发展,加速构建旅游强国。

在这个知识经济蓬勃发展的时代,教育的形式正经历着前所未有的变革。随着素质教育理念的深入人心与国家政策的积极引导,研学旅行作为教育创新的重要实践,已成为连接学校教育与社会实际、理论学习与实践探索的桥梁。"读万卷书,行万里路",研学旅行不仅丰富了青少年的学习体验,更是培养其综合素质、创新意识、民族使命感、社会责任感的有效途径。自2016年11月30日教育部等11部门联合出台《关于推进中小学生研学旅行的意见》以来,研学旅行作为教育新形式、旅游新业态在国内蓬勃发展,成为教育和文旅行业的新增长点。2019年10月,"研学旅行管理与服务"专业正式列入《普通高等学校高等职业教育(专科)专业目录》,研学旅行专业人才培养正式提上日程。但是行业的快速发展也暴露了研学旅行专业人才短缺、相关理论体系不完善、专业教材匮乏、管理与服务标准不一等问题。为了有效应对这些挑战,在此背景下,我们联合全国旅游院校的多位优秀教师与行业精英,经过深入调研与精心策划,推出研学旅行管理与服务专业的系列教材,旨在为这一新兴领域提供一套专业性、系统性、实用性兼备的教学资源,助力行业人才培养。

习近平总书记指出,要抓好教材体系建设。从根本上讲,建设什么样的教材体系,核心教材传授什么内容、倡导什么价值,体现的是国家意志,是国家事权。教材建设是育人育才的重要依托,是解决培养什么人、怎样培养人以及为谁培养人这一根本问题的重要载体,是教学的基本依据。教材建设要紧密围绕党和国家事业发展对人才的要求,扎根中国大地,拓宽国际视野,以全面提高质量为目标,以提升思想性、科学性、民族性、时代性、系统性为重点,形成适应中国特色社会主义发展要求、立足国际学术前沿、门类齐全、学段衔接的教材体系,为培养担当民族复兴大任的时代新人提供有力支撑。新形态研学旅行管理与服务专业教材的编写既是一项迫切的现实任务,也是一项重要的研究课题。本系列教材根据专业人才培养目标准确进行教材定位,按照应用导向、能力导向要求,优化教材内容结构设计,融入丰富的典型案例、延伸材料等多元化内容,全线贯穿课程思政理念,体现对工匠精神、红色精神、团队精神、文化传承、文化创新、文明旅游、生态文明和社会主义核心价值观的弘扬和引导,提升教材的人文精神。同时广泛调查和研究应用型本科高等职业教育学情特点和认知特点,精准对标研学旅行相关岗位的职业特点及人才培养的业务规格,突破传统教材的局限,打造一套能够积极响应旅游强国战略,适应新时代职业教育理念的高质量专业教材。本系列教材共包含十二本,每一本都是对研学旅行或其中某一关键环节的深度剖析与实践指导,形成了从理论到实践、从课程设计到运营管理的全方位覆盖。这套教材不仅是一套知识体系的构建,更是一个促进教育与旅游深度融合,推动行业标准化、专业化发展的积极尝试。它为相关专业学生、教师、行业从业人员提供权威、全面的学习资料,助力培养一批具备教育情怀、专业技能与创新能力的研学旅行管理与服务人才,进一步推动我国研学旅行事业向更高水平迈进。

　　研学旅行管理与服务专业教材的编写对于专业建设、人才培养意义重大,影响深远。华中科技大学出版社与山东旅游职业学院、浙江旅游职业学院等高校,以及北京中凯国际研学旅行股份有限公司深度合作,以科学、严谨的态度,在全国范围内凝聚院校和行业优秀人才,精心组建编写团队,数次召开研学旅行管理与服务专业系列教材编写研讨会,深入一线对行业、院校进行调研,广泛听取各界专家意见,为教材的高质量编写和出版奠定了扎实的基础。在此向学界、业界携手共建教材体系的各位同仁表示衷心的感谢!

　　我们相信,这套教材的出版与应用能够为研学旅行的发展注入新的活力,促进理论与实践的有机结合,为研学旅行专业人才的培养赋能,也为教育创新和旅游业的转型升级、提质增效贡献力量。同时,我们也期待读者朋友们能为本系列教材提出宝贵的意见和建议,以便我们不断改进和完善教材内容。

魏凯

山东旅游职业学院副校长,教授

山东省旅游职业教育教学指导委员会秘书长

山东省旅游行业协会导游分会会长

前言
QIANYAN

"十四五"期间,教育与文旅产业融合的步伐不断加快,"教育＋旅游"的创新模式引领着研学旅行新业态驶入高质量发展的快车道。2019年教育部在《普通高等学校高等职业教育(专科)专业目录》中增补研学旅行管理与服务专业;2022年《中华人民共和国职业分类大典(2022年版)》新增"研学旅行指导师"(现为研学旅游指导师)职业;2024年教育部更新《职业教育专业目录(2021年)》,在高等职业教育本科专业增设研学旅行策划与管理专业。这些举措充分彰显了研学旅行在教育领域的重要地位。

研学旅行搭建起体验式教育和研究性学习的平台,让学生走出传统课堂,投身自然、融入社会。它不仅为文旅消费注入全新活力,推动教育与旅游协同共进,更在培育学生创新意识、提升实践能力和增强社会责任感方面发挥着关键作用。在这样的大背景下,全面、系统地认知研学旅行,成为教育工作者、研学从业者以及相关专业学生的急切需求,本教材正是在此背景下编写的。

基于此,在华中科技大学出版社的统筹下,从2023年开始,我们组织了山东旅游职业学院、武汉职业技术学院、武汉软件工程职业学院等院校的优秀教师编写本书。教材设计过程中,编写团队始终秉持简练、实用、易懂的原则,力求让每一位学习者都能快速掌握研学旅行的核心知识与关键要点。为强化理论与实践的结合度,高度重视课程内容的时效性和实用性,融入大量一线真实案例和行业的最新动态。

本教材共七个项目,围绕"研学旅行是什么? 如何运行?"等关键问题设计了不同的解决任务。溯源研学旅行的前世今生,从孔子周游列国到徐霞客地理考察,从现代修学旅行到当代研学政策迭代,勾勒出中华文明特有的游学文化基因;深度解读《教育部等11部门关于推进中小学生研学旅行的意见》《研学旅行服务规范》等核心部门文件和国家标准,搭建政策框架的立体认知模型;精准定位研学旅行的主体对象,深入剖析中小学生群体的认知发展规律与研学需求差异,建立主体画像;熟悉研学旅行的客体类型,系统划分自然、历史、地理、科技、人文、体验六大类,构建资源评估矩阵;明确研学旅行的介体职责,清晰界定教育部门、文旅机构、学校、家庭等多方责任边界,形成协同育人机制,确保研学旅行活动的安全有序开展;了解研学旅行的运维要求,涵盖前期备案、过程管理、后期评估全流程,构建起科学高效的运营体系;掌握研学旅行的从业技能,提炼形成研学旅行从业者的知识图谱和能力要求,包括课程研发、安全管理、跨文化沟通等核心职业素养。

本教材的编写借鉴和引用了大量专家、学者的相关成果,也得到众多院校和一线企业的大力支持,他们不仅提供了丰富的教学资源与专业建议,还总结分享了大量实战经验与典型案例,在此表示衷心感谢。华中科技大学出版社编审团队为教材的出版精心打磨,多位研学领域专家也提出了中肯意见,在此一并致以诚挚的感谢。期望本书能够为广大研学旅行管理与服务专业的学生以及研学旅行从业者提供有益的参考。让我们携手推动这个"行走的课堂"迈向专业化、标准化、国际化的新高度,共同书写新时代实践育人的崭新篇章。

本教材由山东旅游职业学院副校长、教授魏凯统筹策划,赵恩兰负责统稿。其中,项目一、项目二、项目三由赵恩兰编写;项目四由张玉娟编写;项目五由丁黎明编写;项目六由刘丽莉编写;项目七由陈超编写。

随着研学旅行快速发展,来自行业和学界的认知阐释也不断加深和拓展,由于编写团队在教学、研究和实践方面的局限性,加之诸多其他因素的影响,书中难免存在不妥或疏漏之处,敬请各位专家和读者提出宝贵意见。

编者

2025 年 2 月 14 日

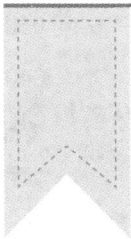

目录
MULU

Note

学习目标

1.熟悉发展脉络,了解我国研学旅行的历史演变,掌握我国研学旅行在不同时期的表现特点。

2.梳理国家政策,掌握我国研学旅行关键政策的精髓,能够判断我国当下研学旅行发展的常见误区,能够对我国研学旅行未来发展提出可行性建议。

3.思考职业规划,涵养职业理想,践行社会主义核心价值观,坚定"立德树人"的初心,培养卓越服务的职业精神。

知识导图

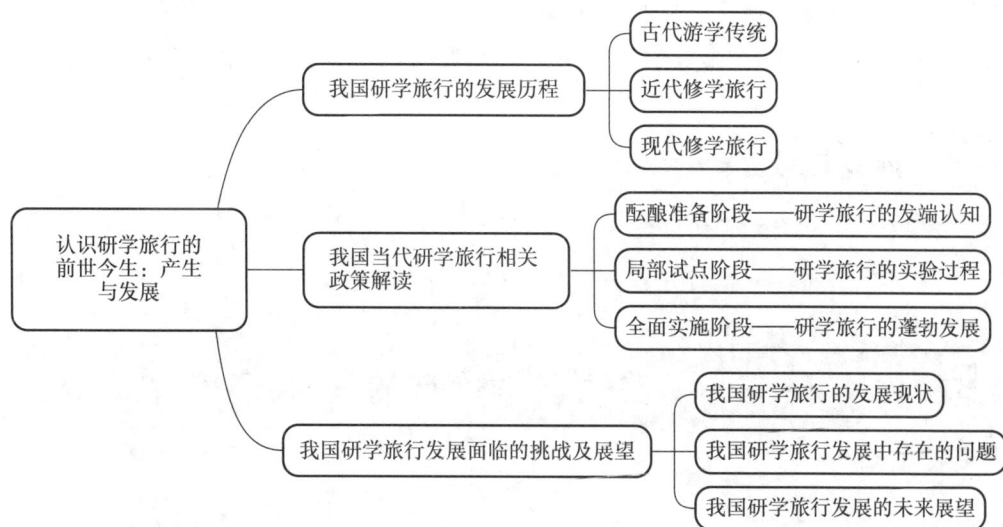

情境导入

暑期研学的"热闹"与"烦恼"(节选)

"行程大多是走马观花,孩子很累,也没学到什么东西。""一打上研学的标签仿佛就'高大上'起来,5天花了5000多块钱,太贵了。"

1.泛化的概念及多元化市场主体

究竟什么是研学旅行？采访中,开展研学旅行业务的企业基于各自业务特点给出了不同答案。而家长们对于研学旅行的认知则更为宽泛。基于市场需求,研学旅行的内涵、外延不断拓展,参与其中的企业类型也越来越多元。"从主导方来看,有一条泾渭分明的线将研学旅行市场分为两部分:以学校为主导的B端市场及除学校之外的C端市场。"有从业者总结道:"在B端市场,由于学校的教育性及公益性,其对研学旅行的认知和探索更为谨慎,并不希望过度商业化;而在C端市场,做决策的主要是家长,市场发展得更加迅速。"

2.消费者的吐槽和企业的回应

"今年暑期尝试给孩子报了当地的一个研学旅行团队,体验并不好,估计以后不会再尝试了。"广东的刘女士向记者吐槽道:"一共7天行程,每天早上从家里出发,家长可以陪同,主要就是去一些博物馆、凉茶生产车间,行程很赶,整体感觉走马观花,学不到什么东西。"

对于家长的吐槽,业内人士表示:"目前,研学旅行市场的槽点主要集中在C端市场。在B端市场,研学旅行开展较早较成熟的区域,学校选择供应商时有一套比较完备的流程。比如,学校面向企业招标,价格审批非常严格。此外,还需要经过家委会的同意和审核。但C端市场的审核,仅有家长一方。不过,C端市场的问题确实会影响学校组织研学旅行的积极性及家长参与的积极性。"

(资料来源:张宇.暑期研学的"热闹"与"烦恼"[N].中国旅游报,2023-08-31)

问题引导

我国什么时候开始正式出现"研学旅行"？

任务一　我国研学旅行的发展历程

任务导入

在我国,"中小学生研学旅行"(以下简称研学旅行)是近十年来出现的新词,由古代游学、近现代修学旅游逐步演变发展而来,它延续和发展了古代"读万卷书,行万里路"的教育理念和人文精神,成为素质教育的新内容和新方式,发展为旅游业的新业态。

🍥 任务重点

我国"读万卷书，行万里路"的优良传统。

🍥 任务难点

教育家陶行知"生活即教育"的理念。

🍥 任务实施

我国的研学旅行，经历了从游学、修学到研学的发展过程。孔子和其弟子的游学被公认为是我国古代游学活动的起源。近代的修学旅行以出国留学项目为主，现代的修学旅行教育家陶行知是重要推动者，改革开放后，入境修学旅游持续发展，为我国当代研学旅行的发展积累了丰富经验。

一、古代游学传统

溯源我国的研学旅行，可追及春秋战国的"游学"，多指远游异地，从师学习，以所学游说诸侯，求取官职。《史记·孔子世家》记载，鲁定公十四年（公元前496年），55岁的孔子"因膰去鲁"[①]，率弟子们周游列国，开启了古人游学之风。孔子与弟子们周游列国长达14年，历尽艰辛，其足迹遍及卫、陈、宋、郑、蔡、楚诸国。他们一路读书问道，遍访都邑，踏遍千山万水，广求知识，丰富阅历，开阔眼界，体悟人生，了解民风政情，宣传礼乐教化。可以说，孔子是我国游学的"鼻祖"。游学途中，孔子时时刻刻都在践行着"三人行，必有我师焉"的理念，既有"问礼于老聃，访乐于苌弘"的故事，又有"君子怀德，小人怀土""士而怀居，不足以为士"的精深思考。他一直倡导君子不要留恋故土，应通过游学四方，增长见识，成就大业，造福天下。

及至战国，诸侯并起，广纳贤能。文士们通过游学增进学识，进而充当纵横家游说诸侯国，以建言献策建功立业，实现自己的理想抱负，此时期成就了一大批人才。先秦时期的诸子如墨子、庄子、孙子、孟子、荀子、韩非子等都曾通过游学路径推行自己的学说及治国之道。

孔子及其倡导的游学理念成为我国历代文人志士的推崇对象。从秦汉至隋唐，司马迁、郦道元、玄奘等人成为杰出的代表性"游学专家"。

两汉承继战国游学之风，学子们为学经，远行访师问道，既求闻达也求仕途。游学既丰富了学子、士人的知识与阅历，也成就了许多人的"人生梦想"，其中最负盛名的是司马迁。他在《史记·太史公自序》中说："十岁则诵古文。二十而南游江、淮，上会稽，

---

① 膰（fán）：古代祭祀用的熟肉。这个典故如下：鲁国国君中了齐国的美人计怠惰于国家政事，郊祭后鲁国国君没有按照惯例向大夫们分送祭祀的胙肉。孔子于是离开鲁国，开始周游列国。

探禹穴,窥九疑,浮于沅、湘,北涉汶、泗,讲业齐、鲁之都,观孔子之遗风,乡射邹、峄,厄困鄱、薛、彭城,过梁、楚以归。"这般走来,司马迁跑遍了大半个中国,实地考察各地的山川风貌、风土人情、遗迹遗风、历史故事等。在汨罗江凭吊屈原投江处;在淮阴访谈韩信早年经历;在山东参观孔子故里曲阜;在秦楚、楚汉战场彭城,访问遗老,查看地形,探访汉初功臣的逸闻轶事。这些经历不仅使他对我国的大山大河、地域风情、历史故事更为熟悉,更使他体会到了无限的时空感、不羁的自由精神,以及一种崇高的存在感,并以"究天人之际,通古今之变,成一家之言"的史识创作了我国第一部纪传体通史《史记》。这部巨著被公认为是中国史书的典范,记载了从上古传说中的黄帝时期,到汉武帝时期,长达三千多年的历史,是"二十四史"之首,与《资治通鉴》并称为"史学双璧",被鲁迅誉为"史家之绝唱,无韵之离骚"。北宋史学家、文学家马存认为司马迁平生喜游,足迹不肯一日休。司马迁的壮游不是一般的旅游,而是为了遍览天下壮观之景,以此充实自己的志气,而后将所见所感倾吐于文字之中,著书立说。所以,他的文章或为狂澜惊涛,奔放浩荡;或为洞庭之波,深沉含蓄;或春妆如浓,靡蔓绰约;或龙腾虎跃,千军万马。毛泽东对司马迁很是佩服,认为"司马迁览潇湘,泛西湖,历昆仑,周览名山大川,而其襟怀乃益广"。

魏晋南北朝时期崇尚"漫游",大批"士人"寄情山水、豪饮放歌。有魏晋时的阮籍、嵇康等"竹林七贤",有东晋大书法家王羲之,有东晋田园诗人陶渊明,有被称为我国山水诗鼻祖的南朝谢灵运等人。他们一边畅游于山水之间一边吟诗作画,成为"魏晋风流"的文化符号,成为历代文人的"诗和远方"。北魏的郦道元足迹遍及今天的河南、安徽、江苏、山东、山西、河北、内蒙古等地。他重点考察各地的水流地势、风土人情,以及传说故事,通过实地探究发现了很多与古书记载不一致的地方,写下了著名的《水经注》。该书记载了1200多条河流的源头、流域变迁、流域内的风土人情等,是我国古代最全面、最系统的综合性地理著作,也是文字优美的山水游记。

唐代兴"壮游"之风,众多士子走出书斋,多作郊游、远行、交友、边塞之旅。他们访古问俗、优游林下、寻幽探胜、结交豪杰、相互学习,在旅行中学习知识、体悟人生、修为人格、传承文化,成就很多传世诗篇,而开放、包容的文化,更成就了"盛唐气象"。李白自称"五岳寻仙不辞远,一生好入名山游"(见李白《庐山谣寄卢侍御虚舟》);杜甫作诗说"往昔十四五,出游翰墨场"(见杜甫《壮游》);而两人同游的美好经历更是成就了"醉眠秋共被,携手日同行"(见杜甫《与李十二白同寻范十隐居》)的佳句。更值得关注的是盛唐诗坛上李白、杜甫、高适同游梁宋,写下《梁园吟》《遣怀》《古大梁行》等诗篇,成为诗坛佳话,也让梁园(位于今河南省商丘市睢阳区)成为流传千古的文学胜迹和当下热门的研学旅行资源。

因唐帝国的世界性影响,隋唐时期的国际游学活动极为活跃。长安和洛阳聚集了各国的使节、商人,成为当时的国际大都会。玄奘于唐贞观三年(629年)从长安出发,一路西行,开启了他的取经之旅。他克服了沿途的种种困难,历经17年,行程5万里,游历天竺等110多个国家,遍学各派佛教学说,翻译佛经75部,并奉唐太宗之命将老子的《道德经》译为梵文，介绍到天竺。玄奘根据自己的西游经历口述，由辩机整理编撰成了著名的《大唐西域记》。书中记载了唐朝西北边境至印度的地理人文情况，成为后人了解西域各地情况和研究印度古代政治经济文化的重要文献。他是鲁迅笔下"中华民族的脊梁"，是世界和平友好的文化使者。

及至宋代和明清，游学、书院文化盛行，士人旅行制度化，社会逐步形成了"读万卷书，行万里路"的主流思想。宋代理学家、思想家朱熹主张学子不应拘于一隅，而应"出四方游学一遭"（见《朱子语类》）。当时名师硕儒所在的书院，常常成为一地教育、学术中心，吸引远近的学子趋而往之；士子们则利用科举和出仕机会频繁旅行，深入了解各地历史文化、名胜遗产、典制赋役、科技发明，观察社会，推动变革。如宋代的沈括少随父宦游州县，出仕后重游历研究，他"博学善文，于天文、方志、律历、音乐、医药、卜算无所不通，皆有所论著"（见《宋史·沈括传》），最后写就集前代科学成就之大成的《梦溪笔谈》。明代的徐霞客历经 34 年的旅行探索，写就了中国地质地貌的开山之作《徐霞客游记》；李时珍游历全国，历时 27 年完成了集古代医药学大成的《本草纲目》；明代大家董其昌在《画禅室随笔》谈画诀，"读万卷书，行万里路，胸中脱去尘浊，自然丘壑内营，立成鄞鄂"。"读万卷书，行万里路"强调了行中悟、实践中学、学以致用，这一人文精神贯穿古今，影响了后世许许多多的人。

知识链接 1-1

世界那么大，我想去看看

5 月 19 日是中国旅游日，也是《徐霞客游记》开篇之日，从搜奇访胜到探求自然界的本来面目和规律，"游圣"徐霞客带着一根手杖、一副行囊，见山必登，遇川必访，在祖国的山川河海留下了他的足迹。

徐霞客，名弘祖，字振之，号霞客，南直隶江阴（今江苏省江阴市）人。受父亲的影响，少年时期的徐霞客就立下了"大丈夫当朝碧海而暮苍梧"的志向。30 多年间，游历了 1200 多座名山奇山，30 多条大江大河，100 多座城市，500 多个岩洞溶洞，他的游历日记被后人编纂成《徐霞客游记》。徐霞客不仅是旅行家、文学家，更是一位杰出的科学家。浩浩汤汤的长江水流经家乡江阴，"生长其地者，望洋击楫，知其大，不知其远"激起了徐霞客一探长江源头的好奇心。当时，被列为儒家经典的《尚书·禹贡》中记载称"岷山导江"，认为长江源于岷山。但徐霞客并不迷信典籍，他凭着求真务实的精神，"北历三秦，南极五岭，西出石门金沙"，终于断定金沙江才是长江的上游。达人所之未达，探人所之未知。徐霞客在游历中对湖南、广西、贵州和云南等地进行了详细的考察，对各地不同的岩溶地貌进行了详细的描述、记载和研究。徐霞客是世界上对岩溶地貌进行大规模考察，并进行详细记录和深入研究的第一人，相比西方学者早了一百多年。《徐霞客游记》中记载的内容为后人留下了翔实宝贵的资料,开创了洞穴学研究的先河。

梁启超说,中国实地调查的地理书当以《徐霞客游记》为第一部。前行无路可走,他就想办法开辟出一条新路,"塞者凿之,陡者级之";没有精准的测量仪器,他就用脚步丈量,所到之处"峰峰手摩足抉";幽深秘境无人敢入,他就与随从持火把匍匐探洞,其中胜景"余所见洞,俱莫能及"。崇祯十二年(1639年)八月二十二日,徐霞客返回鸡足山修志,长期野外积劳压垮了他的身体,徐霞客双脚浮肿,行走艰难,病痛并没有让他中断科考工作,反而愈挫愈勇,以科学家的细致与毅力在病榻上坚持编纂,完成了鸡足山的第一部志书《鸡足山志》。之后,他被云南丽江土司木增派人送回江阴老家,到家后的徐霞客两足俱废,卧床一年后溘然长逝,享年54岁。

半生行路,他用脚步丈量,文字记录,他用笔墨求真,回顾徐霞客的足迹,虽然他没有现代的地理学知识,但是他对所观察事物的综合分析和古今联系的思考方式对山脉、水源、地质、地貌的考察和研究远远超越了他同时代的人,此一生,已胜人间千百生。

(资料来源:徐霞客,《徐霞客游记》,中华书局,2016年)

二、近代修学旅行

与古代游学不同,我国近代游学传统主要表现为海外留学的开启。19世纪70年代,在洋务运动"师夷长技以自强"的口号指导下,第一批"留美幼童"踏上了远赴异国他乡的轮船,此后留洋修学的热潮在古老的中华大地兴起,一大批爱国知识分子和开明绅士开始放眼世界,学习西方科技文化,寻求救国之道。近代的留学热潮主要经历了四个阶段:赴美留学、留学日本、庚款留学、留法勤工俭学。1872—1875年,清政府先后派遣4批共120名幼童去美国留学,这些学生中包括唐绍仪、詹天佑等。他们回国后,很多人成了各行各业的骨干。这是中国历史上第一次大规模的公派留学。中日甲午战争之后,鉴于日本通过明治维新实现了国力增强和深刻变革,加之两国文字相通、地理上隔海相望且交通便利,国内掀起了一股留学日本的热潮,黄兴、宋教仁、蔡锷等都是这股热潮中的代表人物。20世纪初,美国等一部分西方国家,利用中国的"庚子赔款"资助中国学生赴海外学习,拓展了中国学生的留学渠道,很多人学成回国后成为中国现代科技事业的开拓者,例如,钱学森、童第周、杨振宁、金岳霖、胡适等都成为各自领域的代表人物。"五四运动"前后,赴法勤工俭学成为新的留学潮流。这批留学生没有官费和"庚子赔款"的资金支持,以"勤于工作,俭以求学"为宗旨,在法国边工作边学习,研究各种社会主义思潮,周恩来、邓小平、陈毅都是当中的杰出代表。

三、现代修学旅行

现代中国教育界陶行知先生首倡"修学旅行"。陶行知原名陶知行,他不仅通过改名的方式来表达自己对教育的真切理解，还积极倡导修学旅行，并在其创办的晓庄师范、新安小学等学校践行"知行合一"的教育理念。20世纪30年代，他在《中国普及教育方案商讨》的论文中提出"修学旅行应该特别提倡"。生活教育理论是陶行知先生教育思想的核心，他提出的"生活即教育""社会即学校""教学做合一"三大主张，成为近代中国的教育典范，开创了我国研学旅行的先河。

陶行知的理论和实践得到不少教育界有识之士的积极响应。1930年受其委托，继任新安小学校长的汪达之组织新安旅行团，这一创举震惊中外。1933年10月22日，新安小学组织了一支名为"新安儿童旅行团"的队伍，由7名学生组成，他们中年龄最大的不超过17岁，最小的刚满12岁。这个旅行团从淮安出发，途经镇江，历时50天后最终抵达上海。一路上，旅行团自主管理一切活动，他们通过到大学演讲和街头卖报等方式筹措经费，沿途参观工厂、调查乡村，抵沪后深入租界，凭吊"一·二八"事变战场。他们的创举轰动全国，陶行知为此深情赋诗："一群小光棍，点点有七根。小的十二岁，大的未结婚。没有父母带，先生也不在。谁说孩子小，划分新时代。"1935年，在陶行知的资助下，汪达之又将新安小学的14名学生组成闻名海内外的"新安旅行团"。旅行团10月9日成立，第二天即出发。他们冲破重重险阻，克服种种困难，自力更生，行走战时中国，一路研学，一路宣传救亡，卖书报、演讲、劳军，并深入边疆少数民族地区，宣传抗战，组织民众。[①]

1936年，旅行团抵达南京，参加中国舞台协会的戏剧活动，在《回春之曲》等剧中扮演多个角色。由田汉创作、张曙谱曲的《新安旅行团团歌》成为20世纪30年代的著名歌曲。"同学们别忘了，我们的口号：生活即教育，社会即学校。拼命地做工拼命地跳，一边儿学唱一边儿教。别笑我们年纪小，我们要把中国来改造……"稚嫩的童声传遍中国，传向世界。远在美国担任"国民外交使节"的陶行知在芝加哥、旧金山、纽约等地教华侨工人学唱《新安旅行团团歌》。1935—1952年，新安旅行团足迹遍及22个省，先后纳员600余名。饱经历练的新安旅行团后来在政治、军事、经济、科技、文化和艺术等各个领域培养出超过200名的杰出人才。该团不仅成为战时中国教育的一段辉煌篇章，更是跨越时代的研学典范。

中华人民共和国成立以后，我国中小学校一直提倡教育与劳动实践相结合，学校设立劳动课、体育课，以及开展春游、秋游、远足等活动都是实践这一教育理念的具体举措。但中华人民共和国成立初期国力薄弱，受国际环境影响，我们实行"一边倒"的外交政策。1951年，我国向苏联派出375名留学生，后因中苏关系恶化，留学教育停滞不前。1972年，我国先后向英、法、意等多个国家派遣了大批留学人员去学习，留学教育开始表现出复苏和发展之势。

1978年党的十一届三中全会召开，提出对外开放政策，此后我国在政治、经济、文

---

① 祝胜华，何永生.研学旅行课程体系探索与践行[M].武汉：华中科技大学出版社，2018.

化、教育等方面发生了翻天覆地的变化。大量来自日本、韩国，以及欧美和东南亚等地的"修学旅行团"来华进行修学旅行，对国内的学校教育、学生和家长的学习理念都产生了不小的影响。最初，日本青少年学生到我国进行修学旅行，其规模逐年扩大，频次也不断增加，所到之处由当地政府和旅行社接待，于是开设接待入境修学旅行的业务自然而然地应运而生，各地旅行社纷纷成立了"修学旅行"接待部门。1985—1995年，广东省、北京市、山东省成立"接待日本青少年修学旅行委员会"，江苏省成立"教育国际交流服务中心"，中国国际旅行社总社与澳大利亚和新西兰旅游局、澳大利亚驻华使馆教育处等多家单位联合举办了"海外修学旅游研讨会""中日青少年修学旅行研讨会""中日韩修学旅行研讨会"等学术活动。这些入境修学旅行活动的举办，不仅促进了国际交流，还帮助旅行社和景区在接待外国修学旅行团体时，逐步积累了关于修学产品组合、组织接待流程及安全保障措施等方面的宝贵经验。

任务二　我国当代研学旅行相关政策解读

任务导入

　　我国的研学旅行政策最早是从民间探索开始的，许多学校自主组织了各类夏令营、红色旅游、地质生物考察等带有研学性质的活动。进入21世纪，伴随着素质教育理念的普及，研学旅行不断被教育界所认知和实践，国家出台了一系列政策，助推研学旅行发展和实施。当下，研学旅行已成为教育界和旅游界的热点，进入了历史上发展最快的时期。

任务重点

　　基于"教育＋旅游"融合视角理解研学旅行的相关政策。

任务难点

　　《关于推进中小学生研学旅行的意见》文本解读。

任务实施

　　当下，备受关注的研学旅行是教育界经过扎实的试点和实验后，总结出来的能够真正全面提升中小学生整体素质的校外教育教学实践活动。2013年2月2日国务院办公厅颁发《国民旅游休闲纲要（2013—2020年）》，首次正式提出"研学旅行"。此后，教育部、文化和旅游部等部委不断出台研学旅行的相关政策，各省、自治区、直辖市也先后发文推广落实。经过多年发展，研学旅行在基地营地建设、运营管理、人才培养等方面都有了显著进步。

一、酝酿准备阶段——研学旅行的发端认知

（一）教育层面

20世纪90年代以来，世界各国不断加强设计实施综合实践活动课程，美国各州中小学都设计和实施了"设计学习"和"应用学习"；法国中小学推广"动手做"；日本1999年颁布的《小学、初中、高中学习活动纲要》规定中小学必须实施"综合学习时间"，要求设计和实施"基于课题的探究学习活动"和"体验性学习活动"。

我国20世纪90年代初提出教育改革并全面推行素质教育，许多地方将"研学旅行"作为一项重要的教改方式来探索。2003年，上海成立中国首个"修学旅行中心"，该中心组织编写了《修学旅行手册》，倡议江苏、浙江、安徽等地区联合打造华东研学旅行文化游黄金线路。2008年，广东省把研学旅游列为中小学必修课，写进教学大纲。2010年7月29日发布的《国家中长期教育改革和发展规划纲要（2010—2020年）》（以下简称《纲要》）中明确提出，学校要把减负落实到教育教学的各个环节之中，要给学生留下了解社会、深入思考、动手实践、健身娱乐的时间。提高教师业务素质，改进教学方法，增强课堂教学效果，减少作业量和考试次数。《纲要》还特别提出，高中阶段教育要积极开展研究性学习、社区服务和社会实践。

在这种背景下，国家于2001年颁布《基础教育课程改革纲要（试行）》，启动重大课程改革，俗称"新课改"。"新课改"的一个重要内容就是在九年义务教育阶段和高中阶段增设综合实践活动为必修课，与学科课程并列设置，从小学到高中，各年级全面实施，所有学生都要参加学习。2017年，教育部颁布《中小学综合实践活动课程指导纲要》，从课程性质与基本理念、课程目标、课程内容与活动方式、学校对综合实践活动课程的规划与实施、课程管理与保障等方面，对该课程进行了全面而详尽的界定。同时明确了研学旅行是综合实践活动的重要活动形式，是通过探究、服务、制作、体验等方式培养学生综合素质的跨学科实践性课程，至此，我国中小学研学旅行以完整的课程化方式嵌入义务教育阶段和高中阶段学校的课程体系中。

（二）旅游层面

2004年，中共中央、国务院下发的《关于进一步加强和改进未成年人思想道德建设的若干意见》指出，精心组织夏令营、冬令营、革命圣地游、红色旅游、绿色旅游以及各种参观、瞻仰和考察等活动，把深刻的教育内容融入生动有趣的课外活动，用祖国大好风光、民族悠久历史、优良革命传统和现代化建设成就教育未成年人。

2006年，山东曲阜举办了孔子修学旅行节，这是我国第一个修学旅行节庆活动，也

Note

是中国第一个以儒家文化为主题的修学节庆活动。之后其他地区也相继打造修学旅行节庆品牌和活动。

2012年,教育部、外交部等发布《关于进一步加强对中小学生出国参加夏(冬)令营等有关活动管理的通知》,旨在保障中小学生出国参加夏(冬)令营等有关活动健康、有序、安全进行,维护学生的利益,这也是我国研学旅行政策在国外研学旅行方面的探索与实践。

二、局部试点阶段——研学旅行的实验过程

(一)教育层面

研学旅行的政策出台缘起于2012年时任教育部部长的袁贵仁访问日本的一次经历,他看到成群结队的日本学生正在开展修学旅行,在了解了具体情况后深受感触,表示这种教育方式很值得借鉴,倡导在国内推广。之后,我国以日本的修学旅行为起点,又逐步研究英国、俄罗斯、美国等国家有关研学旅行、营地教育等方面的政策。2012年,时任教育部副部长刘利民表示修学旅行作为中小学成长过程不可或缺的教育形式十分重要,日本已经有多年的经验和成功的做法,应结合我国实际,逐渐引进这种教育理念。先找一两个省试点,摸索经验,结合地方实际,因地制宜做起来。

2012年11月,教育部启动中小学研学旅行工作研究项目,指定合肥、上海、西安、杭州四个城市为全国首批研学旅行试点城市。2014年3月,教育部印发《关于进一步做好中小学生研学旅行试点工作的通知》,在前期试点基础上进一步扩大试点范围,决定在河北省、上海市、江苏省、安徽省、江西省、广东省、重庆市、陕西省、新疆维吾尔自治区进行试点。

2014年7月,为规范中小学生研学旅行活动,促进活动健康发展,保障师生在境外的安全,教育部制定发布了《中小学学生赴境外研学旅行活动指南(试行)》,对举办者安排活动的教学主题、内容、合作机构选择、合同订立、行程、行前培训、安全保障等提出了指导意见,并特别规范了带队教师人数、教学内容占比、协议规定事项等具体内容。

2014年12月,教育部在京召开全国研学旅行试点工作推进会议。西安市及合肥市的相关做法与经验获得教育部的高度肯定并向全国试点城市推广。

2016年3月,教育部发布《关于做好全国中小学研学旅行实验区工作的通知》(基一司函〔2016〕14号),确定了10个全国中小学研学旅行实验区,再次明确了研学旅行的主要内容和基本原则,明确了研学旅行的实施时间:研学旅行每学年累计时间原则上小学生4—5天,在小学四到六年级实施;初中生5—6天,在初中一或二年级实施;高中生5—7天,在高中一或二年级实施。学校可根据教育教学计划、学生活动实际情况灵活安排。

2016年12月，在全国校外教育经验交流暨研学旅行工作部署会上，教育部指定西安市教育局和安徽省教育厅进行了研学旅行试点实践的经验交流。

📖 知识链接1-2

打造国内研学旅游样板　安徽约你来（节选）

2018年10月23日下午，由安徽省旅游发展委员会主办，中国青年报社承办的"皖约"安徽研学旅游大型传播活动启动仪式在中国青年报社举行。

"皖约"安徽研学旅游大型传播活动是贯彻党中央、国务院关于青年工作和发展旅游业的相关精神，落实安徽省委、省政府关于加速将旅游业培育为重要支柱型产业的决定，加快旅游强省建设，培育推广安徽研学游品牌的重要措施。

安徽拥有丰富的历史文化资源，兼具南北风骨，融汇东西韵味，发展研学旅游的条件得天独厚。2018年，安徽省旅游发展委员会开展了"研修安徽"主题营销活动，在充分梳理安徽省研学旅游资源脉络的基础上，发布了10条研修旅行精品线路产品。这些线路是安徽研学旅游的精华所在，也是"研修安徽"的"导航图"。

40多年前，小岗村的18个红手印拉开了中国农村改革的序幕；邓小平同志就开发黄山旅游资源，发展黄山旅游业和徽州山区经济，做了重要讲话，开创了中国旅游业的新纪元。安徽省境内这些星罗棋布的优质文化资源、自然资源，是青年学生学习和传承中华优秀传统文化、树立文化自信、激发爱国情怀的生动教材。安徽工程大学体验产业学院院长薛保红表示，安徽省作为全国研学旅行最早的试点省，形成了特有的"安徽经验""合肥现象"和"黄山示范效应"，为全国开展研学旅行奠定了基石。

北京一零一中学教学处高建民老师参加了皖北线路"道源问道"的采风活动，亳州花戏楼、华祖庵、古井贡酒厂、寿县古城、八公山公园等研学资源给他留下了深刻印象，"安徽省文化资源丰富，在未来，研学发展空间激动人心"。

"魅力皖中"的研学之旅给清华大学的宋琨留下了深刻印象："当我们围坐在当年'大包干'带头人严金昌老人身边，听他讲述那段故事，实实在在沉浸在这个场景当中时，我感觉鸡皮疙瘩都起来了。每个学生心里都有一颗种子，我们希望有更多机会与世界连接，激活我们心中的种子，使其慢慢长大，渐渐发芽。"

（资料来源：齐征，《中国青年报》，2018-10-26）

Note

（二）旅游层面

2013年2月，国务院办公厅出台的《国民旅游休闲纲要（2013—2020年）》指出要逐步推行中小学研学旅行。这是为配合教育发展需要，第一次从国家层面上提出推进中小学生研学旅行。

2014年8月，国务院发布的《关于促进旅游业改革发展的若干意见》明确提出要积极开展研学旅行。首次明确将研学旅行纳入中小学生日常教育范畴，指出要按照全面实施素质教育的要求，将研学旅行、夏令营、冬令营等作为青少年爱国主义和革命传统教育、国情教育的重要载体，纳入中小学生日常德育、美育、体育教育范畴，增进学生对自然和社会的认识，培养其社会责任感和实践能力。按照教育为本、安全第一的原则，建立小学阶段以乡土乡情研学为主、初中阶段以县情市情研学为主、高中阶段以省情国情研学为主的研学旅行体系。加强对研学旅行的管理，规范中小学生集体出国旅行。支持各地依托自然和文化遗产资源、大型公共设施、知名院校、工矿企业、科研机构，建设一批研学旅行基地，逐步完善接待体系。鼓励对研学旅行给予价格优惠。

2015年8月，国务院办公厅发布《关于进一步促进旅游投资和消费的若干意见》，提出要支持研学旅行发展。把研学旅行纳入学生综合素质教育范畴。支持建设一批研学旅行基地，鼓励各地依托自然和文化遗产资源、红色旅游景点景区、大型公共设施、知名院校、科研机构、工矿企业、大型农场开展研学旅行活动。建立健全研学旅行安全保障机制。旅行社和研学旅行场所应在内容设计、导游配备、安全设施与防护等方面结合青少年学生特点，寓教于游。加强国际研学旅行交流，规范和引导中小学生赴境外开展研学旅行活动。这说明，研学旅行已纳入国民经济发展体系。

为深入贯彻《国务院关于促进旅游业改革发展的若干意见》和《国务院办公厅关于进一步促进旅游投资和消费的若干意见》精神，充分发挥研学旅游在满足人民群众，尤其是青少年群体了解国情（省情、市情、县情等）、增长见识、陶冶情操等方面的作用，国家旅游局（现变更为文化和旅游部）在全国组织开展了"中国研学旅游目的地"和"全国研学旅游示范基地"品牌认定活动。2016年1月8日，国家旅游局公布了首批中国研学旅游目的地和全国研学旅游示范基地名单。由此，研学旅行成为各地旅游发展创新的热点。

三、全面实施阶段——研学旅行的蓬勃发展

2016年11月，教育部等11部门联合出台的《关于推进中小学生研学旅行的意见》（以下简称《意见》）不仅明确了中小学生研学旅行的定义，还明确了将研学旅行纳入中小学教育教学计划，提出了研学旅行工作的目标和工作原则，对研学旅行的组织管理、经费支持、课程评价、基地建设、安全保障等进行了具体规定。《意见》的发布，使研学旅行作为一门课程在中小学校确立下来，极大地推动了研学旅行的发展。因此，有人把2016年称为"研学旅行元年"。此后，各地研学旅行政策密集出台，研学旅行由此成为

教育热点和旅游市场的热点。各大旅行社纷纷成立专门负责研学旅行的部门和机构，拓展研学旅行业务。各地旅游协会也相继成立研学旅行专业委员会，一些留学和教育企业也加入研学旅行行业，一些机构和地区还成立了研学旅行产业联盟，如中国课程化研学旅行联盟、中国研学旅行目的地联盟、中国研学旅行联盟、中国研学旅行推广联盟等。

2016年12月，国务院发布《关于印发"十三五"旅游业发展规划的通知》，公布《"十三五"旅游业发展规划》，提出将研学旅行纳入中小学生综合素质教育范畴。文件多次提到研学旅行，实施乡村旅游创客行动计划，支持旅游志愿者、艺术和科技工作者驻村帮扶、创业就业，推出一批乡村旅游创客基地和以乡情教育为特色的研学旅行示范基地。培育以文物保护单位、博物馆、非物质文化遗产保护利用设施和实践活动为支撑的体验旅游、研学旅行和传统村落休闲旅游。促进旅游与教育融合发展。将研学旅行作为青少年爱国主义和革命传统教育、国情教育的重要载体，纳入中小学生综合素质教育范畴，培养学生的社会责任感、创新精神和实践能力。开展文物古迹、古生物化石等专题研学旅行。成立游学联盟，鼓励对研学旅行给予价格优惠。规范中小学生赴境外研学旅行活动。加强组织管理，完善安全保障机制。2016年12月，国家旅游局发布了旅游行业标准《研学旅行服务规范》(LB/T 054—2016)(2016年12月19日发布，2017年5月1日实施)，这是我国首份关于研学旅行的标准文件。此标准规定了研学旅行服务的术语和定义、服务提供方基本要求，对人员配置、研学旅行产品、研学旅行服务项目、安全管理、服务改进和投诉处理等都进行了规范。

《关于推进中小学生研学旅行的意见》出台后，在全国范围内，研学旅行从2016年底之前的"尚朦胧静悄悄"阶段进入了大约一年半的"犹抱琵琶半遮面"阶段，多数的省、自治区、直辖市一方面认真领会文件精神，另一方面处在等待观望中。随着2017年国家和部委层面研学旅行文件的"密集式"发布，部分市县层面教育部门开始行动；从2018下半年开始，研学旅行进入了爆发式增长阶段。

2017年1月19日，国务院发布《国务院关于印发国家教育事业发展"十三五"规划的通知》。该通知指出要强化学生实践动手能力。制定中小学生综合实践活动指导纲要，注重增强学生实践体验，鼓励有条件的地区开展中小学生研学旅行和各种形式的夏令营、冬令营活动。建设一批具有良好示范带动作用的研学旅游基地和目的地。7月17日，教育部办公厅发布《关于开展2017年度中央专项彩票公益金支持中小学生研学实践教育项目推荐工作的通知》，文件指出，为贯彻《教育部等11部门关于推进中小学生研学旅行的意见》精神，落实立德树人根本任务，帮助中小学生了解国情、热爱祖国、开阔眼界、增长知识，着力提高中小学生的社会责任感、创新精神和实践能力，"十三五"期间，教育部利用中央专项彩票公益金支持开展中小学生研学实践教育项目，将在各地遴选命名一批"全国中小学生研学实践教育基地"(以下简称基地)和"全国中小学生研学实践教育营地"(以下简称营地)，广泛开展中小学生研学实践教育活动。12月6日，教育部办公厅发布《关于公布第一批全国中小学生研学实践教育基地、营地名

世界遗产研学旅游发展研讨会在福建惠安举办

单的通知》，命名中国人民革命军事博物馆等204个单位为"全国中小学生研学实践教育基地"，河北省石家庄市青少年社会综合实践学校等14个单位为"全国中小学生研学实践教育营地"。

2017年是研学旅行发展过程中的各级文件频发的"火热年份"，顶层规划文件密集出台，可谓"文件年"。8月17日，教育部发布《中小学生德育工作指南》，该指南在阐述"实践育人"时指出组织研学旅行，把研学旅行纳入学校教育教学计划，促进研学旅行与学校课程、德育体验、实践锻炼有机融合，利用好研学实践基地，有针对性地开展自然类、历史类、地理类、科技类、人文类、体验类等多种类型的研学旅行活动。要考虑小学、初中、高中不同学段学生的身心发展特点和能力，安排适合学生年龄特征的研学旅行。要规范研学旅行组织管理，制定研学旅行工作规程，做到"活动有方案，行前有备案，应急有预案"，明确学校、家长、学生的责任和权利。9月25日，教育部发布《中小学综合实践活动课程指导纲要》。教育部在总结过去十几年理论和实践探索的基础上，结合"立德树人"根本任务的要求，对课程的性质、目标、内容、实施、管理及保障都做了明确规定。该指导纲要的出台，进一步明确了研学旅行的具体实施方向和细则，对加强和巩固研学旅行活动课程的重要地位，引领研学旅行活动课程的发展方向，澄清实践中的模糊认识，规范研学旅行活动课程的有效实施有着重要指导性意义。

2018年9月，全国教育大会在北京召开。中共中央总书记、国家主席、中央军委主席习近平出席会议并发表重要讲话。他强调，在党的坚强领导下，全面贯彻党的教育方针，坚持中国特色社会主义教育发展道路，坚持社会主义办学方向，立足基本市情，遵循教育规律，坚持改革创新，以凝聚人心、完善人格、开发人力、培育人才、造福人民为工作目标，服务产业发展，培养德智体美劳全面发展的社会主义建设者和接班人，加快推进教育现代化、建设教育强市、办好人民满意的教育。在深入学习贯彻习近平总书记重要讲话精神过程中，教育系统逐步形成"五育"并举提法，将其作为加快推进教育现代化、建设教育强国、办好人民满意的教育的重要指导理念。"五育"并举把"劳"列入全面发展的素质要求，丰富了新时代党的教育方针。劳动可以树德、可以增智、可以强体、可以育美，应加强劳动教育。

2018年10月31日，教育部办公厅发布了《关于公布2018年全国中小学生研学实践教育基地、营地名单的通知》，命名中国人民解放军海军南海舰队军史馆等377个单位为"全国中小学生研学实践教育基地"，北京市自动化工程学校等26个单位为"全国中小学生研学实践教育营地"。

2019年10—11月，国务院印发了《新时代爱国主义教育实施纲要》和《新时代公民道德建设实施纲要》。《新时代爱国主义教育实施纲要》中提出了新时代爱国主义教育要面向全体人民、聚焦青少年，要把青少年作为爱国主义教育的重中之重，将爱国主义精神贯穿于学校教育全过程，推动爱国主义教育进课堂、进教材、进头脑。要广泛组织开展实践活动。组织大中小学生参观纪念馆、展览馆、博物馆、烈士纪念设施，参加军事训练、冬令营夏令营等，要依托自然人文景观和重大工程开展教育。寓爱国主义教育于游览观光之中，通过宣传展示、体验感受等多种方式，引导人们领略壮美河山，投身美丽中国建设。《新时代公民道德建设实施纲要》中强调：青少年是国家的希望、民族的未来，要坚持从娃娃抓起，引导青少年把正确的道德认知、自觉的道德养成、积极的道德实践紧密结合起来，善于从中华民族传统美德中汲取道德滋养，从"英雄人物"和"时代楷模"身上感受道德风范，从自身内省中提升道德修为，不断修身立德，打牢道德根基；要引导青少年树立远大志向，热爱党、热爱祖国、热爱人民，形成好思想、好品行、好习惯，扣好人生第一粒扣子；要开展社会实践活动，强化劳动精神、劳动观念教育，引导学生热爱劳动、尊重劳动，懂得劳动最光荣、劳动最崇高、劳动最伟大、劳动最美丽的道理，更好认识社会、了解国情，增强社会责任感。

2020年，教育部印发《大中小学劳动教育指导纲要（试行）》的通知，强调在开足专门劳动教育必修课的同时，中小学劳动教育必修课实践环节中与综合实践活动的社会服务、设计制作、职业体验重叠部分，可整合实施。这一规范也给研学旅行提供了无限发展空间，劳动主题的研学实践活动成为中小学生外出进行综合实践的必备课程。

2019年，教育部在高职院校增设"研学旅行管理与服务"专业，标志着我国研学旅行进入了系统化建设、全面立体化推进的新阶段。

2024年1月31日，教育部更新高职本科专业学士学位授予学科门类对应表，其中"研学旅行策划与管理"专业确认将被授予"管理学"学士学位。研学旅行职业教育专科、本科专业的增设，是我国研学旅行蓬勃发展的必然结果。

概括来说，我国当代研学旅行的发展是在国家政策的支持下不断完善和推进的。我国各省、自治区、直辖市依据国家和部颁文件精神，纷纷结合各自实际制定了落实研学旅行的相应文件，积极探索如何开展研学旅行工作。先行试点的地区已取得显著成效，积累了有益经验，使研学旅行在促进学生健康成长和全面发展等方面发挥了重要作用。当前，我国已进入实现中华民族伟大复兴的新时代，国家的政策是明确的，"集结号"已经吹响，研学旅行是提高中小学教育高质量发展的必然趋势，是满足人民对"有学上"向"上好学"需求转变的必然措施，正处在大有可为的历史发展机遇期。

任务三　我国研学旅行发展面临的挑战及展望

🌀 任务导入

当下，我国研学旅行因政策推动催生出庞大市场，各行各业都在跃跃欲试，呈现出群雄逐鹿的局面，这一领域呈现出"体量大、发展快、人才缺"的特点，实际操作中不可避免地出现了"游而不学"的各类问题，面临着课程、师资、管理等方方面面的挑战，特别是在人工智能的科技浪潮中如何实现跨界有机融合、科技赋能,助力人的全面发展,仍是一项长期且艰巨的任务。

任务重点

准确判断我国研学旅行发展中存在的问题。

任务难点

对我国研学旅行未来发展提出可行性建议。

任务实施

一、我国研学旅行的发展现状

从整体上看,我国当下的研学旅行呈现出"体量大、发展快、人才缺"的特点,具体表现在以下三个层面。

(一)思想层面:得到社会各界的充分认可

自2012年试点、2014年继续试点、2016年再次试验,到2016年教育部等11部门联合印发的《关于推进中小学生研学旅行的意见》出台,再到2023年全国多省市研学旅行学生数量呈爆发式增长,从研学旅行一路走来的历程看,社会各界从思想上已达成共识,顶层设计政策方向逐步明确,落实措施逐步推进,规范标准陆续出台,这一系列举措赢得了国民的高度关注和热情参与。

(二)宏观层面:完成了覆盖全国的国家级基地(营地)布局

自2017年以来,教育部在中央专项彩票公益金的支持下,分批在全国遴选命名研学实践教育基地和营地,构建起了以营地为枢纽、基地为站点的研学实践教育网络,并且建立了全国中小学生研学实践教育平台,涵盖农业基地、科研院所、知名企业、博物馆、美术馆、图书馆等,为"在路上的课堂"创造了良好的发展条件。

(三)微观层面:研学旅行的课程化体系正初步成型

教育部在《中小学综合实践活动课程指导纲要》中明确了研学旅行的课程性质、基本理念和课程目标。在此基础上,全国各地以优秀传统文化、革命传统教育、国情教育、国防科工、自然生态五大板块为主题,开发了一系列精品课程,并打造了多条精品线路,可以说,我国已初步搭建了覆盖全国的、立体化的研学旅行课程体系。

二、我国研学旅行发展中存在的问题

研学旅行是教育活动,但在市场力量的加持下,研学旅行实施过程中不可避免地出现了旅游化、形式化、碎片化、功利化等各种各样的问题。

（一）课程研发良莠不齐，缺乏针对性

当前覆盖全国的研学旅行活动课程虽然已初步成体系，但相对广大中小学生的具体需求而言，研学旅行的课程建设仍然显得较为薄弱，其主要表现如下。

一是课程的教育教学目标不明确。研学旅行究竟应该培养学生的哪些能力、品格和素养，还缺乏正确的思想认知和科学的分析指导，许多研学旅行活动没有根据学生的身心特点和认知规律，设计开发小学、初中、高中不同学段的适切内容和目标，活动随意性很大，形式大于内容的现象较为普遍。

二是课程开发的内容浅层化。一些研学活动内容简单，只是组织学生集体参观、观赏，简单停留在"眼睛课程""耳朵课程"上，没有进一步让学生进行深度体验，致使学生无法在亲身体验中获得实践能力的提升，更无法在情感、态度和价值观方面有所体悟和思考。因此，这些研学活动的效果一般、质量不高。

三是课程的组织形式比较单一。缺乏校内外课程的整体设计和统筹协调，尚未打破学科界限，形成跨学科综合实践学习的育人体系；没有把学校知识学习与校外实践有效衔接。

（二）从业者水平参差不齐，培训支持落后

研学旅行从业者是保证研学旅行教育活动育人质量的关键因素，只有真正形成具有专业素养的研学服务团队，才能保证研学旅行活动课程方案科学设计并顺利落地，才能确保高质量的育人效果。《关于推进中小学生研学旅行的意见》提出加强学生和教师的研学旅行事前培训和事后考核，但实际情况是，中小学校往往不具备专业培训能力，很难对教师开展有效的研学旅行专题培训。而学校之外的社会机构人员对教育内涵、教育规律、教育方法等又缺乏专业和系统的认知。目前许多社会机构和行业协会都瞄准了研学旅行培训，在全国各地举办培训班，各种未经政府部门认证的"研学导师""研学辅导员""研学指导师""研学实践教育师"等证书满天飞，造成了比较混乱的局面。

（三）标准制定滞后于发展需要，缺乏规范化

研学旅行是新兴业态，统一的行业标准还存在缺失。

一是缺乏课程与服务的质量标准、评价标准，难以有效衡量是否达到了育人目标。

二是相关部门没有明确的研学旅行收费标准，可否收费、收多少费，缺乏可供参考的标准和依据。

三是当前研学旅行的组织时常要委托给旅行社，但由于对旅行社缺乏遴选标准和规范指导，一些服务质量低下甚至不具备资质的旅行社也参与了研学旅行的活动，出现"重旅游、轻教育""只旅不学"的现象，使得研学旅行的效果大打折扣。

（四）保障机制还不健全，缺乏有效的协调机制

推进中小学生研学旅行，涉及面广、环节多、责任大。近年来出现的乱象表明，研

学旅行还缺乏有效协调机制。特别是在安全保障和经费保障方面,还没有行之有效的系统支持。理想的研学旅行活动应由中小学校主导,但现实中多数是企业和机构在主导着研学旅行课程的全过程。为了安全,研学旅行活动从组织到实施,家委会和家长以各种形式全程参与,这种操作虽然符合法律法规,但在研学旅行实施过程中一定程度上造成了家长过度干预的不良影响。

三、我国研学旅行发展的未来展望

(一)整体走向协同化:跨界融合

我国发展进入新发展阶段,每个产业或行业都在积极转型升级,来获得新的经济增长点,实现可持续的、高质量的发展,"跨领域产业融合"成为获取新资源、凝聚新力量的新发展方式。研学旅行属于旅游业与教育融合的新业态,并与文化、科技、金融、交通、保险等各个行业交叉融合。我国研学旅行的发展属于政策驱动型,在政策层面上已经要求教育、旅游、交通等多部门联合,下行至各个行业的经营实践更需要各方资源的重组和凝聚,各方产业的协同发展,打造"教育+研学"有机融合的生态圈,从而完美体现教育的专业性与旅游的服务性。

(二)研学目标人性化:回归到素质教育本身

我国社会发展步入新时代,就像传统的消费方式已经不能满足人们不断升级的消费需求一样,传统的教育方式也已经不能满足学生综合素质全面发展的需求。2021年出台的"双减"政策以及2022年教育部发布的《义务教育课程方案和课程标准(2022年版)》(简称"新课标"),其核心指导思想是更新教育理念,体现中国特色,增强课程综合性、实践性,引导育人方式变革,着力发展学生核心素养。这些政策导向本质上是要求中小学教育"回归到素质教育本身",这也是我国基础教育体系自1999年开始进行素质教育改革后的根本诉求。研学旅行作为校外的综合实践活动课程,也要与当前"双减"政策和新课标导向下的教育价值观相契合,在研学全过程、全要素贯彻以生为本宗旨,帮助学生通过研学旅行"回归自然、走向社会、发现自我"。

(三)研学时空国际化:跨文化交流需求增加

旅游本身就是一种文化现象,研学旅行是深入了解、学习和体验不同文化的重要方式,对于广大中小学生来说,研学旅行无疑是获取这些文化经验的一种极为有效的方法。我国近现代研学旅行重要的形式便是出国游学项目。在经济全球化的背景下,跨文化交流与互动已成为不可避免的趋势。国家顶层设计层面的"大国外交""人类命运共同体"及"一带一路"倡议正是以了解其他国家的文明为出发点的。伴随着国家之间出入境手续日益简化、交通工具愈发便捷等外部条件的持续改善,特别是随着我国居民社会认知水平的不断提升,以及经济实力的持续增强,让孩子们能够不间断地去友好国家旅行、开阔眼界的需求会越来越大。

（四）研学运营数字化:数字科技深入应用

习近平总书记强调,要发展数字经济,加快推动数字产业化,依靠信息技术创新驱动,不断催生新产业新业态新模式,用新动能推动新发展。2024年的政府工作报告强调,深化大数据、人工智能等研发应用,开展"人工智能＋"行动,打造具有国际竞争力的数字产业集群。当前,数字技术越发成为驱动人类社会思维方式、组织架构和运作模式发生根本性变革、全方位塑造的引领性力量。面对奔涌向前的新科技革命浪潮,研学运营的数字化也成为必然选择。一方面,大数据、区块链、AI智能技术等新数字科技将为研学旅行服务方的市场运营和管理提供高效、便捷的数据和分析支持,比如学生的个性化诉求画像、研学旅行产品服务满意度分析等;另一方面,数字科技本身也会成为研学旅行活动课程的重要内容,数字科技的深入应用,将提高学生的参与性、互动性和满意度。

知识链接1-3

小县城里的教育"元宇宙"(节选)

"发射!"随着一声指令,小火箭腾空而起,"燃料"燃烧完毕,小火箭自动打开降落伞,平稳降落到地面。"太棒了! 发射成功了!"发射场周围的孩子们激动得跳了起来。

这并非真实的火箭发射场景,而是山东潍坊青州市云门山回民学校的孩子们在完成元宇宙空间课程学习后,在教师的指导下成功发射了他们自制的小火箭。在青州市的人工智能学习体验中心——这个位于小县城内的"元宇宙"学习乐园里,类似的场景几乎每天都会上演。

"这么简单的小火箭,我们都要花费很多时间和心思,那真正的火箭制作一定是更烦琐、更复杂,我们要向制作火箭的叔叔阿姨们致敬和学习。"云门山回民学校的王同学说。

这里的元宇宙探索空间递进式课程,让偏远地区的农村孩子也能在沉浸式体验中感受航天科技的魅力。永兴希望小学的李同学近日就和40多名同学一起,坐上大巴车赶了40多公里路,第一次来到青州市人工智能学习体验中心学习。

在长征2F火箭模型处,李同学专心致志地听体验中心的教师讲解长征2F火箭的构造,并在1:1比例的返回舱模型里,坐在航天员的座椅上,通过VR设备以第一视角感受了航天员返回地球的过程,圆了一个航天科技体验的梦。

青州市人工智能学习体验中心的课程,均以"双师制"的形式进行,一名主讲教师和一名助理教师协同配合,实现课堂教学中理论学习和亲身体验的全覆盖,为所有前来体验学习的学生提供优质、贴心的研学服务。

与元宇宙体验空间相对应的,是青州市人工智能学习体验中心的未来教育学习空间。这里聚合了当前人工智能技术的学校治理、教学教研、学生学习等未来教育应用场景,基于大数据、物联网等学校治理应用的新技术,搭建了智慧教室、纸笔课堂、智能学伴等精准教学的教与学模式应用空间。教师可以在这里进行教育数字化工具的学习、培训提升。

"这里便捷的录播设备,让我在录课时不用再去找其他录制公司,只需要准备好课程内容,在微格教室里点击'开始',就可以正常录课了。"来自青州市实验初中的英语教师王老师正在通过微格教室录制青州市互联网学校精品课。

未来教育学习空间还设有人工智能、编程、无人机、3D打印、激光雕刻等多种智能科技类课程,还有书法录播教室,通过教育网络直接为全市学校尤其是农村学校提供书法直播课堂及书法课后延时服务。

(资料来源:魏海政,《中国教育报》,2024-04-08)

⛵ 项目小结

我国的研学旅行发展基于深厚的"读万卷书,行万里路"的人文传统。在近现代及当代的社会变革、经济快速发展及对外开放的时代浪潮中,在教育改革的逐渐深化中,不断因国家政策的推动在新时代呈现蓬勃发展的新态势。研学旅行作为"教育+旅游"跨界融合的新业态及我国基础教育阶段实施校外综合实践教育的创新路径,其发展可谓机遇与挑战并存,任重而道远。

⛵ 拓展资源

1. 李春雷,《新安旅行团》,江苏人民出版社,2022年。
2. 钱钢、胡劲草,《留美幼童:中国最早的官派留学生》,文汇出版社,2004年。
3. 新安旅行团革命历史陈列馆。

⛵ 微 语 录

要解放孩子的头脑,双手、脚,空间,时间,使他们充分得到自由的生活,从自由的生活中得到真正的教育。

——陶行知

⛵ 课后练习

在线答题

理论思考

1. 结合我国研学旅行的发展历程，谈一谈你对"读万卷书，行万里路"的理解。试着联系自己的学习及旅行经历，列举两三个学习和旅行故事进行说明。

2. 面对生成式人工智能等新一轮科技浪潮，谈一谈你对我国发展研学旅行的可行性建议。

实操训练

1. 调查3—5所中小学校，写一份调查报告，重点分析中小学生对研学旅行的认知状态。

2. 采访1—2家研学旅行服务机构，重点梳理从业人员对研学旅行政策的理解。分析他们的理解与你的认识有何不同，以及出现这种差异的原因。

项目二
明了研学旅行的基本体系:概念与关系

学习目标

1.了解广义和狭义研学旅行的不同;掌握中小学研学旅行的特征;能够辨析研学旅行与游学、春秋游等实践活动的区别。

2.了解研学旅行发展的基本理论基础;能够清楚我国推行研学旅行的实践意义;能够掌握研学旅行主体、客体、介体之间的内在关系。

3.提高系统性思维能力和批判性分析能力,加深对不同教育思想的认知;能够运用自然教育等理论阐释各种研学旅行现象。

知识导图

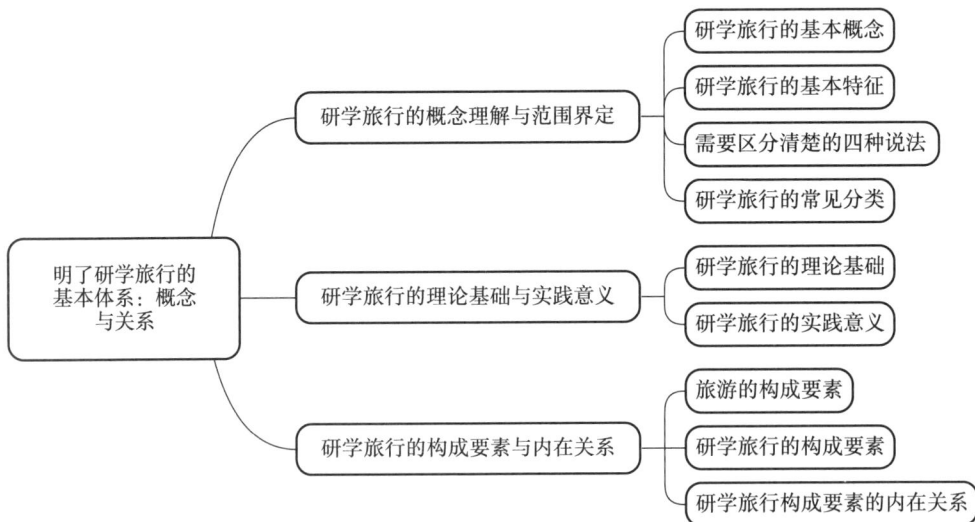

情境导入

2024年安徽省研学旅游工作要点

为贯彻落实全省旅游高质量发展大会精神，加快全省研学旅游规范健康发展，打响"研学安徽"品牌，制定2024年全省研学旅游工作要点。

（1）加强顶层设计。会同相关部门出台《关于促进全省研学旅游规范健康高质量发展的指导意见》（暂定），着力丰富研学旅游产品供给，提高研学旅游服务质量，健全研学旅游服务标准体系，完善研学旅游监管机制，规范研学旅游市场秩序，形成促进安徽研学旅游规范健康高质量发展的政策合力。

（2）举办研学旅游主题系列活动。举办2024年安徽研学旅游大会。举办"多彩研学游华夏"——安徽特色研学旅游主题活动暨合肥科创科普游启动仪式。组织马鞍山、芜湖、铜陵、池州、安庆举办守护美丽长江主题研学旅游活动。举办黄山市全域研学旅游启动仪式。

（3）推出一批研学旅游精品。配合"春游江淮请您来"宣传推广活动，联合各市推出百佳春季研学旅游产品。举办安徽省精品研学课程设计大赛，推出一批富有教育性、体验性、专业性、知识性的精品研学课程。支持合肥市打造科创科普研学游精品，支持黄山市探索全域研学旅游产品研发，指导淮北、宿州开发运河文化研学产品，亳州提升中医药文化研学产品，六安金寨、安庆岳西等地提升红色研学产品。

（4）开展研学旅游示范基地创建评估。重点从运营状况、研学设施、安全设施、交通医疗保障、教学目标、教学课程与规划、教学服务、实践要求、管理制度、服务公开等方面，对全省现有研学旅游示范基地组织评估，对不符合条件的予以通报摘牌。创建评定一批省级研学旅游示范基地。

（5）加强研学旅游指导师队伍建设。以研学旅游政策解读、标准宣贯、教学方法、教学技能、产品设计、管理服务、风险管控等为重点，举办全省研学旅游指导师培训班，培训一批优秀研学旅游指导师。指导各市文旅部门加强对研学旅游指导师日常培训。

（6）加强研学旅游市场监管。各市文旅部门加强审核研学旅游组织机构的准入条件和服务标准，公布研学旅游组织机构白名单。重点查处以组织研学旅游活动为名未经许可经营旅行社业务的行为，查处擅自变更研学旅游行程等损害青少年研学旅游者权益的行为。

（7）创建一批研学旅游品牌。组织开展全省研学旅游品牌创建工作。推出一批优秀的研学旅游组织机构，以及一批企业研学品牌、目的地研学品牌。

（8）健全研学旅游标准规范。发挥标准在研学旅游发展中的基础性、引领性作用，制定《安徽省研学旅游指导师评价规范》（暂定名），修订《安徽省研学旅行基地建设与服务规范》《安徽省研学旅行者组织与服务规范》。鼓励指导相关社会组织制定研学旅游团体标准、企业标准。

Note

(9)开展研学旅游宣传推广活动。制作安徽研学旅游宣传片,制作春学江淮研读安徽专题网页、安徽研学旅游地图。发挥省级广播电视和新媒体矩阵的影响力、传播力、引领力,与安徽广播电视台合作推出"徽风皖韵里的大师课"研学旅游全媒体行动。与安徽电影集团合作,探索搭建全省红色研学旅游工作平台。

(10)加强研学旅游交流合作。联合黄山市人民政府、安徽新华发行集团主办全国新华研学联盟大会。联合长江干流11个省(区、市)文旅部门成立长江流域研学旅游联盟。促进与长三角、粤港澳地区研学旅游交流合作。支持马鞍山、芜湖、铜陵等赴长三角地区开展研学旅游宣传推广工作。

(资料来源:安徽省文化和旅游厅网站,2024-03-27)

问题引导

"研学旅行"与"研学旅游"内涵一致吗?

任务一　研学旅行的概念理解与范围界定

任务导入

在我国,研学旅行是教育和旅游有机融合的新业态,在国家政策推动下蓬勃发展,据测算市场总体规模将超千亿元。涉足研学旅行的利益相关者较多,包括教育主管部门和学校、基地(营地)、培训机构、旅行社,以及研学旅行服务机构等。当下喧嚣热闹的研学业态呈现出诸多乱象,厘清研学旅行的基本概念和本质特征十分必要且重要。

任务重点

明晰研学旅行的概念界定和基本特征。

任务难点

辨析研学旅行与游学、春秋游等实践活动的区别。

任务实施

从字面意思看,研学旅行包含着研、学、旅行三个层面的内容。"研"是研究,是应用科学方法探求问题寻求解决办法的过程,是一种积极进取、求真务实、探索创新的精神状态和行动过程;"学"是学习,是通过阅读、听讲、实践、观察等方式获取知识和技能的过程，代表着终身学习的态度和精神，强调不断求知、探索未知、与时俱进的人生观和价值观；"旅行"是出门远行，是一种包含着地理移动、文化体验、个人成长、社会互动等多种要素在内的综合性活动。

一、研学旅行的基本概念

广义上说，研学旅行是指一切出于求知需求的旅游者的专项旅游活动，以旅行者离开常住地到特定地区开展研究性、探索性学习为主要目的。比如，以健康饮食、中医养生为主要动机的老年研学旅游，以开阔视野、增进家庭情感关系、提供情绪价值为主要动机的亲子研学旅游，以追求专业发展、进行科学考察为主要动机的研学旅游等。

狭义上说，研学旅行是指教育部门和中小学校组织的校外综合实践教育活动。主要目的是学习知识、激发兴趣、愉悦身心、开阔视野、陶冶情操、健全人格等，其过程呈现出独特的课程化特点。

这两个定义的最大差别，体现在活动参与者的范围不同。前者的参与者可以是所有旅行者，范围广，不一定是学生；后者的参与者仅限于在校的中小学生。教育部等11部门联合出台的《关于推进中小学生研学旅行的意见》对"中小学生研学旅行"给出了明确定义：中小学生研学旅行是由教育部门和学校有计划地组织安排，通过集体旅行、集中食宿方式开展的研究性学习和旅行体验相结合的校外教育活动，是学校教育和校外教育衔接的创新形式，是教育教学的重要内容，是综合实践育人的有效途径。

本书基于教育视角，采用狭义的概念界定，专指教育视域中的中小学生研学旅行。

二、研学旅行的基本特征

中小学研学旅行因活动参与主体的特殊性，呈现出鲜明的特征。

（一）本质上是政府主导的教育行动

作为一种新型的教育形式，研学旅行要切实为"立德树人"的根本任务服务，学校需要把研学旅行作为课程列入教学计划并予以落实。也就是说研学旅行是中小学生的"必修课"，而非"选修课"；是教育的"规定动作"，而非"自选动作"。因此，研学旅行具有明显的公益属性，任何利益相关者（地方政府及相关职能部门，中小学校，研学基地、研学营地、景区等研学旅行资源单位，旅行社、教育培训机构等研学旅行服务单位）都不能从研学旅行活动经营中获得高额利润，提供研学旅行相关服务的服务商要秉承社会企业的原则微利经营。

（二）活动性质属于校外的实践课堂

研学旅行的核心价值在于教育功能的实现，即研学旅行对中小学生产生的教育意义和影响。研学旅行承担着基础教育阶段素质教育的重任，是我国基础教育课程改革深化过程中，由政策驱动的一项实践探索。将研学旅行纳入学校教育计划，是教育教学活动的一项重要内容,是中小学综合实践活动的一种创新路径。这种教育活动必须在校外开展,学生要走出学校,走向更广阔的大自然,走进更多样化的社会生活。这与在校内开展的实验课、课堂讨论、体育课、运动会、兴趣小组、社团活动等都不同。

（三）参与主体是广大的中小学生

中小学生包括了基础教育阶段的小学生、初中生,以及高中生。不同学段学生的思维发展、身体与心理特点都呈现成长的阶段性特点。研学旅行活动的开展必须遵循学生的成长规律,在研学资源选取、课程目标设定、课程主题选择、体验活动设计、实施方式设计、研学活动评价等方面都要结合中小学生的兴趣爱好、身心特点来全面统筹考虑、精心组织实施。

（四）组织者主要是教育部门和学校

研学旅行的开展,既可以由教育部门或学校自主进行,也可以委托旅行社或教育培训机构等服务机构进行。无论采取哪种形式,教育部门或学校都应在其中起主导作用并承担主要责任。在任何情况下,学校都应提前拟订活动计划,并按管理权限报教育行政部门备案。这与由学生根据个人兴趣自愿报名参加、由旅行社或教育培训等服务机构主导的"研学游"存在显著差异。在后者的模式中,服务机构是主要的组织者和责任承担方。

（五）学习方式以研究性学习和旅行体验相结合

研学旅行将"学"与"行"结合在一起,在社会实践中进行探索、体验、求真,实现理论与实践的统一。学习方式与传统在校学习不同,是"寓学于游",应着力避免出现"只旅不学"或"只学不旅"的问题。研究性学习是我国基础教育教学改革的趋势之一,这一学习方式要求有学习主题、有学习目标、有学习内容、有具体流程、有效果评价等。旅行体验包括"旅行＋体验",即离开常住地,在旅行中参与活动,做到动脑、动口又动手,实现全身心体验。学生走进名山大川、博物馆、人文遗址、大美乡村等与学校生活截然不同的新环境,参与过程本身就是一种情感体验,也是学会分享与合作的锤炼。

（六）出行方式是集体旅行、集中食宿

出行方式是组织研学旅行的重要因素,直接影响着活动的组织管理和效果。对中小学生来说,研学旅行要求集体统一出行,包括集体旅行和集中食宿;对学校来说,研学旅行就是整班、整个年级的统一行动。出行涉及交通、住宿、用餐、讲解、保险及安全等多个方面,协调环节多,遇到突发和意外情况的可能性也比较大,此外,还需要兼顾特别需求的少数学生。因此,要确保这类集体活动的顺利进行,每一位参与者,尤其是教师团队,都需秉持"立德树人"的教育理念,把"安全第一"时刻放在心上、抓在手上,做到周到、细致,万无一失。

三、需要区分清楚的四种说法

2016年教育部等11部门发布的《关于推进中小学生研学旅行的意见》有力推动了我国研学旅行蓬勃发展。虽然国家文件已经明确了其基本概念,奋战在一线的从业者也在实践中不断丰富其内涵,但业界仍然存在把研学旅行说成是研学旅游的现象,与冬令营、夏令营、游学、春游、秋游等多种说法交织在一起,界限模糊。为了消除这些混淆,有必要对相关概念进行清晰界定,明确它们各自的产生背景与发展历程,并准确把握它们之间的相互关系。比如,需要明确研学旅行与游学、夏令营、冬令营、春游、秋游、留学的关系。

(一)研学旅行与游学的关系

游学是世界各国、各民族文明发展过程中,较为传统的一种学习教育方式。

在我国,春秋时期的孔子是游学的鼻祖。唐朝游学是潮流,杜甫"出游翰墨场",李白"好入名山游",玄奘西天取经流芳千古;来华游学更是盛极一时,日本留学生阿倍仲麻吕①19岁在长安太学学习,阿倍仲麻吕慕中国之风不肯离去,于是改姓名为晁衡。他在华游学五十多年,主要作品有《衔命还国作》;元朝时马可·波罗在华任职,游学17年,写下了著名的《马可·波罗游记》;清朝雍正六年(1728年),国子监中设立了俄罗斯馆,接收俄罗斯人来华游学。

在欧洲,亚里士多德通过广泛的游学和考察,进行学术研究和知识传播,毕达哥拉斯、阿基米德等圣贤在周游列国期间,通过交流、考察与讲学,形成了对世界产生深远影响的学术思想。17世纪的"大游学"(Grand Tour)运动标志着欧洲游学的高潮,当时,英国和德国的贵族子弟纷纷前往法国和意大利,进行一场风靡一时的"漫游式游学"。被誉为"经济学之父"的亚当·斯密曾表示:在英国,年轻人一到中学毕业,不等投考大学便被送到国外旅行,这已成为日渐浓厚的社会风气。人们普遍认为年轻人完成旅行归来之后会有很大的长进。

🔭 知识链接2-1

"史学之祖"——希罗多德

希罗多德(约公元前484年至公元前425年),古希腊时期著名的历史学家、文学家、地理学家和旅行家。与司马迁撰写《史记》的情况类似,希罗多德也是经历了长途旅行后才写出《历史》这部著作。他的创作素材主要源自个

---

① 阿倍仲麻吕(698年—770年),朝臣姓,安倍氏,汉名朝衡(又作晁衡),字巨卿。日本奈良时代的遣唐留学生之一,开元五年(717年)入唐,因"慕中国之风"而不肯离去,于是改名朝衡,长留大唐。后参加科举考试,高中进士。任唐左散骑常侍、安南都护。他和唐代著名诗人李白、王维、储光羲等都有密切交往。

人亲身的游历经历及实地考察所搜集的大量资料。《历史》记载了西亚、北非、希腊等地区的地理环境、民族分布、政治制度、经济生活及诸多历史轶闻,作为西方文学史上首部得以完整保存并流传至今的史书及散文巨著,它不仅是西方史学发展历程中的一座重要里程碑,更为西方史学的编纂开创了一个全新的时代。希罗多德凭借这部作品被后世尊称为"史学之父"和"旅行家之父"。希罗多德的旅行大约从他30岁时开始,向北走到黑海北岸,向南到达埃及最南端,向东至两河流域下游一带,向西抵达意大利半岛和西西里岛。在旅途中,他不仅考察地理环境,探访历史遗迹,还深入体验并了解各地的风土人情,详尽记录所见所闻。为解决旅行费用的问题,他还在旅行中贩卖物品。

（资料来源:希罗多德,《历史》,商务印书馆,1959年）

如今,学生有组织、有计划地游学,已成为发达国家素质教育的有机组成部分。据总部设在丹麦哥本哈根的国际学生旅游联合会统计,20世纪90年代初,该组织每年就售出专门针对青少年学生的旅游优惠卡150多万张;德国巴伐利亚州政府明确将游学及其载体——青年旅舍纳入了当地的教育法,对游学的课程、方式、时间等都作出了明确规定;日本的高中生每年要在世界范围内进行一次为期数天的社会学习,据统计,早在1998年从日本赴海外游学的学生就达15万人了。

概括来讲,现代教育意义上的游学,是20世纪随着世界和平潮流和全球化发展进程而产生并逐渐成熟的国际性的跨文化体验式教育模式。广义的游学指离开自己熟悉的环境,到另一个全新的环境里进行学习和游玩。游学的本质是文化的融合,帮助学生开阔视野,塑造人生观和世界观。狭义的游学多指学生出国参观游览国外的主要城市、著名景点,学习语言课程,参观当地名校,体验多元文化。

研学旅行和游学从本质上而言,都是"移动课堂",强调学习空间的移动。但近年来我国提出"研学旅行"这一概念在时间上明显晚于游学,是在游学基础上演化而来的新教育路径,在组织形式、活动体验等方面比广义的游学更科学、更系统,教育的目的性也更强、更明确。

（二）研学旅行与夏令营、冬令营的关系

《不列颠百科全书》中,夏令营被定义为将娱乐与教育结合起来的设施,其目的在于使城市儿童熟悉户外生活。夏令营以寓教于乐的方式,为青少年提供了一个接触自然、拓宽视野、培养团队协作和独立生活能力的平台。最早的夏令营约于1885年发源于美国,当时人们由于都市化的日益发展引起各种回到自然的运动,于是产生了夏令营。一般来说,短期的夏令营为1至2周,较长时间的夏令营为8周左右,参与者年龄为6—18岁。早期的夏令营注重培养友爱精神,倡导简朴的生活方式。随着时间的推移,各式各样的夏令营应运而生,各有其特色与侧重点。有的夏令营采取野营形式,学生需住帐篷、自己动手做饭；而有的则提供更为舒适的设施，如温暖的房间及热水淋浴、游泳池及装备齐全的厨房。部分夏令营专注于提供当地特色的水上与陆地运动以及公益活动，另一些则致力于发掘和培养青少年的特殊兴趣或天赋，如艺术夏令营、音乐夏令营，还有专门针对棒球、骑马、网球、帆船等特定体育项目的专业夏令营。此外，还有补课夏令营、减肥夏令营等多种类型的夏令营。

在我国，夏令营的概念是在中华人民共和国成立后出现的。中国少先队建队之初，第一批少先队员到苏联参加黑海夏令营，这是最早出现的中国夏令营。当时的夏令营是由国家出资的公益性活动，是免费参加的，具有奖励性质。受经济条件的制约，一般只有少数的优秀学生才能参加。1992年，由日本提出倡议，在内蒙古草原上举办了一场中日草原探险夏令营。此后，国内夏令营的组织者不再只是学校、教委等教育部门，能参加夏令营的学生数量逐年增加，真正意义上的大众化夏令营开始发展，出现了大批收费低廉的夏令营活动。目前，夏令营的组织大体有两类：一类仍旧是教育部门赞助的，开放给来自特定学校或地区的学生，比如针对中小学生肥胖现象开设的减轻体重夏令营，各大高校开设的学科研究类主题夏令营；另一类是旅行社、文化公司、教育科技公司等社会企业和机构开设的夏令营，这类夏令营费用比较高，主题丰富，内容涉及区域在国内或者出境（国），也是当下市场的主角。

冬令营是近几年的热点，通俗地说就是夏令营的"寒假版"。简言之，冬令营和夏令营是利用学生寒假、暑假开办的学习和训练营地，在知识传授、能力培养、素质养成等方面与研学旅行差别不大，都是教育活动。但是冬令营、夏令营营地教育不属于真正意义上的研学旅行，原因在于：一是时间上，它发生在假期中，不在学生的正常上学期间；二是组织形式上，学生个体自主参与，不是学校统一组织；三是性质上，它不列入教学计划，学生的花费普遍比较高；四是参与对象上，它既有中小学生，也有大学生，比研学旅行宽泛些。

（三）研学旅行与春游、秋游的关系

春游和秋游是我国中小学广泛开展的传统校外实践活动，深受学生喜爱。春游和秋游实质上是旅游，在春季和秋季两个季节实行。研学旅行与春游、秋游有相同的地方，比如都由学校组织、都是整班或整年级的集体出行，但研学旅行又有很多与春游和秋游不同的地方。一是时间长短不同。春游和秋游一般只有一天，短的只有半天，一般不在外住宿，通常都需要学生自带补给（有些学校会提供统一的午餐等，一般也是家委会提供志愿服务，家长提供活动经费）；研学旅行通常超过一天，有的长达7天，甚至最长可达到15天（赴境外研学），并且需集中食宿。二是距离不同。春游和秋游距离短，当天即可往返；研学旅行距离较远，一般需要过夜。三是交通工具不同。春游和秋游可以步行，也可以坐汽车往返；研学旅行的交通工具多样，可选择汽车、火车、飞机、轮船等。当然，也可以徒步，比如探险主题的研学旅行课程，这种不太常见。四是目的地不同。春游和秋游以学校所在地的周边近郊为主要目的地；研学旅行的目的地要根

据学生和学校的研学需求来选择,有科学合理的线路设计和活动课程,可选用的研学资源点比较广泛,通常不在学校所在地周边。五是复杂程度不同。春游和秋游时间短、距离近、活动少,组织起来要简单得多;研学旅行时间长、距离远、活动多,组织起来更为复杂,当然承载的学习内容也更多。

(四)研学旅行与留学的关系

留学通常指的是在境外学习,是一种跨国的教育经历,旨在通过在异国环境中的学习,使个人得到全方位的提升和发展。我国近现代的修学旅行实践在这个层面比较突出,早期人们也会把留学当成海外研学的一部分。但现在,留学是留学,研学是研学,二者的差别是很大的。一是地域范围不一样。研学旅行多在国内进行,海外研学仅占极小的一部分;留学仅仅指留学海外。留学的目的地单一,需长期停留在一地;研学旅行通常要停留多地。二是学习方式不一样。留学只在往返留学目的地时在途中有游学的成分,在留学目的地则是长时间集中在校学习;研学是边游边学,在一地不会停留得太久。三是时间长短不一样。留学是按规范学制住校学习,时间比研学长得多,一般需要一到五年的时间;研学旅行(境外)属于在途学习,时间通常不会超过十五天。

四、研学旅行的常见分类

根据不同的标准,研学旅行可以进行不同的分类。而在其实际执行过程中,以下三种分类方法较为可行。

(一)根据研学旅行的主体分类

研学旅行活动的主体是广大中小学校的学生。相应地,研学旅行可分小学研学旅行、初中研学旅行、高中研学旅行。根据不同学段的学生特点,小学研学旅行一般安排在小学四到六年级、初中研学旅行安排在初中一到二年级、高中研学旅行安排在高中一到二年级。

(二)根据跨越的地理范围分类

研学旅行是"行走的课堂"。根据研学旅行所跨越的地理范围,可把研学旅行分为境内研学旅行和境外研学旅行。

境内研学旅行指的是在中国大陆(内地)范围内进行的研学旅行,具体可细分为县域(包括自治县、县级市、市辖区)研学旅行、市域(地级市、自治州)研学旅行、省域(自治区、直辖市)研学旅行,以及省外研学旅行。毫无疑问,研学旅行所跨越的范围越大,组织起来的难度就越大。教育部等11部门联合出台的《关于推进中小学生研学旅行的意见》中指出,学校根据学段特点和地域特色,逐步建立小学阶段以乡土乡情为主、初中阶段以县情市情为主、高中阶段以省情国情为主的研学旅行活动课程体系。这就要求，小学的研学旅行应以县域研学旅行为主；初中的研学旅行应以县域、市域研学旅行为主；高中的研学旅行应以省域、省外研学旅行为主。

境外研学旅行指的是在境外进行的研学旅行。根据教育部《中小学学生赴境外研学旅行活动指南（试行）》，中小学学生赴境外研学旅行活动是指根据中小学学生的特点和教育教学需要，在学期中或者假期以集体旅行和集中住宿方式，组织中小学学生到境外学习语言和其他短期课程、开展文艺演出和交流比赛、访问友好学校、参加夏（冬）令营等开阔学生视野、有益学生成长的活动。境外研学旅行应当以加强国际理解教育，推动跨文化交流，增进学生对不同国家、不同文化的认识和理解为目的，促进中小学的对外交流与合作，丰富中小学的课程内容和社会实践，增进与国外中小学生的交流和友谊。

中小学学生赴境外研学旅行活动指南（试行）

（三）根据研学旅行的主题分类

根据研学旅行的不同主题，研学旅行通常分为下面六大类型。

1. 自然类研学旅行

自然类研学旅行主要依托自然环境和自然资源，旨在引导学生了解人与自然的关系，培育学生的环保意识，强化人与自然是生命共同体的认知，倡导学生践行绿色生活方式和可持续发展方式，具体包括自然风景欣赏、动植物参观、农作物研究、农事活动体验、生态环境保护等。

2. 历史类研学旅行

历史类研学旅行主要依托丰富的历史资源和悠久的文化传统，旨在以史为镜、以古照今，引导学生了解今天的美好生活是怎么来的，形成一定的历史思维，激发爱国情怀，让学生感受到自己所承担的时代使命和责任，具体包括历史遗迹考察、历史聚落参观、文物观赏、革命纪念地瞻仰等。

3. 地理类研学旅行

地理类研学旅行主要依托自然和人文地理环境，旨在通过自然考察、实验、社会调查等形式，探究地质地貌、气象水文、土壤植被等自然要素，以及人口、聚落、经济、文化、社会等人文地理现象，提升学生的地理实践力，使学生在优美的自然环境、厚重的人文底蕴中亲近大自然，在活动中放松自我，增强对地理美的感知，积极践行生态文明建设。

4. 科技类研学旅行

科技类研学旅行主要依托具有科技教育属性的资源，比如科技馆、重大工程、高等院校、科研院所及科学技术中心、科技产品展览会、工厂或企业里的研发中心或生产车间等，旨在引导学生对相关科学技术知识和原理进行学习与体验，了解相关科技知识在现实中的应用，了解科技发展的过程及其给人类社会带来的影响与变化，想象未来的科技发展,激发学生热爱科学、崇尚科学的情感,帮助学生树立正确的科学技术观。

5. 人文类研学旅行

人文类研学旅行主要依托不同的地域文化资源。人文主要指的是中华民族在长期的历史发展过程中所形成的文化特点,包括物质、制度和精神方面,其中精神文化占核心地位,主要是价值观念、思维方式、审美趣味、宗教信仰、民族性格等。人文类研学旅行主要有传统节日习俗体验、日常生活方式体验,包括衣、食、住、行及闲暇时间的利用等,如傣族的泼水节、白族的三月街,以及吹糖人、作糖画、面塑、地方戏曲等,旨在让学生感受中华传统美德,理解不同的生活方式和行为方式,拓宽人文视野、厚植人文情怀、培养人文关怀,有助于学生跨地域的文化意识,提高文化理解力及文化交际能力,铸牢中华民族共同体意识。

6. 体验类研学旅行

体验类研学旅行主要依托社会中的各种职业及特殊项目资源。体验类研学旅行通过组织学生参与多样化的职业体验和各种特殊项目,让学生亲身感受不同职业的辛劳、乐趣、角色职责与社会功能,从而深入理解各行各业的运作机制及社会的整体运作。此外,这类活动还设计了一系列特殊体验,如高空挑战、黑暗探索、极速体验、失衡状态、失重感受,以及模拟地震、海啸逃生等,丰富学生的学习生活,拓宽他们的视野,并全面提升学生的综合素质。

研学旅行的分类可以帮助我们系统地梳理研学旅行活动的资源要素,但需要明确研学旅行本身是一个多方协同、跨学科融合的实践性活动课程,在实际操作中,不同类型的研学旅行活动往往相互交融,难以截然分开。因此,我们不必过分纠结于某个活动具体属于哪个类型,而应关注其是否满足中小学生的学习需求,是否符合中小学生的身心发展特点,以及是否能够促进他们在"德智体美劳"各方面的全面发展,这才是研学旅行的真正目的所在。

任务二　研学旅行的理论基础与实践意义

🔵 任务导入

我国中小学生研学旅行是综合实践活动的重要组成部分,是学校教育和社会教育的结合,是学科课程和实践课程的结合,作为具有科学素养的实践教育,其科学性是哲学、教育学、脑科学、旅游学的综合体现,需要自觉运用科学的理论知识来指导研学旅行实践的开展。

🔘 任务重点

认清我国大力推广研学旅行的实践意义。

🔘 任务难点

明白研学旅行是各种哲学和教育思想融合发展的实践。

🔘 任务实施

我国大力推动研学旅行的核心目的是促进学生的全面发展，这是教育学、心理学、旅游学等众多学科交叉发展与共同支持下的实践结果。

一、研学旅行的理论基础

（一）哲学基础

1.实践哲学

实践哲学强调人在实践活动中主体作用的发挥，承认人的主体性是人进行创造性的、能够实现自己价值的实践活动的前提。研学旅行重视学生参与、重视实践和体验在教学中的作用，它体现的实践哲学思想具体表现在以下三个方面。

一是研学旅行注重学生的主体地位。中小学生是研学旅行的参与主体，研学旅行活动的设计需要从学生的兴趣点出发寻找研究性方向，邀请学生参与设计他们关心的、想了解的问题，鼓励学生深入研究，设身处地为学生创造有利于研学课程开展的环境，让他们在研学课程实践的过程中发现问题并解决问题。

二是研学旅行注重校内知识的实践运用。研学旅行方案设计要求校内学习获得的知识能够在研学旅行活动中得到应用、延伸或提升。当学生能够将校内学习获得的知识运用于解决研学活动中的困难时，他们必然会获得成就感和满足感，也会对活动表现出浓厚的兴趣，从而使研学旅行活动得以顺利进行。此外，在应用知识的过程中体验知识的作用，有利于提高学生的学习兴趣，有利于学生充分理解和掌握所学知识，进而大胆提出解决问题的新观点、新思路和新方法，并积极主动地探索获得对已有知识的反思能力。

三是研学旅行注重学校课程的延伸。实践哲学是面向人的整个生活世界，学生生活在一个由其个人、社会、自然等基本要素构成的完整世界中，而且这些要素彼此关联，仅仅依靠学校书本知识的学习不能满足对学生的全面培养需求。研学旅行设计需要涵盖与自然、社会、生活和自我等关系的全部，使学生在亲近自然、参与社会和与他人积极交互的过程中获得全面的发展。

2.教育哲学

教育哲学是从哲学的角度探究人类学习活动的规律，并用这些规律指导实践的一

Note

门理论学科。分析哲学家认为,教育哲学只限于为教育论述提供理论依据,阐明论点。[①]这里所说的教育哲学是指一种观念层次上的教育哲学,也就是学校教育哲学,基于学校的教育理念,体现学校的教育使命、愿景和育人目标。其中育人目标是学校教育哲学的核心,即在研学旅行中培养什么样的学生是核心问题,对学校政策和学校实践活动具有一定的指导价值。现代教育的开拓者杜威总结出"教育即生活""教育即生长""教育即经验的改造"的哲学思想,从实用主义、经验主义出发,提出了以活动和体验为核心,强调"在做中学"的课程与教学思想,契合研学旅行这一走出校园开展实践教育的做法。研学旅行结合域情、校情、生情,基于学生自身兴趣,在研学旅行指导师[②]的引导下,从自然、社会来选择和确定研究主题,开展研究性学习,在观察、记录和思考中,主动获取知识,分析并解决问题。

(二)脑科学基础

将脑科学与教育相结合进行研究,是当前世界教育研究领域的一个重要趋势和潮流,脑科学的研究成果为教育教学提供了新的理论基础。脑科学为观察研学旅行中的教育现象提供了新的视角,为辨析研学过程中的教育教学常识提供了新的方法和证据。研学旅行以脑科学为理论基础主要表现为:研学旅行的分学段设计充分遵循了人脑的发育规律;课程目标的设计则注重左右脑的协调发展。在研学实践中,我们应以脑科学为基础,运用脑科学研究成果,依托大脑工作机制或全脑思维模式,通过课程的开展,直观、精细地揭示学生认知活动发生的特点与规律,让研学旅行指导师及学校老师能确切地知道在研学旅行中该做什么、为什么要这么做、如何做得更好,从而最终探索出符合学生大脑运行模式的研学旅行教育方法,准确把握研学旅行实践教育的效果,提高研学旅行的实践教育目标,让学生们在研学旅行活动中形成个性化的情感、态度与价值认知。

同时,我们也要持续关注人工智能的发展,特别是脑科学与人工智能在教育领域的融合运用,将在学生的个性化学习体验、创建沉浸式研学环境、学生的情绪和心理健康监测、学生学习过程中的评估与反馈,以及对于特殊学生需求的"无障碍学习"提供等方面带来创新与提升,从而实现研学旅行的公平性和包容性。

(三)教育学基础

研学旅行是行走的课堂,是以教育为目的的旅行,强调学以致用和实践出真知的教育理念。研学旅行的发展与教育思想的更新密切相关,下面主要梳理三种与研学旅行紧密相关、比较受关注的教育思想。

---

① 中美联合编审委员会. 简明不列颠百科全书(中文版)[M]. 北京:中国大百科全书出版社,1985.
② 2024 年 7 月 25 日发布的《人力资源社会保障部办公厅、市场监管总局办公厅、国家统计局办公室关于发布生物工程技术人员等职业信息的通知》中将"研学旅行指导师"职业名称变更为"研学旅游指导师"。

1. 自然主义教育思想

卢梭在《爱弥儿》中将教育划分为三种：自然的教育、人的教育和物的教育。他认为，这种教育，我们或是受之自然，或是受之于人，或是受之于物。我们的才能和器官的内在的发展，是自然的教育；别人教我们如何利用这种发展，是人的教育；我们对影响我们的事物获得良好的经验，是事物的教育。[①]研学旅行实现了三者的融合，学生既能充分接触自然，获得来自大自然的启示和教育，又能很好地在学校和研学机构的组织策划下，得到来自人和事的教育。

自然主义教育的巨擘夸美纽斯认为，教育应该遵守一种自然的秩序，把教育的场所由封闭的学校引向开放的大自然和社会，与自然万物进行直接的接触、观察、认识并体验，要遵守这种自然秩序和自然本性。活动课程应从学生身心发展的规律出发，走向大自然、走向社会，对自然万物进行直接的接触与观察。研学旅行的活动设计一样遵循的是人的自然发展规律，尤其是需要以教育学和发展心理学等跨学科理论和实践为依据，来研发适合不同学段学生的校外实践课程，鼓励和引导中小学生挖掘潜能，培养他们的创新精神和实践能力。

研学旅行作为一种自然主义教育的形式，是隐性的生态教育，体现为自然秩序遵守、自然本性遵从的教育观。一方面，研学旅行倡导以自然事物为载体，使学生在自然体验中感悟这种生态教育方式对个体潜移默化的影响，激发个体的好奇心与求知欲，让个体在自身主观能动性的基础上去探索求知，进而满足个体的身心需求，维护个体对于自然与生俱来的亲近感。比如，学生可以在自然生态研学旅行中认识自然生态链中的蝴蝶、蜻蜓、萤火虫、蚂蚁等常见的昆虫，了解生态系统、理解和辨别不同的生命形态，形成尊重自然环境、尊重其他生命物种的态度，提升辨别是非、美丑、善恶、公私、荣辱的能力，形成正确的认知观，促进自身认知能力的发展。另一方面，研学旅行倡导以真实场景体验实践为主，学生置身于神奇的大自然，美丽的星空、高山流水、四季变换、地域气候的差别等都会激发学生的好奇心和观察力，有利于学生亲近自然、深刻感悟自然的美丽与奥秘，并培养他们对自然的感恩之心。同时，它还能促进学生深入思考自然、生命以及人与自然和谐共生的关系，从而在内心深处激发起对自然的一种本能的亲近与热爱。

🔭 知识链接2-2

四大名山成"绿美广东"建设一大亮点

近年来，广东陆续建成的自然教育径、生态教育径、自然教育中心、丹霞科普研学等品牌，吸引了越来越多的居民探访名山。数据显示，西樵山2023年暑假接待游客近23万人次，文旅市场回暖；罗浮山省级自然保护区接访人

---

① 卢梭. 爱弥儿[M]. 李平沤，译. 北京：商务印书社，2011.

数同比翻一番;丹霞山入园人数创 2020 年以来新高;鼎湖山入园人数更是近五年新高。

如今,广东四大名山正成为"绿美广东"建设的一大亮点。广东省林业局透露,在打造人与自然和谐共生的"绿美广东"样板的过程中,广东走出一条新时代绿水青山就是金山银山的广东路径。目前,广东正全力创建南岭国家森林公园、丹霞山国家公园,距离率先建成"双园"之省的目标正越来越近。而罗浮山、西樵山、鼎湖山亦不断焕发新颜,山更翠、路更畅,景更美,人更多。

2023 年,广东省新增 15 家省自然教育基地和 3 家高品质自然教育基地,使广东省自然教育基地数量达 115 家,汕头市、揭阳市各建成 1 家省级自然教育基地,实现零的突破,广东省 21 地级市自然教育基地实现了全覆盖。依托岭南特色自然资源,全省已发布 101 条特色自然教育径,总长度达 176.4 千米,其中有 81 条自然教育径免费向公众开放,建成自然教育场所 148 个,绝大部分免费开放,四大名山就名列其中。广大人民群众的获得感、幸福感、安全感显著增强。

(资料来源:广东省林业局网站,2023-09-15)

2. 实用主义的教育思想

我国传统教育就注重实用,不尚虚谈,崇知重行,知行合一。实用主义教育思想本质上不仅是知识的教育,更是素养的教育,培养学生生活、生产的各种技能及情感素养,以期获得更好的生活、生产机会。实用主义思想认为,与其注重概念,毋宁注重直观;与其注重语言,毋宁注重事实和劳作。美国实用主义的代表人物杜威提出"教育即生活"。所谓"教育即生活",是指教育的过程就是生活的过程,学校就是社会,学校应该与儿童生活相结合。而作为杜威的学生,教育家陶行知又创造性地提出了"生活即教育""社会即学校"等,强调学生要走出校园,走向社会,走向大自然,在与外部世界的接触中,边做边学,边学边做,将全部的生活作为教育的对象。

研学旅行将立德树人、培养人才作为根本目的,让广大中小学生在研学旅行中感受祖国大好河山,感受中华传统美德,感受革命光荣历史,感受改革开放伟大成就,这是深化素质教育的有效途径之一。无论对教师还是学生都是知行合一的真学习,也是言行一致的好德育;是学生学业生涯中有意义的经历,也是他们世界观、人生观、价值观形成阶段有价值的身心修行。研学旅行作为一种知行合一的生活情景化教育,是隐性的德育教育,体现在研学旅行中就是学生在自然中认知自我、在社会中塑造自我、于人格化中实现自我的教育观。传统意义上的教育主要包含两层含义:一是教书,即知识本身的传授;二是育人,即个体品性的塑造。作为学校教育重要组成的研学旅行教育是一种塑造"德性"的重要途径,其立足于实践体验与生活经验,有机融合了感性知识与理性知识,其以情景性体验为突破口,以实践性操作为关键,以践行中小学生的道德教育为根本,促进中小学生道德认知与道德人格的转化,体现在研学旅行过程中的时间管理、社交能力、成就动机、智能灵活性、工作领导能力、情绪控制、积极性、自信心、自控力等多个方面。

3.休闲教育思想

学会休闲是高质量生活的重要能力,是幸福指数的关键指标。工作之余,人如何度过时间?这也是教育要充分重视的内容。美国著名的休闲学者杰弗瑞•戈比认为,成功的休闲有创造性、学习和乐趣三个要素。他倡导学生要自由地在居住的那片土地上去玩、去探索,尝试新的爱好。我国基础教育长期以来一直在推动素质教育的发展,特别是近几年来对体育、艺术、美育的重视,都有助于提高学生的休闲技能。伴随着我国社会发展步入高质量发展阶段,人的休闲需求显得更为迫切,引导学生正确地利用闲暇时间,理智地面对生活,自由地实现自我价值,"休闲实现教育"无疑是更有成效的教育方式。研学旅行通过精心的课程设计、线路规划,让学生走出校门,走进社会,以"寓教于乐"的方法让学生在鲜活的体验中获得成长的快乐。研学旅行在"游"中学的理念与休闲教育"玩"得有文化的追求,可谓是珠联璧合。

(四)旅游学基础

文化是旅游的灵魂,旅游是文化的载体,二者有着天然联系。习近平总书记指出:文化产业和旅游产业密不可分,要坚持以文塑旅、以旅彰文,推动文化和旅游融合发展,让人们在领略自然之美中感悟文化之美、陶冶心灵之美。党的二十大报告对繁荣发展文化事业和文化产业作出重要部署,提出推进文化和旅游深度融合发展。从旅游角度看,中小学生研学旅行是深度的文化旅游,符合文旅融合的发展理念,也是撬动旅游消费的重要抓手。

二、研学旅行的实践意义

国家推行中小学研学旅行的根本目的在于"立德树人、培养人才",其重要意义在《关于推进中小学生研学旅行的意见》中被表述为三个"有利于":有利于促进学生培育和践行社会主义核心价值观,激发学生对党、对国家、对人民的热爱之情;有利于推动全面实施素质教育,创新人才培养模式,引导学生主动适应社会,促进书本知识和生活经验的深度融合;有利于加快提高人民生活质量,满足学生日益增长的旅游需求,从小培养学生文明旅游意识,养成文明旅游行为习惯。

(一)教育层面的实践意义

首先,研学旅行给学生提供了一个将课堂知识拿到实践当中验证与运用的机会,是青少年培育和践行社会主义核心价值观的有效途径。中小学生在研学旅行过程中,通过参观风景名胜区、自然遗产地、国家重大建设工程、革命纪念地、重要历史事件发生地、爱国主义教育基地、博物馆等,感受祖国大好河山,感受中华传统美德,感受革命光荣历史,感受改革开放伟大成就,从而坚定理想信念,促进形成正确的世界观、人生观、价值观,成为德智体美全面发展的社会主义建设者和接班人。

其次,推行素质教育已成为教育界的共识。2014年,教育部印发了《关于全面深化课程改革落实立德树人根本任务的意见》,提出要研制学生发展核心素养体系,明确学生应具备的适应终身发展和社会发展需要的必备品格和关键能力。随后,教育部委托北京师范大学,联合国内高校近百位专家成立课题组开展研究,于2016年9月发布的《中国学生发展核心素养》研究成果提出:中国学生核心素养以培养"全面发展的人"为核心,分为文化基础、自主发展、社会参与三个方面,综合表现为人文底蕴、科学精神、学会学习、健康生活、责任担当、实践创新六大素养,并具体细化为18个基本要点。

中国学生核心素养如图2-1所示。

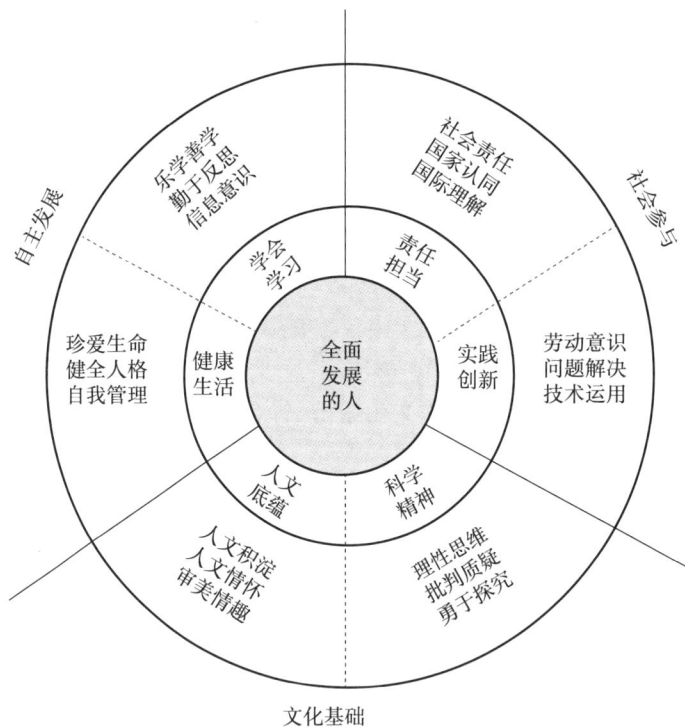

图 2-1 中国学生核心素养

显然,培养学生的六大素养和18个基本要点,只靠校园内的课堂学习是远远不够的,需要人才培养模式的创新。研学旅行是一种全新的人才培养模式,学生在经过老师精挑细选的现实环境中亲近自然、了解社会、探索知识、动手实践、接受挑战。这种全新的环境和新颖的教育方式,可以培养学生快速适应社会的能力,让他们学会动手动脑,掌握生存技能和生活智慧,以及为人处世之道,同时促进身心健康、增强体质、锻炼坚强意志。因为学生感兴趣,也能更好地促进他们将书本知识与生活经验深度融合。集中出行、集中食宿的方式，也能培养学生的集体协作精神，使他们更快地融入集体生活，培养他们的集体荣誉感。总而言之，研学旅行是一项重要的教育改革举措，通过完善实践教育教学体系，开发实践课程和活动课程，加强实践育人基地建设，组织中小学生参观考察和参加力所能及的生产劳动，参加益德益智的科研发明和创新创造活动，有利于推动实施全面素质教育，培养出素质全面的优秀人才。

（二）旅游层面的实践意义

我国现已经全面建成小康社会，新时期我国社会主要矛盾已经转化为人民日益增长的美好生活需要和不平衡不充分的发展之间的矛盾。随着我国人民生活水平的提高，城乡居民收入增速超过经济增速，中等收入群体持续扩大，人民美好生活需要日益广泛，不仅对物质生活提出了更高的要求，对精神生活也同样提出了更高的要求。研学旅行的"学习＋旅行"的特点，可以满足中小学生的旅游愿望，在一定程度上实现其"行万里路"的理想。因此，研学旅行的实施和普及，有利于加快提高人民生活质量，满足学生日益增长的旅游需求。现实生活中，中小学生自己的旅游愿望是不大容易实现的，有的可能是受制于家庭经济状况，无钱旅游；有的是因为家长工作忙，没有时间带孩子出游；还有的是因为家长没有旅游的兴趣，不愿意出游。当然，中小学生平时学业繁忙，也缺乏旅游的时间。这些因素的存在，使得学生的出游机会受到限制。研学旅行的推广，可以增加学生旅游的机会。此外，研学旅行过程中，学生能得到老师的细心管理及周到安排，有专业的研学旅行指导师的指导；学生从走出校门开始，就可参与到文明旅游、专业旅游、规范旅游的过程中来，这有助于他们从小树立文明旅游意识，养成文明旅游的行为习惯。

同时，中小学生是一个庞大的群体，研学旅行作为一种教育与文化旅游相结合的创新形式，其广泛开展有利于增加参与旅游的人数，扩大旅游市场规模，从而引发旅游需求的扩大。一是增加旅游收入，促进旅游业可持续发展。研学旅行的大力实施不仅能直接增加旅游消费，还会带动旅游系统各部分全面受益，实现旅游经济的综合效益。二是具有培养潜在客户的长远意义，可以促进旅游业的持续稳定发展。三是升级旅游产品，创新区域旅游发展模式。发展研学旅行首先要研发、升级研学产品，如此不仅有利于旅游资源整合，促进产品优化升级，还将带来区域旅游经济发展模式的创新。四是促进文化传播与交流，提升区域文化旅游形象。研学旅行是文化、教育与旅游的完美融合，最能表达文化旅游的内涵和魅力、实现旅游的户外教育功能。发展好研学旅行，有利于丰富区域的文化，传承、传播、交流本土文化，促进各地各民族及各国的文化交流与融合，从而树立自身良好的文化旅游形象。

任务三　研学旅行的构成要素与内在关系

任务导入

研学旅行的顺利实施需要各有关利益方的密切配合,明确研学旅行涉及的构成要素及其内在关系是保障研学旅行持续高质量发展的重要内容。

任务重点

了解研学旅行的利益相关者,清楚其构成要素。

任务难点

辨析研学旅行各要素之间的内在关系。

任务实施

我国研学旅行的发展是中小学学校教育持续深化改革的必然要求。随着研学旅行的实践发展和深入研究,研学旅行的要素体系逐渐完善,构成逐渐明晰。研学旅行是由多个要素构成的复杂综合体,这些要素包括教育行政管理部门、中小学校、中小学生、研学旅行从业人员、研学旅行资源(包括研学旅行基地和营地)、研学旅行服务机构等。

一、旅游的构成要素

研学旅行是通过旅游实现的教育活动。我们需要先了解清楚旅游的基本要素。一般来讲,旅游活动由三个基本要素构成:旅游的主体,即旅游者;旅游的客体,即旅游资源;旅游的介体,即旅游业。

(一)旅游者是旅游活动的主体

旅游者是旅游产生的首要条件,没有旅游者就不会有旅游,也就不会有因旅游而产生的各种经济和社会现象。旅游者的定义众多,简单地说,旅游者是指不是出于谋生或移民的目的而离开常住地到异地旅行的人。旅游者的数量、结构、流向直接影响旅游资源的开发利用和旅游业的发展规模、发展速度,一个地区旅游业的开发往往是以客源市场为导向的。

(二)旅游资源是旅游活动的客体

旅游资源指的是自然界和人类社会凡能对旅游者产生吸引力,可以为旅游业开发利用,并可产生经济效益、社会效益和环境效益的各种事物和因素。一个地区旅游资源的丰富程度往往是决定和影响该地区旅游发展的前提条件。旅游资源能激起游客的旅游兴趣,是保证旅游供给与发展旅游事业的重要物质基础。旅游资源作为旅游吸引因素,来自自然界和人类社会当中,可以是天然的也可以是人造的,可以是有形的也可以是无形的,可以是具体的也可以是抽象的,可以是真实的也可以是虚构的。旅游资源所包含的范围非常广泛,但并不是所有的事物和现象都能成为旅游资源,只有那些能够对旅游者产生吸引力,能被旅游业开发利用,能产生经济效益、社会效益和生态环境效益的事物和因素才能成为旅游资源。例如,山脉、海洋、河流、湖泊、冰川、动物、植物等都是自然旅游资源,历史遗迹、建筑、城镇、村落、园林、民俗风情等都是人文旅游资源。

（三）旅游业是旅游活动的介体

旅游业是以旅游资源为依托,通过一定的旅游设施为旅游者创造便利的旅游条件并提供旅游者所需商品和服务的综合性产业。旅游业由三部分组成。一是直接为旅游者提供产品和服务的行业,包括景区景点、旅行社业、娱乐业、旅游购物业、餐饮业、住宿业、交通运输业等。其中,旅行社、旅游饭店、旅游交通部门并称为旅游业的三大支柱。二是间接为旅游者提供产品和服务的行业和部门,包括商业、银行业、保险业、海关、邮电通信、文化艺术、卫生教育等。三是旅游行业管理部门,包括各级旅游行政管理部门和各旅游行业组织,这些部门和组织并不直接从事旅游业,但负有对旅游业的管理、协调职能。旅游业是联系旅游主体和旅游客体,最终形成旅游活动的条件和手段。旅游业的存在使得旅游者的活动变得更加便捷,让他们能够前往更远的旅游目的地。利用旅游业提供的便利服务完成旅游活动已成为现代旅游的一种规范化的旅游模式。旅游业在旅游者和旅游资源之间、在旅游客源地和旅游目的地之间架起的这座便利的桥梁,极大地促进了旅游活动的开展。

旅游的基本要素构成也有多种说法,前文提到的旅游者、旅游资源、旅游业被认为是旅游的"三要素"。此外,还有旅游的"六要素""七要素"之说等。旅游的"六要素"指的是旅游活动内容由六个基本要素组成,即食、住、行、游、购、娱。这六个要素相互联系、相互作用。旅游交通构成"行",是旅游活动的基本条件;"游"是旅游"六要素"的核心。近年来,人们提出了旅游"七要素"的概念。所谓旅游"七要素",就是在原"六要素"的基础上,加上了"厕"这一要素,共同构成旅游基础要素。厕所是人类生活的必需空间,其建设管理的质量影响游客的满意度,甚至影响一个地方的旅游形象。

二、研学旅行的构成要素

研学旅行既是一种教育活动,也是一种旅游活动,因此,我们可参照旅游的构成要素对研学旅行的构成要素进行分析。和旅游一样,研学旅行也由三个基本要素构成:

研学旅行的主体,即中小学生;研学旅行的客体,即研学旅行资源;研学旅行的介体,即研学旅行的管理部门和服务部门。

（一）研学旅行的主体——中小学生

就像旅游者是旅游的主体一样,中小学生是研学旅行的主体,他们是研学旅行的参与者、实践者,是研学旅行服务的购买者(有时可能是学校出资购买服务或部分服务),是研学旅行服务提供者的服务对象。中小学生作为研学旅行的主体有四个特点。一是人数众多。据测算我国现阶段高中生、初中生、小学生在校生总人数达到2亿。显然,中小学生是一个非常庞大的群体,即使是每个人一年研学一次,也将形成一个庞大的研学旅行市场。二是身份单一。中小学生基本上都属于未成年人。在我国,不满18周岁的自然人为未成年人。中小学生中,除了少部分高中生,都是未成年人。根据相关法律规定,未成年人不能独立实施民事法律行为。因此,在研学旅行中,决策并非由学生做出,而是需要学校进行安排,并事先征得家长的同意。这一规定对研学旅行的活动内容也产生了影响,即活动的设计必须贴合未成年人的特点。三是需求稳定。研学旅行已列入学校的教育教学计划,是每个中小学生(有特别情况的除外)必须参与的教学活动,而且是集体参加、集中食宿,基本不受学生个人主观意愿的影响,不会出现人数上的大起大落。四是动机单纯。研学旅行是落实立德树人根本任务的重要环节,是学校教育教学的重要内容,是综合实践育人的有效途径。旅行的动机很简单,就是满足教学的需求,符合教学的需要,而不是简单的旅游,不是做表面文章,不是哗众取宠。

👓 知识链接2-3

《中华人民共和国民法典》中对未成年人的相关规定

《中华人民共和国民法典》规定:十八周岁以上的自然人为成年人。成年人为完全民事行为能力人,可以独立实施民事法律行为。十六周岁以上的未成年人,以自己的劳动收入为主要生活来源的,视为完全民事行为能力人。八周岁以上的未成年人为限制民事行为能力人,实施民事法律行为由其法定代理人代理或者经其法定代理人同意、追认;但是,可以独立实施纯获利益的民事法律行为或者与其年龄、智力相适应的民事法律行为。不满八周岁的未成年人为无民事行为能力人,由其法定代理人代理实施民事法律行为。不能辨认自己行为的成年人为无民事行为能力人,由其法定代理人代理实施民事法律行为。

（资料来源:《中华人民共和国民法典》）

（二）研学旅行的客体——研学旅行资源

研学旅行资源（简称研学资源）是研学旅行的客体。没有研学资源，研学旅行将不可能存在。研学资源指的是有研学价值，能对研学人员产生吸引力，符合研学主题，能被相关产业和机构开发利用，具有经济效益、社会效益或环境效益的各种事物和因素。研学资源和旅游资源有密切的关系，可以说，所有研学资源都是旅游资源，但旅游资源不一定是研学资源。换句话说，研学资源是旅游资源的一部分，是能够吸引研学人员，能组合成研学课程的旅游资源。因为研学资源最终要转化为研学课程，因此，有的人也把研学课程当作研学旅行的客体。研学资源广泛存在于自然界和人类社会当中，既可能是天然的也可能是人造的，既可能是有形的也可能是无形的。

（三）研学旅行的介体——研学旅行的管理部门与服务部门

研学旅行的介体就是为研学旅行的顺利进行而参与其中的管理部门和服务部门。研学旅行的介体可由研学旅行管理部门和研学旅行服务部门两部分组成。

1. 研学旅行管理部门

研学旅行管理部门包括政府职能部门和各中小学校。我国的研学旅行是在政府主导和市场推动的共同作用下开展的。政府职能部门（主要是教育行政管理部门、旅游行政管理部门）在其中起了重要作用。在研学旅行的开展过程中，政府职能部门在考察调研、制定政策、出台标准、统筹协调研学资源、建设研学旅行基地和研学旅行平台、建立健全经费筹措机制、统筹协调社会力量等方面发挥着不可替代的作用。其中，教育行政管理部门是研学旅行的决策者、指导者和保障方。教育部等11部门联合出台的《关于推进中小学生研学旅行的意见》指出：各地要成立由教育部门牵头，发改、公安、财政、交通、文化、食品药品监管、旅游、保监和共青团等相关部门、组织共同参加的中小学生研学旅行工作协调小组，办事机构可设在地方校外教育联席会议办公室，加大对研学旅行工作的统筹规划和管理指导，结合本地实际情况制定相应工作方案，将职责层层分解落实到相关部门和单位，定期检查工作推进情况，加强督查督办，切实将好事办好。中小学校是研学旅行的主要组织者和责任承担者，其作用主要体现在以下几方面：把研学旅行纳入学校教育教学计划，与综合实践活动课程统筹考虑。创新宣传内容和形式，向家长和学生宣传研学旅行的重要意义和作用。精心设计研学旅行活动课程、制定方案，做到"活动有方案、行前有备案、应急有预案"。自行开展研学旅行或委托开展研学旅行，提前拟订活动计划并按管理权限报教育行政部门备案。加强学生和教师的研学旅行事前培训和事后考核。

2. 研学旅行服务部门

研学旅行服务部门包括旅游行业各部门和专业研学服务机构。旅游行业是为旅游者提供产品和服务的行业，其所属部门包括旅行社、景区景点、餐饮部门、宾馆饭店、旅游交通、旅游购物商场等。一项完整的旅游活动，通常包含食、住、行、游、购、娱等要素,这些要素都构成了旅游需求,满足这些旅游需求的行业都是旅游业的组成部分。同样,研学旅行也是旅行,研学旅行的参与者也同样有这些旅游需求。因此,旅游业的组成部门同样也是研学旅行的服务部门。研学旅行毕竟不是一般意义上的旅游或旅行,它有其自身的特色。相对于普通旅游,研学旅行更有教育性、体验性,要求更烦琐,组织难度更大。现在,不少专业的研学服务机构,如教育培训机构、研学服务中心、研学旅行公司、研学旅行基地(营地)等已应运而生,这些专业研学机构属于为中小学研学提供产品和服务的专门性行业。

研学旅行的介体还有一种分类方法,就是按其在研学旅行活动中的角色分工的不同,分为研学旅行的主办方、承办方和供应方。

主办方指的是有明确研学旅行主题和教育目的的研学旅行活动组织方。在研学旅行活动中,政府职能部门或各中小学校是研学旅行的主办方。如果中小学校自行承办研学旅行活动,那么该学校既是主办方也可能是承办方。

承办方指的是与研学旅行活动主办方签订合同,提供教育旅游服务的旅行社和研学机构。教育部等11部门联合出台的《关于推进中小学生研学旅行的意见》指出:学校委托开展研学旅行,要与有资质、信誉好的委托企业或机构签订协议书,明确委托企业或机构承担学生研学旅行安全责任。这里的委托企业或机构指的就是旅游行业部门之一的旅行社和各专业研学机构。

供应方指的是与研学旅行活动承办方签订合同,提供旅游地接、交通、住宿、餐饮等服务的机构。景区景点、宾馆饭店、旅游交通、旅游购物商场等是研学旅行的供应方。有的情况下,为承办研学旅行活动的机构(承办方)提供服务的旅行社、研学旅行基地、研学服务专门机构也是供应方。

从旅游三要素视角,依据我国研学旅行活动的试点、实验和全面实施过程中的经验,研学旅行活动中的学生是特定的旅游者(主体),各类研学旅行资源是旅游吸引物(客体,一般以研学课程为核心竞争力)的呈现形式,负责管理的政府各部门和服务研学的相关产业则构成研学旅行活动的保障要素(介体)。与其他旅游业态相比,研学旅行活动的旅游者(主体)表现出单一性特征,旅游吸引物(客体)表现出课程性特征,管理服务这一介体则更多表现出教育部门和学校的主导性倾向。

研学旅行的三要素如图2-2所示。

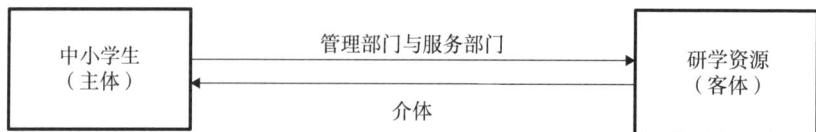

图2-2 研学旅行的三要素

三、研学旅行构成要素的内在关系

研学旅行的主体是进行研学旅行活动的主导者,是产生研学旅行这一现象的核心因素，主体通过体验、反思、概念化和应用的方式学习研究客体；研学旅行的客体是吸引主体进行研学旅行活动的对象，是研学旅行的必备条件，客体通过传输知识、改变思维、发展技能的方式培养主体的核心素养；研学旅行的介体是联系研学旅行主体和研学旅行客体的纽带，对主体与客体的互动发挥监管、指导、组织、服务、辅助、保障等支撑作用。研学旅行的主体、客体、介体相互作用（图2-3），才能实现研学旅行。

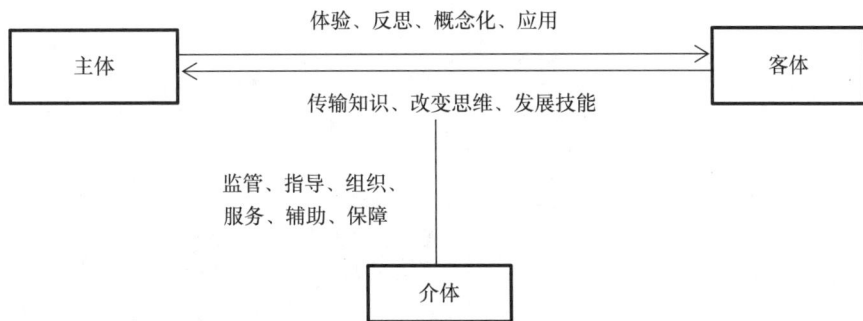

图 2-3　研学旅行构成要素的内在关系

⛵ 项目小结

　　准确把握并清晰阐述研学旅行的概念是从事研学旅行工作的基础。鉴于我国研学旅行的发展现状，我们从教育角度出发，将其界定为面向中小学生的研学旅行。这一活动的主体具有特殊性，主要是未成年人，因此亟需全社会的共同保护。中小学生研学旅行是深度的文化旅游，符合我国当下文旅融合的发展理念，是撬动旅游消费的重要抓手，也是满足教育高质量发展的必然选择。

⛵ 拓展资源

　　魏小安，《中国旅游：转型与创新》，中国旅游出版社，2024年。

⛵ 微 语 录

　　教育不是为了教人谋生，而是教人创造生活。

——怀特

在线答题
▼

⛵ 课后练习

理论思考

如何理解我国大力推动研学旅行的实践意义？请举例说明。

Note

实操训练

请实地调研你家乡的2—3所学校开展的校外教育活动,完成一份调研报告。要求描述清楚每种校外教育活动的名称、课时、时间安排,以及活动目的、活动内容、活动形式、实施效果等,字数不少于1500字。

项目三
摸准研学旅行的主体对象：诉求与应对

学习目标

1. 了解不同学段中小学生的身心发展特点；掌握各个学段的中小学生诉求。

2. 能够有针对性地科学设计符合不同学段学生诉求的研学应对策略。

3. 学会积极构建良好的师生关系，做到教学相长、共同进步。

知识导图

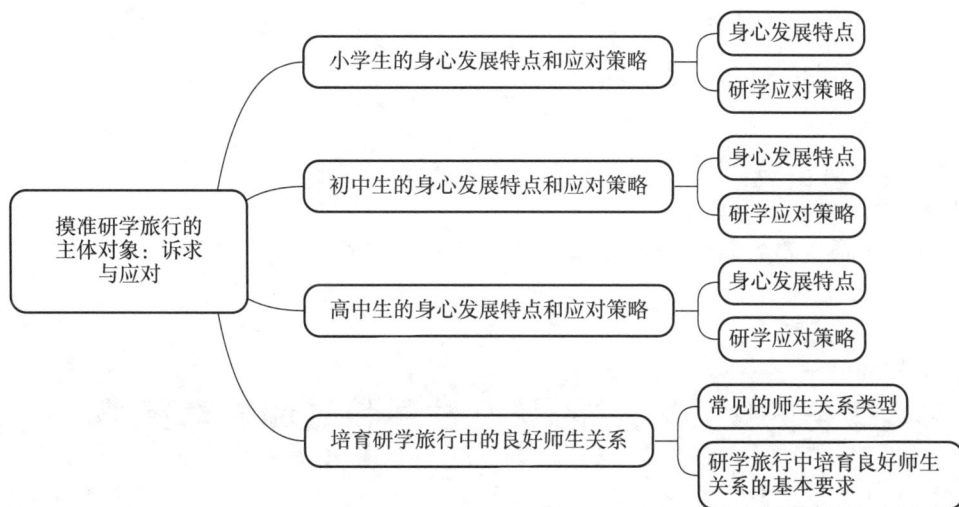

情境导入

研学夏令营，让学生在丈量大地的脚步中成长（节选）

4—6岁孩子通过长城主题的手作、绘画、泥塑，与家长们进行亲密协作，设计属于自己的长城模型；7—14岁少年通过长城遗迹探访、长城营造工具及材料收集，与同学分享创意、分工协作，完成"高空操作台"建造。一边，孩子们垒长城、做香囊；另一边，家长们化身传说故事中的人物角色,为孩子们带来了一场别开生面的舞台剧演出⋯⋯6月底,在北京延庆的八达岭镇石峡关谷,一场非遗文化研学活动火热进行,同以往老师带着学生"组队行进"不同的是,亲子互动成了研学行的新方式。

"旅行、游历见闻往往奠定了人的认知和体验基础。对古今中外杰出人才成长的研究表明,没有充足亲历亲闻体验基础的人就不可能理解、融汇大量的'闻知',也难以生成足够的'说知'促动自己创造,也就很难有大成就。"中国教育科学研究院研究员储朝晖分析,研学活动引导学生成为学习、生活的主人,用智慧对待生活,确立自身主动性、主体性、自主性。

"不少孩子在知识学习上表现很好,但身心发展明显不平衡。当下,个别学生出现一些心理问题,这可能和平时与大自然接触少有关系。所以这类'第二课堂'活动,可以更好地帮助学生调适、放松,走出平时学习的紧张感。此外,我也观察到一些学生因校内学科知识学习落后,产生自卑心理,通过实践课程,反而发现了自己的强项,增强了自信心。"北京市少年宫自然教育部部长李广旺表示。

"在研学过程中,学生要通过理解、分析、判定等过程,找到自己在该活动中的定位,这有利于丰富人生阅历,也有利于未成年人认识自我,认识社会,养成健全人格,促成其社会化过程。"储朝晖补充道。

(资料来源:王雪,《光明日报》,2023-07-25)

问题引导

不同学龄阶段的学生对研学旅行有什么不同的需求?应如何应对?

任务一　小学生的身心发展特点和应对策略

任务导入

"不再只是游览景区和名校打卡,而是走进京东亚洲一号仓,体验一件商品的'奇幻漂流'历程;参访科大讯飞,建立对人工智能的全方位认知。这是孩子平日里接触不到的新科技,知识和视野都有所拓展。"济南市民张女士激动地说。她的儿子读小学五年级,2024年暑假刚刚结束了在北京六天五晚的研学活动。张女士表示,过去她往往倾向于"跟风"和"蹭热度"为孩子选择研学项目,但从今年开始,她更加注重思考孩子能在这些活动中真正获得什么。请想一想，如何更好地满足小学生的研学诉求？

🔘 任务重点

精准把握小学生的身心发展特点。

🔘 任务难点

科学设计小学生研学活动的应对策略。

🔘 任务实施

6—12岁通常是一个人的小学阶段，这个阶段正是人一生中发展个性、品德和社会性的关键时期，具有较强的开放性与可塑性，同时，个体之间的成长和发展也存在着显著的差异。

一、身心发展特点

从身体发展看，小学生的骨骼系统正处于生长发育期，骨骼的弹性与韧性较好，但承受压力和肌肉拉力的能力较弱，容易在外力或重力作用下发生弯曲和变形。因此，在这个阶段，不宜进行负重过大的力量训练及长时间保持同一姿势的练习。小学生处于儿童期向青少年期过渡的初期，身体正在快速成长，身高、体重和力量都在增加，但协调性和灵活性仍在发展中。他们保持着旺盛的精力和好奇心，通常活力满满，喜欢不断探索和动手尝试。

从心理发展来看，小学生一般呈现出以下突出特点。

（一）认知能力发展较快

小学生开始进入具体运算阶段，能够进行逻辑推理并解决问题，但小学生的思维仍以形象思维为主，其思维发展仍依赖于具体的对象和情境。总体来看，参与研学旅行的小学四到六年级学生，感知觉已有充分发展。而参加研学旅行活动，对小学生的感知觉的发展具有重要促进作用。在设计和实施研学活动中，我们要着重关注小学生两个方面的表现。

1. 注意力水平有限

从整体上来看，小学生注意力的集中性和稳定性较差，注意力的分配和转移能力也不足，需要老师引导。特别是小学低年级学生，几乎只能够注意到自己感兴趣的对象，小学高年级学生注意力的持久性和稳定性则逐步提高，有意注意逐渐占据主导，无意识记开始被有意识记取代，机械识记开始被意义识记取代。

2. 想象力丰富

小学生的想象力天马行空，极为丰富、新奇，这有利于创造力的培养，对创造性的研学活动开展有极大的优势。但要注意的是,小学生的想象与现实之间常常界限模糊,导致他们的某些行为可能显得不合逻辑、难以理解。这就要求指导老师审慎地对待学生的想象力,不要一味否定。

📖 知识链接3-1

网课作业新颖有趣 太原小学生脑洞大开宅家办"名画模仿秀"

《蒙娜丽莎》《戴珍珠耳环的少女》《呐喊》《自画像》……迎泽区桃园小学四年级老师收到了一大波有创意的作品,学生们脑洞大开,使用毛巾、桌布、床单、睡衣等各种道具,用模仿的形式与世界名画"同框",宅家举办了一场"名画模仿秀",徜徉在艺术世界里。

"我们的生活从来不缺乏美,缺乏的是发现美的眼睛,希望通过这个活动能让大家感受艺术之美,用自己模仿的作品向大师们致敬。"四年级的申老师在班级里布置了模仿世界名画的作业后,立即引起了学生们的兴趣。学生们和家长脑洞大开,使出浑身解数,床单、衣服、围巾、抱枕、首饰、厨具等道具纷纷闪亮登场。家长们既是摄影师,也是化妆师,陪着孩子们演绎了一场场"名画模仿秀"。从古典人物到现代明星,从东方雅韵到西方风情,或温柔,或严肃,或搞笑,或可爱,都被学生们演绎了出来。相似的服装、活灵活现的表情和用心布置的背景,使得他们的模仿更加惟妙惟肖。老师们看到孩子们的模仿照片,忍不住惊叹:"太可爱了!每个孩子都是天生的表演大师。"

此项实践活动通过让孩子们认识名画、欣赏名画、模仿名画,对美有了更多的认知,用妙趣横生的方式为孩子们打开了艺术世界的大门,也增添了网课的乐趣。

(资料来源:张晓丽,《太原晚报》,2022-12-19)

(二)社会交往技能增强

小学生在这一阶段开始形成更为复杂的社会关系,他们重视友谊,渴望被同伴接受,同时也在学习如何处理冲突和竞争。我们需要特别关注小学生自我发展的两个方面。

1. 情感波动问题

小学生的情绪情感较单纯,已能初步控制自己的情绪,甚至会隐藏自己的真实想法。但他们极易受外界因素的影响,通常表现出不太稳定的特点。

2. 自我评价问题

小学生开始发展自我意识和自我评价能力,他们非常渴望得到来自长辈和伙伴的认可。但与中学生相比，小学生的自我意识更多地依赖于他人评价，很容易受到成人和同龄人的影响，模仿行为是学习的重要方式。这就要求指导老师注意自身言行举止，并在与学生互动时提供恰当且积极的正向反馈评价。

二、研学应对策略

研学活动中，指导老师要遵循"亲其师方可信其道"的示范和影响作用，根据小学生的身心发展特点，有针对性地采取策略，建立起与学生有效沟通的渠道，引导小学生养成良好的行为习惯，培养他们健康的心理状态，并通过锻炼来强健体魄。

（一）以身示范

在研学活动中，指导老师不仅是知识的传授者，更是学生行为的榜样和引导者，他们需极其谨慎地用自己的言行举止向学生传递正确的价值观、积极的态度及良好的习惯。对小学生来说，指导老师的一言一行都会在潜移默化中对他们产生影响。因此，指导老师应以高标准严格要求自己，做到以身作则，通过自身的良好行为和语言示范来引导学生。例如：要求学生守时，老师就要准时到达（最好提前到达），更不能迟到；要求学生爱护环境，老师就要随时做好捡拾垃圾的准备，不能视而不见；要求学生节约粮食，老师用餐就要"光盘"；等等。

（二）高效沟通

在研学活动中，指导老师与学生的沟通是一个持续的过程，需要用时间和耐心来培养，指导老师要通过高效沟通迅速建立起理解和信任的师生关系，促进学生的社交发展，具体可采取如下策略。一是使用简单明了的语言。要用小学生可以理解的词语和句子结构进行表述，避免使用复杂的词汇和概念，可多使用比喻、故事或案例来解释抽象的概念。二是设定清晰的界限和规则。要清晰地告诉小学生哪些行为是被允许的，哪些是不被允许的，并解释背后的原因。一致性和明确的期望是有效帮助小学生理解社会规则的基础。同时也要注意保持耐心与一致性。小学生需要一定的时间理解和适应新的信息和规则，在沟通时要保持信息的一致性，避免前后矛盾。三是示范如何进行良好的沟通。比如礼貌地询问、等待回答、表达感谢等，这些都可能是小学生模仿的行为。

（三）注重习惯

研学活动是集体行动，它不仅能拓宽小学生的视野，还能在实践中促进良好习惯的养成。小学阶段是习惯养成的关键时期，研学活动的多样性、丰富性、复杂性非常适合小学生的习惯培养。比如：在文明礼仪教育方面，引导学生在公共场所排队等候、不大声喧哗、不乱扔垃圾等，培养学生的公共道德和社会责任感；在情感教育方面，通过研学旅行中的各种情境，如面对困难、体验不同的文化等，引导学生进行积极的情绪管理,并培养理解和关怀他人的同理心。

(四)聚焦品德

小学生的可塑性很强,他们对人对事缺乏明确的认识,小学阶段是学生价值观形成的关键时期。因此,研学活动中指导老师要聚焦学生的品德教育,要着力通过课程主题设计、活动设计、评价标准等加强价值观的引导,应及时关注活动过程中学生展现出的优秀品质,并给予充分的赞赏与鼓励。根据旅行目的地的历史、文化、自然环境等特点,设计与之相关的主题德育活动,如爱国主义教育、环保意识培养、传统文化传承等。

(五)激发自信

研学旅行不仅能够丰富小学生的知识和经验,还能够成为他们建立自信、提升自我价值感的重要平台。小学生渴望得到老师和同学的认可,研学活动要善于创建一个支持性和包容性的环境,让学生感到被接纳和安全,即便在尝试新事物时失败,也能无惧于可能的负面后果,从中吸取教训,从而不断进步。为学生设定既有挑战性又切实可行的目标,如导航找路、与陌生人交流等,让学生在解决具体问题的过程中学会自我激励,从而增强自信。同时,研学活动中指导老师要密切关注每位学生的情绪和行为变化,善于发现学生的亮点,及时给予恰当的夸赞,表达关注和认可,在发现学生有畏难情绪或其他负面表现时,适时地提供必要的指导和鼓励,帮助他们成为更加自信、独立的个体。

任务二　初中生的身心发展特点和应对策略

任务导入

少年的初心,是可燎燃世界的星火;少年的激情,是可创造未来的力量。为了丰富同学们的初中生活并缓解紧张情绪,调适紧张情绪,2024年5月,山师大附属初级中学八年级学生准备到淄博开启两日研学活动。如果你是研学服务机构的指导老师,应如何做好服务准备呢?

任务重点

精准把握初中生的身心发展特点。

🕐 任务难点

科学设计初中生研学活动的应对策略。

🕐 任务实施

初中生处于少年时期,年龄一般在12—15岁。初中学段的学生处于半幼稚、半成熟的状态,是一个矛盾综合体。这一阶段的学生既展现出独立性又保留依赖性,既有自觉性也不乏自控力,他们的逻辑思维、批判思维有所发展,但仍带有较强的片面性和主观性,虽然他们可以主动调节自己的行动,长时间集中精力学习,但随意性的心理活动也明显增多。

一、身心发展特点

（一）从生理发展来看

从生理发展的角度来看,初中生在三个方面有突出的表现。

1. 身体发育进入第二次"生长高峰期"

初中生身高和体重通常会经历一个较快的增长期,但增长速度因人而异。一般来说,身高每年可突发增长6—8厘米(多则10—12厘米),体重每年可增长3—3.5千克。女生进入这一生长高峰期的时间比男生提前1—2年。需要注意的是,个体差异较大,实际增长情况会受到遗传、营养、健康状况等多种因素的影响。

2. 神经系统趋于成熟

初中生的大脑重量已经接近成人的平均水平,其神经系统的结构也基本与成人无异。神经系统的初步成熟和完善为初中生的心理发展,尤其是抽象逻辑思维的发展,奠定了生理基础。因此,为初中生创造各种条件,促使其大脑获得充分发展是初中教育的关键性工作之一。

3. 第二性特征的出现和性成熟的开始

初中生随着身体的猛长,性器官和性腺迅速发展,进入青春发育期,第二性征开始出现:男生的声音变粗,甲状软骨开始增大,出现胡须和遗精现象;女生声音变高,乳房隆起,月经初潮等。性成熟促使个体意识的觉醒。

（二）从心理发展来看

从心理发展的角度来看,初中生一般呈现以下突出特点。

1. 注意力可以长时间集中

初中生认识活动的随意性已显著增强,可以长时间地集中精力学习,随意调节自己的行动。初中生的意义识记开始占优势,能在老师的要求下,学会使自己的记忆服从于识记的任务,并在理解材料的基础上进行记忆。此外,他们开始能够运用抽象的公式、定理来理解具体事物,使其识记活动向抽象水平发展。但是,初中生对具体材料识记的成绩仍然高于对抽象材料的识记成绩。

2. 抽象思维开始占主导地位

初中二年级是个体思维发展的关键期,从初中二年级开始学生的抽象逻辑思维开始由"经验型"向"理论型"转化。另外,初中生思维的独立性和批判性明显发展,如果说小学生是天真好奇地观察和认识周围世界的话,初中生则倾向于以一种戒备且怀疑的心态来评价周围的一切。由于缺乏实际经验,初中生的思维具有片面性、表面性和主观性等特点,主要表现为看问题容易偏激和走极端,不能辩证地分析和解决问题。

3. 情绪强烈与细腻共存

初中生可以为一件小事而狂怒或颓丧,也可以因小小的成就而兴奋不已。初中生会掩饰某些情绪,以更为温和的形式表现出来,同时,他们克服了儿童期情绪体验的单一性和粗糙性,表现出更加丰富和细腻的情绪感受。

4. 自我意识的高涨

随着初中生身体的迅速发育,他们的关注重心从客观世界重新指向主观世界,使思想意识再次深入自我,从而实现自我意识的又一次飞跃。一方面,初中生会总认为自己是正确的,难以接受他人的观点和意见;另一方面,他们又感到别人似乎总是以挑剔的态度对待自己,听到别人窃窃私语就断定是在议论自己,看到别人面露微笑又认为是在嘲笑自己等。总之,初中生会觉得周围的人时时刻刻都在评价自己,这种想法使初中生感到压抑、孤独,甚至神经过敏,有时还会出现封闭自我的倾向。

5. 反抗心理突出

反抗心理主要表现为对一切外在力量予以排斥的意识和行为倾向。自我意识的突然高涨是导致初中生反抗心理出现的主要原因。反抗心理的出现也与初中生中枢神经系统的兴奋性过强有关。初中生的反抗心理表现方式多样,有的是以一种"暴风式"的方式对抗外在力量,一般表现在性格外向的学生身上;有的是以漠不关心、冷淡相对的方式表示对抗,这种情况常出现在性格内向的学生身上。

6. 同伴关系在初中生的生活中日益重要

初中期的同伴关系明显不同于小学期。进入初中阶段,个体由于自我意识的发展,他们需要能倾吐烦恼、交流思想并能保持秘密的朋友,因此交友范围随年龄增长而逐渐缩小,而且更看重交友质量。初中生逐渐将情感的重心偏向关系密切的朋友,这种变化对初中生的心理发展有积极意义,能够使他们通过别人更好地认识自己的内心世界,更充分地了解自我。

7.初中生与成人的关系发生了较大变化

一方面表现为初中生与父母间关系的变化，初中生由于在情感上有了其他的依恋对象，与父母在情感上不如以前那么亲密了；另一方面表现为初中生与老师关系的改变。初中生不再盲目地接受老师的观点，开始品评各位老师。

知识链接3-2

班里的"百晓生"

预备铃已响，还未踏进教室，就听见初二学生王浩(化名)的大嗓门，而且人不在自己的座位上，看见老师进来，他才赶忙到自己的座位坐下，他的课桌上，书本乱七八糟地放着。上课了，他心不在焉，不时地看看窗外的风景，但也时时观察着老师的动向。老师问他讲到哪里了，他都能正确地指出，真奇怪，难道他可以一心二用？另外，他还特别想引起老师的注意。老师走到他跟前，轻声地说了他几句，他低下了头，而后的课他听得相当认真，还不时纠正其他同学回答问题时出现的错误，脑子反应很快，学习效率比较高。

王浩同学是一个令任课老师头疼的学生：他上课老是一副不认真的样子，不时乱插嘴，打断老师讲课；老师对他进行批评教育时，他一脸的不服气，眼睛望着天花板，一副不合作的样子；他虽然学习不认真，但脑子很灵活，成绩处于中等；他还喜欢跟顽皮的学生一起玩，只要是打架，总有他的身影，要么参与，要么看热闹，唯恐天下不乱；不过他也是班级里的"百晓生"，不论大小事，他都知道。

问题分析：王浩同学情绪不稳定，有点喜怒无常。当其心情愉悦时，学习积极性高涨，与别人相处和谐；当其情绪烦躁时，学习积极性低落，与别人难以友好相处，甚至出现打架等现象。造成王浩同学这种表现的原因有三个方面。

一是家庭影响。父母是孩子的第一任老师，他的父亲经常在外做生意，不太关心他的生活，如果他的成绩不理想或在学校里做了错事，他的父亲动辄打骂，这种不当的教育方式，造成他遇到问题就用武力解决，好打架。

二是学校影响。他上课不认真、插嘴、调皮捣蛋，老师对他很头疼，批评时可能有些粗暴，而且他常常是被批评的对象，缺少耐心的沟通与了解。他非常渴望得到老师的关注和认可，但往往未能如愿获得老师的赞扬。这种情况导致了他与老师之间产生了对立情绪，对老师产生抵触心理，难以听取老师的批评与建议。

三是青春期的生理和心理影响。初二学生身体迅速发育，这一过程极大地扰动了他们生理与心理之间的原有平衡，他们开始以怀疑和审视的眼光来观察并应对周围的事物,情绪容易冲动,行为变得难以预测,且逆反心理较为明显。面对父母和老师的批评与劝导,他们往往会产生抵触情绪。

(资料来源:编者根据济南市中学生的访谈调研撰写)

二、研学应对策略

在研学活动中,指导老师要综合考虑这一年龄段学生的生理、心理和社会需求,恰当地进行教育和引导,帮助他们在关键的成长阶段建立健康的生活习惯、积极的心理状态,提高社交技能,同时激发好奇心和学习热情,使研学旅行成为学生自我完善的舞台。

(一)尊重个性

初中生的个性意识逐渐增强,开始关注自我形象,探索个人兴趣和身份,可能会出现自我中心或同伴压力。在研学活动中,可以通过组织决策类和竞技类的团建活动来增强学生的参与感和责任感。例如,在研学旅行的规划和执行过程中,邀请学生参与决策,让他们选择活动的主题或目的地。通过丰富多样的活动设计,让学生充分展示在学校课堂无法展示的才干,满足学生渴望成功、渴望被关注的心理,同时要着力进行科学引导,把那些偏离了轨道的兴趣引导到正确的方向上来。

(二)激发合作

研学旅行是初中生学习团队合作、沟通技巧和解决冲突的宝贵机会。指导老师可设计需要团队合作才能完成的任务,促使学生共同思考、分工合作,发挥各自的长处。例如,通过定期组织团队会议,让学生有机会分享各自的进展并讨论所遇到的问题。在此过程中,鼓励学生轮流扮演不同的角色,诸如主持人、记录员、发言人等,使他们有机会从不同职责和视角出发,进而提升团队的灵活性和适应能力。数智化时代,指导老师还要指导学生有效运用技术工具,如在线协作平台和项目管理软件等,确保学生在研学旅行期间能够保持联系、共享资源,并实时跟踪项目进展。

(三)疏导情绪

研学旅行是初中生情绪成长和心理调适的一个很好的平台。活动中,指导老师要密切关注学生的情绪变化,及时提供必要的支持和指导,确保每个学生都能够获得积极的心理体验。比如:通过角色扮演和情景模拟活动,让学生练习如何在不同情境下表达和处理情绪,提升社会交往技能;通过在研学手册中设置情绪日记,鼓励学生记录一天中的感受和引起这些感受的事件,进行情绪追踪和自我反思。

任务三　高中生的身心发展特点和应对策略

任务导入

"读万卷书，行万里路。"7月31日至8月11日，六安二中教育集团200名学生赴沪参加"2023年六安市优秀高中生赴上海研学"活动。本次研学是上海、六安两地教育主管部门紧密合作的一次交流活动，旨在帮助广大学子开阔视野、增长见识，感受红色精神和红色文化，同时缓解学业压力，调整良好心态，养成自律习惯，不断提升自我，积极奋发进取。通过研学，同学们与红色上海、金融上海、科技上海、人文上海相拥。在中共一大纪念馆，同学们与红色历史隔空对话，读懂"伟大的开端"；在外滩和南京路上，同学们饱览万国建筑群，领略全国经济中心的独特魅力；在上海交通大学思源湖边，同学们对自己的未来有了更多的思考和规划；在海之花青少年活动中心，同学们仰望星空，遨游宇宙；在上海中国航海博物馆里，同学们感受中华民族灿烂的航海文明和优良传统；在上海市奉贤区博物馆中，"丹甲青文——中国汉字文物精华展"带领同学们开启了跨越千年的奇妙文字旅程。通过研学，同学们掌握了在紧急环境中的应对方法，提升了相关知识储备。心肺复苏（CPR）与急救知识让学生树立安全避险意识，掌握常见突发事件和伤害的应急处置方法，提高自救与互救能力。消防安全与楼宇逃生实训进一步提升学生的消防安全意识和防灾自救能力。竞技精神与合作意识的培养让学生深刻认识到合作意识的内涵和本质特征，增强合作动机，提高学生合作行为的主动性和自觉性。对于上海和六安两地教育主管部门组织的此次研学活动，你如何评价？

任务重点

精准把握高中生的身心发展特点。

任务难点

科学设计高中生研学活动的应对策略。

任务实施

高中生年龄一般是14—18岁。这个学段的学生心理已日益成熟，近于成年人，意志更加坚强，行动更加自觉；抽象思维进一步发展，从"经验型"转向"理论型"，辩证思维活跃；自我意识日趋理智，但现实自我与理想自我、自我肯定与自我否定常常发生矛盾。

一、身心发展特点

高中生处于青春发育末期,是人体发育的成熟阶段,也是身体发展的定型阶段。在生理发育方面,高中生的身高、体重、胸围已接近成人水平,身体活动能力增强。高中生的神经系统发育已基本完成,兴奋过程和抑制过程基本平衡,分析和综合能力有明显的提高,但神经系统的稳定性不高。另外,这一阶段个体的性机能发育已基本成熟。这些生理发育的新特点为高中生心理发展提供了新的条件。

(一)高中阶段个体的认知发展集中体现为思维的发展

总的来说,高中生思维发展的新的特点表现为抽象逻辑思维明显占优势,并向理论型和辩证型思维发展。

(二)情绪情感具有较强的稳定性

高中生情绪控制能力增强,情绪的冲动性减少,具体表现为高中生的爆发式情绪频率减少,情绪体验较稳定。高中生的情绪具有丰富性和特异性,高中生需要的多样化,使其情绪表现也丰富多彩,几乎人类所有的情绪种类都可以在高中生身上表现出来。高中生自我意识的发展,使其情绪体验具有独特性。高中生的情感日益深厚,他们的集体主义情感、责任感、荣誉感等高级情感都获得了较大发展。

(三)自我意识高度发展

高中生已完全意识到自己是一个独立的个体。自我意识的成分出现了分化,在心理上把自我分成了"理想的自我"和"现实的自我"两个部分。但是由于对己、对人、对社会的认识尚未成熟,高中生的理想我和现实我之间容易出现矛盾,如学习基础不扎实的学生,总渴望通过短期突击而出类拔萃等。同时,高中生具有很强的自尊心。个体的自尊心脆弱而敏感,既希望得到父母的支持,也渴望得到同伴的赞许和重视。他们会以各种方式表现自己,争强好胜,以求获得赞赏和自我满足。

(四)人际交往关系稳定,关注择友质量

在同伴交往方面,高中阶段是结交同性朋友的高峰期,高中生的友谊要比初中生的友谊稳定、深刻得多,在择友时更注重内在的品质和情趣。高中生对师生关系也有了更进一步的要求。一是他们要求从教师那里获得更多的独立和尊重;二是他们对教师的学识,尤其是专业水平和教学能力,有了更高的期望。

二、研学应对策略

在研学活动中,指导老师要聚焦学生的身心健康、社交技能、批判性思维和创新精神,促进学生对社会作出积极贡献。

（一）聚焦责任

高中生各方面均已接近成年人，需要被社会肯定，展现个人力量，渴望独立，对个人兴趣和职业有探索需求，也开始关注社会问题和全球议题。在研学活动中，指导老师可有针对性地设计自我探索和职业规划相关活动，如职业访谈、社区服务等，也可以设计包括国际交流的项目，让学生接触不同的文化，培养全球视野，安排参与环保、公益等社会服务活动，增强学生的社会责任感。

（二）激励创新

研学旅行是高中生研究性学习的重要路径，它能够帮助学生更加全面地了解和探究问题，进而提升学习效果。在研学活动中，指导老师可以通过激发学生的学习兴趣、提供多元化的学习资源、鼓励团队合作、注重实践环节，以及及时给予有效的评价和反馈等方式来促进学生创新能力的培养。

任务四　培育研学旅行中的良好师生关系

任务导入

研学旅行中的师生关系处理得当，可以极大地提升旅行的教育价值和学生的参与体验。一个既具备专业性又充满温情的旅行氛围，其核心在于构建良好的师生关系。

任务重点

掌握培育良好师生关系的基本要求。

任务难点

提升迅速与学生建立起理解与信任关系的能力。

任务实施

师生关系是指教育过程中，教师与学生之间形成的一种特殊的社会关系和人际关系。这种关系包含了彼此所处的地位、作用以及相互对待的态度等多方面因素。师生关系是教育教学活动中最重要的关系，直接影响着教育效果。

研学旅行处于非正式的学习环境中，构建良好的师生关系对于研学旅行的实施效果至关重要。研学旅行以其开放性、实践性为特点，提供了不同于校内课堂的社会交往空间，允许师生在更轻松的氛围中互动，从而形成一种积极的、支持性的师生关系。

Note

一、常见的师生关系类型

师生关系的主导方是教师,教师在教学中的心态和行为方式对师生关系形成起决定性作用。一般情况下,师生关系的常见类型有放任型、专制型、民主型。

(一)放任型

放任型师生关系的特征是无序、随意和放纵。教师对学生的控制较少,给予学生较多的自由度,有时会导致纪律松散和学习效果不佳。

(二)专制型

专制型师生关系的特点是命令、权威和疏远。教师在教育过程中占主导地位,学生可能因被过度控制而感到压抑,学习效果在教师监督下较好,但独立性较差。

(三)民主型

民主型师生关系的特征是开放、平等和互助。教师和学生之间有良好的沟通,学生在学习上有一定的自主权,学生通常会有较好的独立思考能力和团队合作精神。

需要特别注意的是这些关系并非孤立的,而是相互交织、相互影响的。在实际的师生关系中,它们通常呈现出复合型的特征。

二、研学旅行中培育良好师生关系的基本要求

在培育良好师生关系方面,教师发挥着关键作用,在研学旅行中更是如此。指导老师可以遵照以下基本要求高效构建积极、健康的师生关系。

(一)明确角色与职责

在研学旅行前,指导老师应与学生清晰地界定各自的角色与职责,包括指导老师的指导职责、学生的参与和学习责任,以及研学旅行期间的规则和期望等。

(二)建立信任与尊重

信任是良好师生关系的基石。指导老师要通过言行一致、公正无私和对学生个人特质的尊重来建立信任。指导老师要平等地对待每一位学生,避免偏爱和歧视,确保每一位参与的学生都有机会和受益。同时,指导老师要注意每个学生的个性化需求,提供有针对性的指导和支持,让学生通过具体的事情感受到指导老师的关心和重视。

(三)开放沟通与情感支持

研学旅行中难免出现误解和冲突。指导老师要建立开放并能即时反馈的沟通渠道,鼓励学生表达自己的意见和感受,积极倾听并适当反馈,促进关系的和谐。行走中的课堂,学生极易情绪波动或遇到挑战,指导老师应学会提供情绪支持,引导学生处理

好负面情绪。

（四）安全保护与共同成长

安全是研学旅行的第一原则。指导老师应确保学生在活动中的安全,提供必要的指导和保护,教授学生自我保护的技能,增强学生对指导老师的依赖和信任。同时,研学旅行是师生共同成长的机会。指导老师一方面要鼓励激发学生学习新知识、新技能,另一方面也要乐于向学生学习,共同进步。

⛵ 项目小结

中小学生是研学旅行的主体,他们基本上是未成年人,需要特别保护。他们既是研学活动中的学习者,也是研学活动中的创造者。研学旅行要顺利地实施,前提就是要全面精准地把握不同学段中小学生的身心发展特点、研学活动需求,以及制定科学的应对策略。同时,作为校外进行的教育活动,指导老师要善于在研学前、中、后全过程建立支持性、包容性的良好师生关系,助推研学旅行教育目标的达成。

⛵ 拓展资源

阿尔弗雷德·阿德勒,《自卑与超越》,中信出版社,2022年。

⛵ 微 语 录

教育的本质意味着一棵树摇动另一棵树,一朵云推动另一朵云,一个灵魂唤醒另一个灵魂。

——雅斯贝尔斯

⛵ 课后练习

理论思考

你认为在研学旅行中指导老师应如何培育良好的师生关系？请举例说明。

实操训练

请以红色文化传承为主题,选取你熟悉的一处红色文化遗址或场馆,系统性地完成一份针对小学、初中、高中三个学段的研学体验活动设计。要求描述清楚体验活动的名称、课时、时间安排,以及活动目的、活动内容、活动形式、实施效果等,字数不少于1500字。

在线答题
▼

项目四
熟悉研学旅行的客体类型

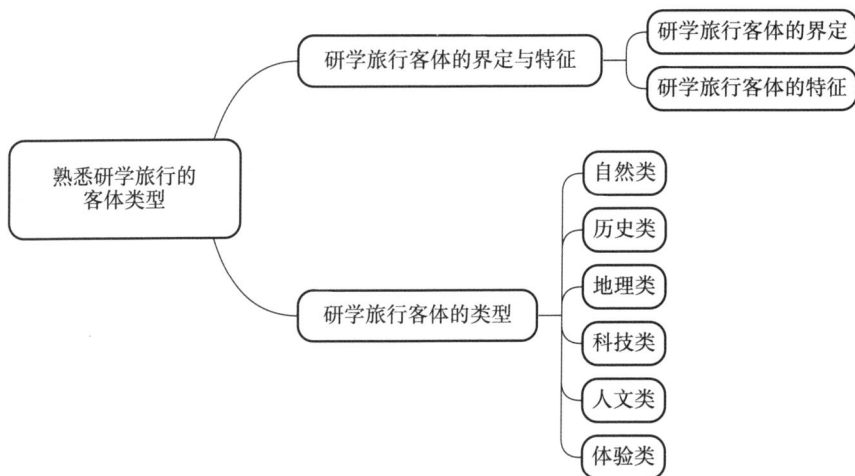

学习目标

1. 了解研学旅行客体的概念;掌握研学旅行客体的特征及类型。

2. 能够区分不同类型的研学旅行资源所具有的独特优势与研学价值;能运用所学知识,梳理能用于研学课程开发的资源点。

3. 提升对自然之美、人文之美的感悟与表达;培育追寻诗意生活的敏感与自信。

知识导图

熟悉研学旅行的客体类型
- 研学旅行客体的界定与特征
  - 研学旅行客体的界定
  - 研学旅行客体的特征
- 研学旅行客体的类型
  - 自然类
  - 历史类
  - 地理类
  - 科技类
  - 人文类
  - 体验类

情境导入

吉林长春:丰富多元 暑期研学游解锁更多新玩法(节选)

知识科普类研学、体验考察类研学、励志拓展类研学……随着暑期的到来,"行走的课堂"又开始持续升温,吉林省长春市迎来了研学游热潮。

1.讲解＋模拟＋实操:知识科普类研学游内容更加丰富

记者发现,如今的研学游课程内容非常丰富,有讲解、有模拟、有实操,理论与实践相结合,学游并重。在无人机研学主题一日营中,孩子们通过无人机基础知识的系统学习、模拟训练、实际飞行操作及竞技对抗等环节,不仅掌握了无人机的飞行操作与应用技能,还深刻体会和感受到了科技的力量与魅力,进而培养了勇于创新的精神。

2.启发＋体验＋训练:以情景式研学提升学生综合素质

走出传统课堂,来到田间地头、水边山林,在游览中学知识、在体验中学技能。在九台区红光村、马鞍山村,来自研学游团队的学生们在这里动手学做打糕、上山挖野菜、自己和面并包野菜包子,还在农田里亲手种植农作物,既游览了乡村风光,又在体验中锻炼了动手能力。

3.依托自身优势寓学于游:景区打造研学游课程特色更加鲜明

在长春市,不仅各大研学机构推出了户外挑战、航空飞行、自然探索等主题的多样研学课程,长春市各大景区也凭借自身优势,纷纷开展了各种研学活动,丰富孩子们的假期生活。

走进基地学习科学知识、来到户外接受成长训练、在大自然中挑战自我、在博物馆中的艺术殿堂中徜徉……玩法更多样、内容更丰富、体验性更强,暑期研学游解锁更多新玩法,让"行走的课堂"更生动。

(资料来源:孙娇杨,《长春日报》,2023-07-12)

问题引导

什么是研学旅行资源? 如何分类?

任务一　研学旅行客体的界定与特征

任务导入

研学旅行作为旅游新业态,突破传统教育的局限,充分利用沉浸式情景教学和互动式体验教学,打开了素质教育的一扇门。当前,研学旅行应关注什么,以及哪些资源适宜作为研学旅行的资源,成为亟待明确的关键问题。

任务重点

了解研学旅行客体的概念。

任务难点

辨析旅行资源与研学旅行资源的关系。

任务实施

从我国研学旅行实施状况来看,研学旅行客体是课程化的旅行资源,可以称为研学旅行资源,它是研学旅行的主要吸引物,全方位地梳理、挖掘各类资源的教育价值对于成功开展研学旅行意义重大。

一、研学旅行客体的界定

研学旅行客体即研学旅行资源。在《旅游资源分类、调查与评价》(GB/T 18972—2017)中,旅游资源定义为自然界和人类社会凡能对旅游者产生吸引力,可以为发展旅游业所开发利用,并可产生经济效益、社会效益和环境效益的各类事物和现象。结合我国旅游业的发展,旅行资源可以概括为凡能激发旅行者的旅行动机,为旅游业所开发利用,并能产生经济效益、社会效益、环境效益和文化效益的所有事物和现象。它涉及的范围很广,呈现出突出的组合性、多样性、时间性和不可转移性。

在自然界和人类社会中,凡是能够用于研学旅行活动课程的研发设计,有利于提升中小学生核心素养和关键能力的各类事物、现象和因素,均可称为研学旅行资源。研学旅行作为新型旅游业态,研学旅行资源相对传统的旅游资源,在内容和构成上都要复杂得多。

作为研学旅行资源应具有研学价值。研学旅行资源首先应具备教育性,承载着教育意义,这样才能有效支持研学活动。有研学价值的事物很多,只有对研学主体——中小学生产生吸引力、符合研学主题的事物才能成为研学旅行资源。选择研学旅行资源时,需要根据研学旅行实施对象的学段特点,注重软硬资源的适应性,只有与中小学生的身心特点相符合的资源才能成为恰当的研学旅行资源。

二、研学旅行客体的特征

研学旅行资源既具有一般资源共有的属性,又有许多自身所独有的特征。

(一)教育性

研学旅行是一种学校教育和校外教育衔接的创新形式,其主要目的在于教育,而其教育功能的实现在很大程度上取决于具有教育价值的旅行资源。研学旅行资源应具备较强的科学文化价值,能够融入爱国主义、文化历史、科学创新、生活实践等多重教育功能,以实现让中小学生学到知识、开阔视野、获得体验的教育目标。

（二）广域性

研学旅行资源分布广泛,覆盖陆地、海洋、天空和地下的各种景观。陆地上有壮丽的自然景观和人文景观,如名山秀水、传统建筑和乡土风情。海洋中充满了神秘的奇观,包括礁岛怪石、海浪和海洋生物。天空中的气象景观和天象变幻莫测,令人着迷。地下的探索带来神秘的溶洞和地下湖泊等景观。此外,城市中的现代建筑、科技园和工厂展示着社会的发展水平,而乡村则呈现出美丽的田园风光和浓厚的乡土民俗。这种广泛性使得研学旅行不受地域限制,可以在不同的环境中进行,开阔并丰富了中小学生的视野和体验,促进了他们的全面发展。

（三）多样性

研学旅行资源的多样性特点表现在内容和价值两个方面。按照资源性质可将其分为自然类研学旅行资源、历史类研学旅行资源、地理类研学旅行资源、科技类研学旅行资源、人文类研学旅行资源和体验类研学旅行资源。研学旅行资源还具有多样的价值,主要包括欣赏价值、文化价值、科学研究价值等,对于某一处研学旅行资源而言,这些价值往往同时存在。

（四）体验性

研学旅行资源的体验性特点指的是这些资源能够给中小学生提供深度、丰富、具有实践性的学习体验。与传统的课堂学习相比,研学旅行注重亲身参与、实地探索,让学生走进名胜风景、人文遗址、科技馆、博物馆、现代农业示范园等多样环境,开阔视野、丰富知识、了解社会、亲近自然、参与体验。

（五）文化性

不论是自然研学旅行资源还是人文研学旅行资源,它们都蕴含着丰富的文化属性和内涵。研学旅行资源所蕴含的深层文化内涵对研学主体具有很强的吸引力,使其成为一种重要的文化交流方式。在开发研学旅行资源时,不仅需要深入挖掘其文化内涵,还应采取合理措施使其文化内涵得以充分展现,让中小学生受到优秀文化的熏陶,从而提升研学旅行资源的吸引力。

任务二　研学旅行客体的类型

🔵 任务导入

研学旅行的顺利实施需要学校、家长、政府、企业、社会的多方面力量,体现出明显的复杂性和多元性特征。若要有效开展研学旅行,选取有针对性的研学资源是关键,我们有必要对研学旅行资源进行分类,并在此基础上结合中小学生的实际需求进行研学课程设计和实施。

任务重点

研学旅行客体的类型。

任务难点

能区分不同类型研学旅行资源所具有的独特优势与研学价值。

任务实施

研学旅行资源类型多种多样。根据教育部等11部门联合发布的《关于推进中小学生研学旅行的意见》,考虑与中小学校内课程形成互动、衔接因素,可将研学旅行资源划分为自然类、历史类、地理类、科技类、人文类、体验类六种类型。

一、自然类

自然类研学旅行资源指自然界中天然赋存的、具有观赏价值、能使人产生美感的自然环境或物象的地域组合所构成的研学旅行资源,主要包括山川类、水体类、生物类、气候与天象类。通过学习自然类研学旅行资源,中小学生可以开阔视野,感受自然之美,从而陶冶情操,愉悦心情。同时也能够增长知识,培养对自然美的发现、感知、欣赏和评价能力,进而培养审美情趣。

(一)山川类

山川类研学旅行资源是以山体景观为载体的各种研学旅行资源的聚合体。山川类研学旅行资源的研学价值体现在自然观赏性和文化性两方面。适合作为研学旅行资源的山川多是富有美感的自然景观实体,拥有优美的自然景色,其形象特征可以概括为雄、奇、险、幽、旷、野等。许多山岳以不同的特色闻名于世,如泰山之雄、华山之险、嵩山之峻、峨眉之秀、雁荡之奇、黄山之雅、青城之幽。

我国历史悠久,许多名山大川既拥有壮丽的自然景色,同时也蕴含着古建筑、宗教寺庙、名人墨迹、传说典故等丰富多彩的文化遗产。例如,泰山将雄伟壮丽的自然风光与悠久灿烂的历史文化完美融合,其古建筑和刻石等人文景观承载了中华民族的历史文化精髓,是历史文化的生动见证。作为中国的文化名山,泰山不仅是一座雄伟的山脉,更是一个融合了自然科学、历史文化、体育活动等多个领域的综合性学科研究基地。泰山(图4-1)代表了山川研学旅行资源的精髓,汇集了多种丰富的研学文化元素,包括天人合一的山川文化、国泰民安的封禅文化以及一览众山小的名人文化等。

（二）水体类

水体类研学旅行资源指各种形态的水体在地质地貌、气候、生物及人类活动等因素的配合下形成的不同类型水体景观,主要包括江河、湖泊、瀑布、泉水、海洋、湿地等。水体独具美学魅力,河流的平和从容,湖泊的轻柔幽静,瀑布的跌宕奔放,泉水的秀美清丽,海洋的潮起潮落等,都具有形态美、声音美、色彩美等多

图 4-1　泰山

样性美感,形成不同类型的水体景观,吸引中小学生观光游览。水体同样深藏着大自然的奥秘,水形态的多种变化,各种水体形态的转化、演变都蕴含着一定的科学道理,从而使得水体成为重要的研学旅行资源。

1. 江河

沿着陆地表面线形凹地流动的水流,规模大的称为江或河,规模小的称为溪或涧。我国拥有数量众多的河流,长江和黄河是我国综合性大型河流的代表,广西的漓江、浙江的富春江、武夷山的九曲溪、江西的泸溪河、东北的松花江和鸭绿江、海南的万泉河等都是著名的风景河流。

河流通过自身成景或与其他景观相结合构成优美迷人的河川风景,其研学价值主要体现在观赏价值和科学探索两方面。如桂林漓江又名桂江,两岸风景如画,碧水环绕,峰影倒映,深潭、喷泉、瀑布各显神奇,勾勒出一幅绚丽多彩的画卷,被誉为"百里漓江,百里画卷"。研学漓江,可让中小学生通过领略漓江(图4-2)的地理、地貌特征,包括河流形态、流域地貌、溶洞、瀑布、喀斯特地貌等自然景观,感受桂林山水的独特魅力。河流在人类历史上扮演着重要的角色,是人类文明的发源地之一。例如,黄河、长江是中国重要的文化符号和历史遗产,孕育了丰富的中华文明。黄河流域绵延万里,覆盖九省(区),区域跨度大,沿黄九省(区)人文环境各具特色、自然生态包罗万象,蕴含丰富的研学实践教育资源。沿黄九省(区)纷纷推出了各具特色的研学项目和线路,于2022年3月18日联合发文公布首批黄河流域精品研学课程和优秀研学课程名单,涵盖了历史文化、自然风光、科技创新等多个领域。这些项目不仅有助于提升学生的综合素质和实践能力,还能够促进地方经济和文化的发展。

2. 湖泊

湖泊是天然形成的淡水水体,通常是由蓄水在洼地或者由河流、溪流等输入水源而形成的。我国湖泊众多,按其成因,可分为构造湖、火山口湖、堰塞湖、河迹湖、冰蚀湖等。

Note

图 4-2   漓江

（张玉娟提供）

湖泊是水体类研学旅行的重要资源之一，其研学价值主要体现在观赏价值和科学探索两方面。湖泊或通过自身的形、影、声、色、奇等因素吸引中小学生前往观赏并探索其奥秘，或与山、林、花、草及建筑等景观相结合，形成山清水秀、交相辉映的整体效果，使得自然风光绚丽多姿，充满诗情画意，如苍山与洱海、长白山天池与长白山十六峰等。湖泊还具有科学探索价值，湖泊研学活动可以帮助中小学生全面了解湖泊的自然地理、生态环境、地质地貌、社会文化和水资源管理等方面的知识，促进中小学生在地理学科上的全面发展，增强他们对自然环境的保护意识。例如，茶卡盐湖位于中国青海省海西蒙古族藏族自治州茶卡镇，四周雪山环绕，晶莹剔透的湖水倒映着美丽的天空景色，有着"天空之镜"的美誉。茶卡盐湖作为研学资源，可以引领中小学生了解茶卡盐湖（图4-3）的地质地貌、生态环境、资源利用和文化特征，促使他们深入探索盐湖的奥秘，加深中小学生对地球科学、生态环境和人文历史的认识。

图 4-3   茶卡盐湖

（张玉娟提供）

3. 泉水

地下水的天然出露为泉。我国泉水资源非常丰富而且分布广泛。泉水是一种珍贵的地下资源,不仅为人类提供了理想的水源,同时构成了许多观赏景观和研学旅行资源。泉水的研学价值体现在观赏价值、文化价值、环保意识培养等多个方面。泉水具有独特的观赏价值,陕西华清池、太原晋祠、甘肃酒泉公园、敦煌月牙泉及云南大理蝴蝶泉等展现了泉水的纯洁、美妙和独特的自然景观。奇特的紫阳观双味泉、含羞泉和喊泉更加引人入胜,激发了学生对自然的好奇心。泉水在文化中常被视为神圣的象征,代表着生命、净化和重生等文化内涵。通过研学活动,中小学生可以了解泉水的起源、传说及其与当地文化的联系,深入了解泉水的文化意义和历史价值。同时,作为生态系统的一部分,泉水对于维护生态平衡至关重要。通过研学活动,中小学生能够认识到保护水资源和生态环境的紧迫性,促进他们在日常生活中注重环保和可持续发展。

例如,山东济南被称为"泉城"。趵突泉(图4-4)、黑虎泉、珍珠泉、五龙潭四大泉群,七十二名泉及其他泉水汇流而成的大明湖和满城的树绿花香,构成闻名天下、独具特色的泉城风貌。设计以"泉水文化"为主题的研学旅行,带中小学生前往大明湖、趵突泉、黑虎泉等实地观察和体验泉水景观,了解不同泉水的特点、水质和景观形态。这类研学旅行活动能让中小学生全面了解济南的泉水文化,感受泉水的历史底蕴和文化内涵,增强他们对泉水保护的重视,提升环保意识,同时也可以体验到济南特有的泉水文化魅力。

图4-4　趵突泉

(张玉娟提供)

4. 瀑布

瀑布是河流、溪流、泉水或湖水在遇到陡峭的悬崖或断崖后,从高处垂直跌落至低处,形成水流的明显断层,呈现出的壮观景象。瀑布的形成需要具备水流、陡崖和深潭这三个基本要素,而其规模大小则取决于水体宽度、水量和落差。我国地形多变,河流众多,因此也形成了许多壮丽的瀑布景观。我国名瀑众多,如贵州的黄果树瀑布、山西的黄河壶口瀑布、黑龙江的吊水楼瀑布、浙江的雁荡山大龙湫瀑布、广西的德天瀑布(图4-5)等。

图4-5　德天瀑布
(张玉娟提供)

瀑布的研学价值主要体现在艺术审美、文化内涵、生态学等几个方面。瀑布本身所具有的独特形态、声势和色彩,使它成为陆地上最壮观的水景观。如黄果树大瀑布、壶口瀑布等以雄伟的气势和独特的景观吸引着众多游人。许多瀑布景观都留下了文人墨客的诗文、题记、摩崖石刻,这些历史遗迹不仅具有艺术价值,还蕴含丰富的文化内涵。如大诗人李白留下了许多观瀑诗篇,著名的《望庐山瀑布》一诗中"飞流直下三千尺"的描述几乎成为中国瀑布的文化象征,吸引着众多中小学生前往庐山香炉峰感受其壮美景致。瀑布也是生态系统的重要组成部分,周边生态丰富多样,通过观察瀑布周围的生物,中小学生能够了解生态系统的结构和功能,培养环保意识和责任感。

5. 海洋

海洋是地球表面连成一体的海和洋的统称。海洋的中心部分称为洋,海洋的边缘部分称为海。我国岛屿众多,海岸类型多样,拥有丰富的海洋旅游资源。海洋因其浩瀚无际、深邃神秘的独特魅力,成为水体类研学旅行资源中不可或缺的重要组成部分。海洋的研学价值主要体现在观赏价值、海洋生态学、科学探索三个方面。海洋本身就是令人着迷的景观,包括海底的深邃、海面的辽阔、金色的沙滩、碧蓝的天空、暖暖的阳光,以及变幻莫测的海景和形态各异的海岸。海洋作为地球上最大的水体,拥有丰富多样的生物和生态环境,给人以无限的想象空间。通过研究海洋,中小学生可以了解海洋生物学、生态学等领域的科学知识,从而深入认识海洋、关心海洋、保护海洋。

例如,青岛是中国一座美丽的海滨城市,其海域面积约为1.22万平方千米,拥有49个海湾和120个岛屿。青岛的海岸线总长为905.2千米,这座城市处于温带季风气候区,受海洋环境调节,具有典型的海洋性气候特征。青岛海洋研学之旅为中小学生提供了一次亲近自然、探索科学的绝佳机会。他们可游览美丽的海滩和蔚蓝的大海,欣赏海浪拍岸的景象,感受海洋的壮阔与美丽;进行海洋科学实验,探索海水成分、研究海洋生物特征等,培养科学钻研能力;参观水族馆、海洋世界等,近距离接触各种海洋生物,了解海洋生物多样性;参观海洋博物馆,学习海洋科学知识,了解海洋对生态环境的重要性,培养对环境保护的意识。青岛栈桥如图4-6所示。

图4-6　青岛栈桥

(张玉娟提供)

6.湿地

湿地这一概念在狭义上一般被认为是陆地与水域之间的过渡地带;广义上则被定为地球上除海洋(水深6米以上)外的所有大面积水体。湿地被称为"地球之肾",与森林和海洋并列构成地球重要的三大生态系统,在维持生态平衡、保持生物多样性、调节气候、美化环境等方面发挥着不可替代的重要作用。我国是亚洲湿地类型最齐全、数量最多、面积最大的国家,截至2023年11月,我国拥有国际重要湿地82处、国家重要湿地58处、国家湿地公园903处、省级重要湿地1021处,以及数量众多的湿地保护区。湿地的研学价值主要体现为丰富的生态价值。湿地作为自然生态系统的典型代表,是生态教育和环境意识提升的重要场所。通过研学活动,中小学生可以实地观察湿地生态系统中的生物种类、食物链、生态平衡等现象,从而深入了解生态学的基本原理,增强对生物多样性和环境保护的认识,进而培养其环保意识和可持续发展观念。

例如,浙江杭州西溪国家湿地公园是一个集城市湿地、农耕湿地和文化湿地于一体的国家级湿地公园。它于2009年被列入国际重要湿地名录,于2012年被评为国家AAAAA级旅游景区,并于2017年获得首批"全国中小学生研学实践教育基地"称号。浙江杭州西溪国家湿地公园以其丰富的自然生态景观、多样的植物和动物种类、独特的湿地地貌等特点而闻名。作为国家AAAAA级旅游景区,它集观光旅游、生态休闲和科普教育于一体,是广大中小学生理想的湿地生态主题研学基地。通过"走进西溪湿地,探秘湿地生态奇观"的研学路线设计,中小学生借助野外观察、标本收集、环境检测及参观湿地博物馆等多种实践活动,全面深入地探索西溪湿地的生态环境、生物多样性、环境保护与管理等内容,提升环境保护意识和科学素养,促进生态文明建设和可持续发展。

知识链接4-1

国际湿地城市——济宁

济宁是沉浸在诗意儒风里的孔孟之乡,是被一地碧波偏爱的水韵圣城。依托独特的湿地自然生态系统和丰富的生态文化内涵,济宁于2022年新晋成为"国际湿地城市"。

济宁的湿地不仅面积大,类型也相当多样化,主要包括湖泊湿地、河流湿地、沼泽湿地和人工湿地四种类型。其中,南四湖区湿地是济宁湿地资源的一大亮点,它由微山湖、昭阳湖、独山湖和南阳湖组成,是我国淮河以北地区面积最大、结构完整、保存较好的内陆大型淡水、草型湖泊湿地。南四湖是京杭大运河枢纽、南水北调东线工程输水干线和重要调蓄湖。因其湿地生态的独特优势和重要作用,由国际重要湿地公约秘书处批准后列入《国际重要湿地名录》。

湿地为城市带来了清新的空气和丰富的植被,是市民休闲游憩的好去处。城市与湿地交融共生,形成了一幅美丽的生态画卷。

湿地资源已成为济宁这座城市的一张重要名片,不仅具有极高的生态价值,也为城市的可持续发展和居民的生活品质提升提供了重要支撑。

(三)生物类

生物是地球表面有生命物体的总称,是自然界最具活力的群落,由动物、植物和微生物组成。生物景观类研学旅行资源主要包括森林、草原与草地、花卉、野生动物四类。生物类研学旅行资源,凭借其复杂多样的形态以及由自身生命节律展现出的变化特性,构成了研学景观的实体,成为自然类研学旅行资源中最具特色的类型。

生物的研学价值主要体现在美学价值、科研教育价值、文化教育价值三个方面。生物可以美化环境、装饰山水,是富有生机的自然旅游景观不可或缺的组成部分。"花香鸟语""草长莺飞""碧水青山""苍翠欲滴"所形容的诱人景色,无一不包含着生物美化环境的功能及其生命活力所构成的美景。例如,青海湖鸟岛上成千上万只禽鸟,使原本孤寂的荒漠景观变得生机盎然,使研学的中小学生感到精神振奋、欢快。生物界纷繁复杂的现象背后蕴藏着丰富的科学知识,不同环境下植物的生态适应特征、植物的地域分异规律,动物的生活习性、伪装术、迁徙习惯等,这些已揭示的规律与待探索的奥秘成为中小学生开展科普教育和科学考察活动的重要资源。一些动植物因被赋予了深厚的文化意义,成为人们寄托精神品格或民族追求的象征。它们能够陶冶中小学生的情操,启迪他们的心灵,给予他们精神上的鼓舞与激励。例如,孔雀象征着傣族人民对美丽的追求,而大象则代表着他们对威武的崇尚;莲花以其出淤泥而不染、洁身自好的品格,恰与文人雅士所追求的超然物外、脱俗高洁相契合。

1. 森林

森林通常指大片生长的树木。森林研学旅行资源是指以森林为载体的各种研学旅行资源的聚合体。森林景观优美,生物多样性丰富,涵盖了生态学、环境科学、生物学、地质学等多个领域,具有广泛的研学价值。通过开展森林研学活动,可以让中小学生更加深入地了解自然环境,培养对自然保护的意识和责任感,促进可持续旅游和教育发展。森林是地球上生物多样性极为丰富的生态系统之一,拥有各种植物、动物、微生物等多样性生物。研究森林中的物种多样性、物种分布、相互关系等可以增进对生物多样性的理解。

对于中小学生而言,各级森林公园及植物园是开展森林研学活动的理想场所。森林公园作为以森林生态系统为主体的自然郊野公园,代表着我国森林资源中最为精华的部分。植物园是调查、采集、鉴定、引种、驯化、保存和推广利用植物的科研单位,同时也是普及植物科学知识、供人们游览休息的公共园地。植物园可分为大型综合性植物园和独具特色的专科性植物园两种。许多植物园已成为重要的研学资源,如华南植物园(我国规模最大的南亚热带植物园)、海南热带植物园、庐山植物园等。

例如,西双版纳原始森林公园(图4-7)是热带雨林的典型代表,以其丰富的物种多样性而著称。学生不仅可以在这里观察和研究各种珍稀植物和动物,了解热带雨林生态系统的构成和特点,还可以通过参观当地村落和观赏民俗表演,了解傣族等少数民族的生活方式和文化传统,促进民族文化交流。西双版纳原始森林公园作为研学资源,不仅能够让学生学习到丰富的生态知识,还能够促进跨学科的学习和跨文化的交流,是一处富有教育和实践意义的地方。

Note

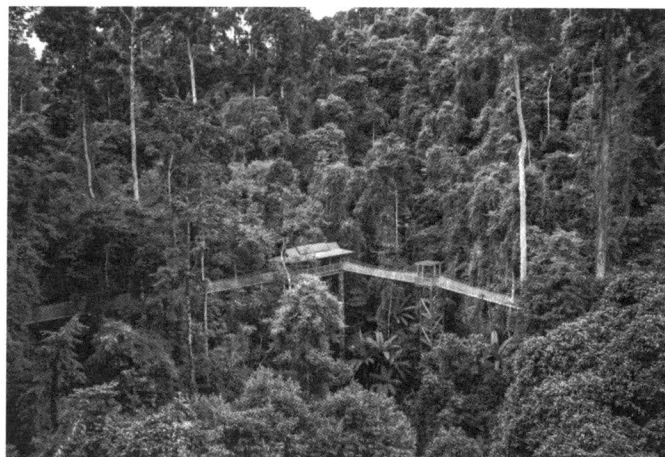

图4-7　西双版纳原始森林公园

2. 草原与草地

草原是在干旱、半干旱的气候条件下,以干旱或半干旱的草本植物组成的植被类型。我国草原主要分布在内蒙古、新疆、青海、西藏、甘肃南部和四川西北部等地。我国的温带草原以内蒙古草原最为典型;高山草原则主要分布在新疆天山南北坡和青藏高原等地,长江以南的少数地方也有高山草甸、草原分布,如江西武功山的十万亩高山草甸。草原和草地组成了一望无际的绿色海洋,拥有广袤而富有生机的自然生态系统,具有丰富多样的动植物种类和生态景观,为开展研学旅行提供了丰富的资源。

例如,内蒙古自治区东北部的呼伦贝尔草原是世界上极为优质的草原之一,也是中国目前保存最好的草原。呼伦贝尔草原地域辽阔,水草丰茂,河流纵横,湖泊众多。在过去的2000多年里,呼伦贝尔草原凭借其丰富的自然资源,孕育了中国北方众多的游牧民族,因此被誉为"中国北方游牧民族成长的摇篮"。依托呼伦贝尔草原,可设计生态环境、草原文化、动植物观察、草原保护教育等相关研学主题课程。通过实地体验草原地形地貌的壮美景观、参与当地牧民的日常生活,不仅能够拓宽中小学生的知识面和视野,还能培养其环保意识、社会责任感,提高其实践能力。

3. 花卉

花朵是植物中最美丽、最具观赏价值的部分,其色彩、形态、香气和意境构成了观赏花卉的四大美学特性。在中国,常见的景观花卉包括牡丹、菊花、梅花、茶花、杜鹃、兰花、芍药、玉兰、水仙、莲花、桂花、月季花、山茶花等。中国主要观花之地有南京梅花山、无锡梅园、武汉东湖、江西大余等赏梅胜地,河南洛阳和山东菏泽等赏牡丹胜地,江西井冈山赏杜鹃胜地,河北白洋淀赏荷花胜地。此外,各地定期举办的花展、花会也吸引着众多游客,如广州迎春花市、洛阳牡丹文化节等。花卉的多样性和迷人景观有助于激发中小学生的审美情感,培养他们的审美能力和情趣,丰富他们的艺术文化素养。通过花卉研学,中小学生可以学习植物的分类、生长习性、生态功能等知识,增进对植物的认识和了解,培养对自然的热爱和保护意识。通过花卉研学,中小学生还能深刻体会到许多传统文化的象征意义,如梅花象征着高洁和顽强、牡丹代表着尊贵和荣华、莲花寓意清雅和圣洁等。

例如,无锡鼋头渚为太湖西北岸无锡境内的一个半岛,独占太湖风景最美一角,有着"太湖佳绝处,毕竟在鼋头"的美誉。鼋头渚景观布局疏密有致,季相多样,有着丰富的动植物资源,极具研学价值。通过鼋头渚研学活动,中小学生能够深刻认识到这里植物资源的多样性和丰富性,亲身感受大自然的奇妙与脆弱,从而领悟到植物保护和生态保护的重要性。

4. 野生动物

我国拥有丰富的野生动物资源,包括大熊猫、金丝猴、白唇鹿、华南虎、褐马鸡、东北虎、扬子鳄、丹顶鹤、朱鹮等。野生动物因其独特和珍稀性成为研学活动的重要对象,在经济、科学、文化、教育等多个领域具有重要价值。通过学习和观察野生动物,中小学生不仅能够增长知识,还能培养对自然环境的保护意识和对生物多样性的重视,进而激发他们对自然科学和生态环境的浓厚兴趣。动物园和野生动物栖息地作为主要的野生动物研学资源,为这一教育目的提供了重要平台。动物园是专门饲养各种动物供展览观赏,并进行科普教育与科学研究的场所,分为综合性动物园(如北京动物园、上海动物园等)和专门性动物园(如水族馆、海洋公园、鸟园、蝴蝶园、蛇园、猴园、鳄鱼园等)两大类。动物园研学旅行能让中小学生深入了解各种动物,增进其对动物习性、饲养环境和行为特点的认知,并促进中小学生主动探究和实践的能力。

野生动物栖息地指野生动物生存、繁衍所处的自然地域空间,野生动物与其生存的环境空间共同构成了野生动物栖息地。例如,四川卧龙国家级自然保护区以其保护大熊猫及其森林生态系统而闻名;四川白河国家级自然保护区则致力于保护大熊猫和金丝猴;海南南湾猴岛是猕猴的主要保护区域;黑龙江扎龙国家级自然保护区则是丹顶鹤的主要栖息地。

例如,位于黑龙江省齐齐哈尔市东南部的黑龙江扎龙国家级自然保护区,是中国最大的水禽自然保护区,总面积21万公顷。这片区域内栖息着丹顶鹤、白枕鹤等珍贵稀有野生动物,呈现出典型的东北亚内陆湿地生态系统特征,在我国自然保护区网络中具有标志性意义。扎龙国家级自然保护区被称为"丹顶鹤的故乡"和"观鸟胜地",这里有全球15种鹤类中的6种。广袤的芦苇沼泽、星罗棋布的湖泊、肥美的苇草、丰盛的鱼虾,以及幽静的环境和绮丽的风光,构成了鸟类繁衍的理想栖息地,也是生态研学的天然课堂。扎龙国家级自然保护区设有青少年自然教育绿色营地,适合开展特色自然教育主题研学活动。这些活动能加深中小学生对自然生态的科学认知,培养正确的生态观和价值观。通过研学扎龙自然保护区,学生不仅可以了解丹顶鹤的习性、国内迁徙路线及该地区常见物种的情况,还能领悟到人类与自然的密切关系,从而激发其对生物多样性和生态环境保护的责任感和热情。

《一个真实的故事》背后的故事

"走过那条小河,你可曾听说,有一位女孩,她曾经来过⋯⋯"多年前,一首《一个真实的故事》用凄美动人的旋律,唱出一位女孩为寻找一只走失的珍禽而不幸献出宝贵生命的英雄事迹。这位女孩,就是我国环保战线殉职的烈士徐秀娟,是黑龙江扎龙国家级自然保护区的护鹤员。

徐秀娟,1964年10月出生于黑龙江省齐齐哈尔市一个渔民家庭。徐家是养鹤世家。徐秀娟17岁就随父亲来到扎龙国家级自然保护区,与丹顶鹤朝夕为伴,成为一名养鹤的行家里手。她饲养的幼鹤成活率达到100%,这在全世界都是奇迹。20世纪80年代,徐秀娟来到江苏省盐城市丹顶鹤越冬地,参与建设一个不迁徙的丹顶鹤野外种群。在寻找没有按时归巢的两只丹顶鹤时,徐秀娟不幸失足陷入沼泽地遇难,时年23岁。徐秀娟被江苏省人民政府追认为烈士,盐城和扎龙国家级自然保护区分别为她修建了纪念园(图4-8)和纪念碑。

图4-8　盐城徐秀娟烈士纪念园

徐秀娟保护野生动物,使人与自然生态和谐相处的优秀事迹感动中国,进一步唤起国人的环保意识,激发了许多新闻工作者和文艺工作者的写作激情。词作家陈雷和陈哲、曲作家解承强深入了解到徐秀娟更多的生活细节,创作出《一个真实的故事》这首歌曲。《一个真实的故事》传唱多年,它载着徐秀娟的侠骨柔情,载着丹顶鹤的优雅风姿,成为人们心中永远激荡的旋律。芦花飞荡,万鸟翔集,这个真实的故事还在继续⋯⋯

(四)气候与天象类

气候与天象类研学旅行资源是指那些可以造景、育景,通过对地貌、水文、生物的影响,对中小学生研学活动具有吸引作用的物理现象和过程。我国幅员辽阔,地形复杂,气候类型多样,形成了独具特色的天气、气象、气候与天象景观(简称气象气候景观)。气象气候景观主要包括日出景、日落景、云雾景、彩霞、海市蜃楼、佛光、雾凇、极地极光等,展示着大自然的瑰丽和神秘,演绎着自然界的变化规律,其研学价值主要体现在知识拓展、科学探索、磨炼意志等方面。气象气候景观可以陶冶情操,激发中小学生对祖国山河的热爱之情。气象气候景观常常与地理环境、人类活动等因素相互作用,展现出多样性和复杂性,从而为学生提供了研究地理、生态学、环境科学等学科的机会。某些气象气候景观是可遇不可求的,往往要长途跋涉,这样的经历有助于培养中小学生的科学探索精神和吃苦耐劳的能力。

1. 日出景、日落景和月景

日出景、日落景(图4-9)和月景都是大自然赋予人类极为动人的自然景观的组成部分。自古以来,我国就有很多有关日出景、日落景和月景的知名景点。黄山清凉台、泰山观日亭、庐山含鄱亭等都是著名的日出观赏地,大连老虎滩和黑石礁、北戴河鹰角亭、普陀山朝阳洞等则是观海上日出的佳地。陕西临潼"骊山夕照"、河北承德"磬锤夕照"、台湾"安平夕照"、杭州"雷峰夕照"、泰山"晚霞夕照"、济南"江波晚照"等都是著名的日落景观。著名的月景有北京的"卢沟晓月"、杭州西湖的"平湖秋月"和"三潭印月"、上海豫园的"登楼得月"、桂林的"象山夜月"、无锡的"二泉映月"、庐山的"月照松林"、扬州的"二十四桥明月"等。中小学课本中多有对日出、日落和月色的描绘,中小学生在真实景观中可以加深对课本内容的理解。通过观赏日出景、日落景和月景的研学活动,中小学生可以感受大自然的美丽和神奇,了解日月运行规律,培养观察和感知能力,促进团队合作和知识分享,丰富学习体验,激发对自然科学的兴趣。

图4-9　日落景

2. 云、雾、雨景

云、雾、雨的积聚和流动,可以形成瞬息万变的自然景观,配以山水林泉,形成优美的景色,吸引文人墨客描摹和吟咏。黄山、泰山、峨眉山、阿里山、齐云山、巫山等地的名山云海最具风景美学价值。淡云、薄雾、细雨好似轻纱,赋予大自然一种朦胧美。苍山的玉带云和望夫云、西湖的"双峰插云"等都是云中奇景;新安江雾景、柳州凝雾景等是雾中名景;江南烟雨、巴山夜雨、潇湘雨等则是著名的雨景。云、雾、雨景需要在特定的条件下才能形成,如庐山的瀑布云、三清山的响云、新安江雾景等。这样的景观尤其适合作为研学旅行资源,中小学生既能观赏自然美景又能学到科学知识。利用云雾资源进行研学可以给中小学生提供丰富的学习体验和观察机会。例如,多姿多彩的气象景观,已成为黄山旅游的独特资源。峰林峡谷地貌与亚热带季风气候因素的叠加,形成了黄山独特的山地气候,造就了3大类、12亚类、54子类的"万千气象",其中云海、冬雪、日出、晚霞、雾凇、佛光、彩虹等气象景观精彩纷呈,成为黄山风景区旅游观光的核心元素。组织中小学生前往黄山进行云雾研学活动,既能欣赏黄山的景色又能学到云雾的形成原理,以及气象、山地地形对云雾的影响等科学知识。同时,学生也可以观察和记录云雾的变化过程,分析不同时间段、不同气候条件下云雾的特点和表现形式。通过这些活动,中小学生不仅可以加深对自然景观的认识,还可以培养观察力、分析能力和团队合作精神。

3. 海市蜃楼

海市蜃楼是一种大气光学现象,通常在海面或沙漠上空出现,由于空气密度、温度和湿度等因素的变化,使得光线发生折射而产生的奇异景观。这一现象在古代被人们误认为是由巨大的海洋生物"蜃"所造成的,因此称之为海市蜃楼或蜃景。我国适合观察海市蜃楼的地方很多,但有一定的季节性。夏季晴天的海面、沙漠、山顶都容易观赏到海市蜃楼。山东蓬莱和长岛、浙江普陀山、江苏海州湾、新疆地区的戈壁滩等都是观看蜃楼的理想之地。

海市蜃楼这一景观不仅奇特还蕴含着科学道理,适合作为中小学生的研学旅行项目。开展与海市蜃楼相关的研学活动,可以通过实地观察和科学解释来激发学生的兴趣和科学探索精神。举例来说,烟台市蓬莱阁是国家首批AAAAA级旅游景区、全国重点文物保护单位、国家重点风景名胜区,以"人间仙境"著称,其八仙过海传说和海市蜃楼奇观享誉海内外。蓬莱阁地处海边,夏季天气晴朗,是研学海市蜃楼的理想地点之一。宋代第一大文豪苏东坡登临蓬莱阁亲眼看见海市蜃楼的奇观,并写下《海市诗》。诗中生动描述了海市蜃楼的奇妙景象,苏轼的翰墨名篇使蓬莱阁更加闻名遐迩。学生们可以在指导老师的带领下,前往蓬莱海滨,借助望远镜等工具观察海市蜃楼的现象,并通过实地观察和讨论来加深对这一自然现象的理解。在考察探究中揭秘海市的神奇,深入探究海市蜃楼的形成原理和科学含义。

4. 冰雪、雾凇、雨凇

冰是水在温度降至0 ℃或以下时形成的固体状态。雪是气温降到0 ℃以下,空气层中的水蒸气凝结而成的白色结晶。著名的冰雪景观(图4-10)如东北的"林海雪原"、北京的"西山晴雪",西湖的"断桥残雪"、关中地区的"太白雪"、四川的"海螺沟冰川"等。

图 4-10　冰雪景观
（来源：张玉娟提供）

雾凇又名树挂，是在潮湿、低温的气候条件下，雾气在低于 0 ℃的附着物上直接凝华而成的白色松絮状冰粒。松花江畔、峨眉山等地都是观赏雾凇的好地方。吉林雾凇还与桂林山水、云南石林、长江三峡并称为中国四大自然奇观。雨凇是在低温的情况下，冷雨滴落在 0 ℃以下的物体上很快冻结起来的透明或半透明的冰层。峨眉山、庐山、九华山都是著名的雨凇景观观赏地。冰雪、雾凇、雨凇等景观都是很好的研学资源。冰雪、雾凇、雨凇洁白晶莹，具有独特的纯净之美，有很高的观赏价值。冰雪、雾凇、雨凇显示出物质世界的奇妙变化，其蕴含的科学道理与中小学生的课堂学习内容有密切的关系，值得他们去学习探究。观赏冰雪、雾凇、雨凇必须在寒冷的季节，有利于培养中小学生的吃苦耐劳精神。

　　例如，"冰城"哈尔滨是中国最北的省会城市，是中国冰雪文化的起源地，其城市建筑风格、市民生活习惯和性格与该城市悠久的冰雪文化发展史融为一体，开展冰雪研学具有得天独厚的地理优势。开展哈尔滨研学之旅，带领中小学生参观哈尔滨的冰雪文化街区，欣赏琳琅满目的冰雪雕塑、冰灯等艺术品，了解冰雪艺术的魅力和技艺；使中小学生了解哈尔滨的历史和文化，欣赏古典雕塑等建筑艺术，品尝当地特色的冰雪美食，如冰糖葫芦、哈尔滨红肠等。

　　5. 极光景

　　极光是指高纬度地区高空出现的一种辉煌瑰丽的彩色光像，一般呈带状、弧形、幕状或放射状等，明亮时多为黄绿色，微弱时一般是白色，有时带红色、蓝色、灰紫色，或兼而有之，是由来自地球磁层或太阳的高能带电粒子流（太阳风）使高层大气分子或原子激发（或电离）而产生。我国黑龙江的漠河地区、新疆阿勒泰地区可以观赏到极光。作为天气天象研学资源的重要组成部分，极光的形成和变化涉及物理学、地球科学等多个学科知识。通过极光研学活动，中小学生可以深入了解太阳活动、地球磁场、大气层结构等自然现象，促进他们对自然科学的理解和探索。通过学习极光的文化内涵，可以让中小学生了解不同民族的传统信仰、神话故事等，培养他们对世界多样性和文化传统的尊重和理解。

例如,漠河作为中国最北端的城市,因其独特的地理位置和气候条件成为中国观赏极光的绝佳地点之一,拥有丰富的极光资源,具有极高的研学价值。可设计极光研学主题活动,安排中小学生前往合适的观赏点,亲身体验极光的壮丽景观,激发其对大自然的敬畏和热爱之情,培养其保护环境、珍惜自然资源的意识。通过观赏极光,中小学生可了解极地地区的自然现象和地球磁场的特点,深入探究地球物理学和天文学知识。

知识链接4-3

气象景观,黄山旅游"新蓝海"(节选)

风云雾雨、星空日出……变化万千的天气与气候,具有造景和育景的功能,给人们提供了亲近自然、体验生态的"诗与远方"。

气象奇观成就自然之美

我国地域辽阔,气候条件南北有异、东西各别,不同气候条件影响形成各具特色的自然景观和人文环境,成为旅游业差异化发展的重要资源。

当受到强冷空气影响时,雨雪后的气温骤降,会出现雾凇、雪凇等景观。粗略统计,黄山风景区一年中平均积雪约有50天,雾凇景观平均每年有60多天。多姿多彩的气象景观,已成为黄山旅游的独特资源。

峰林峡谷地貌与亚热带季风气候因素的叠加,形成了黄山独特的山地气候,造就了3大类、12亚类、54子类的"万千气象",其中云海、冬雪、日出、晚霞、雾凇、佛光、彩虹等气象景观精彩纷呈,成为黄山风景区旅游观光的核心吸引物。

气象研学丰富旅游业态

黄山雾凇是怎样形成的?"日晕"是一种什么样的自然现象?在黄山光明顶上,一座以百年气象站、雷达站、旅游气象台为依托,以实物模型、图片、多媒体、虚拟现实等为主要手段的气象博物馆,让你探寻气象与自然景观的密切关联。

2015年开始,黄山市把发展研学旅行作为深化全域旅游、推动旅游业转型升级的重要抓手,入选首批"中国研学旅行目的地"城市。

"气象资源本身就是旅游资源,踏青赏花游、生物多样性科普游等体验活动,直接转化成旅游生产力。"黄山市文化和旅游局负责人认为。2023年6月,黄山市被中国气象服务协会授予全国首批"气象旅游研学营地",进一步推动了气象研学基地(营地)标准化、品牌化建设。

(资料来源:《安徽日报》,2024-01-04)

二、历史类

历史类研学旅行资源是以历史文化遗产为载体的各类研学旅行资源的聚合体,主要包括历史遗迹、文物、历史聚落、纪念场所、历史文化名城等方面的资源,主要依托历史遗迹纪念地、博物馆、纪念馆等场所。中国是拥有悠久历史的文明古国,遍布全国的文化遗产、纪念地、古城古镇及历史建筑等,见证着中国源远流长的历史与文化。

历史类研学旅行资源的研学价值体现在历史文化价值、审美价值、科学研究价值三个方面。历史遗迹、文物等承载着丰富的历史文化信息,为中小学生认识历史、理解历史提供了重要依据。亲身接触历史遗迹、文物、历史聚落,中小学生能够深入了解历史背景、历史事件及其影响,提升民族自豪感,增强文化自信。历史类研学旅行资源反映了古代的美学思想和艺术成就,满足了中小学生观赏美景、体会美感、陶冶情操的要求。历史类研学旅行资源蕴含着丰富的科学技术价值,是古代科学思想、发明创造、技术进步的具体体现,彰显了古代人民的智慧和创造力,揭示了社会科学技术发展的历史演进过程。通过历史类研学旅行,学生能够深入了解古代社会的政治、经济、文化、宗教等方面的发展,了解人类变迁和社会发展的过程,感受历史的厚重和文化的底蕴,激发他们的社会责任感和文化自觉意识。

(一)历史遗迹

历史遗址指人类活动遗留下来的、能吸引旅游者前往游览并获得社会经济文化效益的单体遗迹,以及连续分布的不可移动的遗迹、遗物集合体。历史遗址是历史真实的客观表现,不仅凝聚人类智慧,而且昭示特定的历史特征,是历史类研学旅行资源中最宝贵的组成部分。

历史遗迹是历史的见证者和载体,通过亲身接触历史遗迹,中小学生可以直观地感受历史的厚重和真实性,从而加深他们对历史事件、人物的理解和认知。例如,位于北京市房山区的周口店北京人遗址,是中国极其为重要的旧石器时代遗址之一,也是全球考古界的重要发现之一。这片遗址不仅是研学旅行的重要资源,更是一座承载着深厚历史底蕴的教育胜地。对中小学生而言,参观周口店北京人遗址是探索人类文明发展轨迹、传承中华优秀传统文化的一条重要途径。通过参观遗址、观察出土文物,中小学生可以深入了解古人类在旧石器时代的生活方式、社会结构以及文化习俗,感受人类文明的源远流长。同时,与专业考古学家的交流互动,也能让中小学生领略考古发掘的方法和意义,培养他们对历史文化的热爱,以及保护文物的责任意识。

(二)文物

文物是指具有历史、艺术、科学、社会等方面价值的人造物品、自然物品或者其他物质遗产。这些物品可以是古代的艺术品、手工制品、器物、建筑、书籍、文献、古代硬币、绘画、雕塑等,也可以是自然界中的化石、矿物、动植物标本等。文物因其所拥有的历史性、艺术性、科学性及其他特殊性,对于研究和了解人类历史、文化、社会以及自然环境具有重要意义。文物作为研学资源具有丰富的历史、文化和教育价值,通过研学文物,可以促进学生的综合素质培养,提升他们的历史文化素养和综合能力。

博物馆拥有丰富的文物资源,是中小学生开展文物研学的主要场所。例如,首都博物馆(简称首博),位于北京市西城区复兴门外大街 16 号,长安街西延长线上、白云路的西侧。首博是集收藏、展览、研究、考古、公共教育、文化交流于一体的博物馆,是北京地区大型综合性博物馆,属中国省市级综合性博物馆。首博开展历史文物研学主题活动,中小学生可以深入学习古代瓷器、玉器和青铜器的用途,区分各个历史时期的典型器物;深入了解文物背后的历史故事、历史事件以及历史人物,感受历史的厚重和文化的底蕴;了解文物的保护现状和面临的挑战,培养对文化遗产的珍视和保护意识,激发他们的社会责任感和文化自觉意识。

(三)近现代历史纪念地

近现代历史纪念地主要是鸦片战争以来形成的革命纪念地和重大历史事件的纪念地,这些地点通常与具有重大历史意义的事件、人物或者群体相关联,适合开展革命传统教育、爱国主义教育,是重要的研学旅行资源。近现代历史纪念地主要包括:革命遗址、旧址,如江西"八一"起义指挥部旧址、山西平型关战役遗址、河北冉庄地道战遗址等;重要会议会址,如中共一大会址、遵义会议会址、庐山会议旧址等;烈士陵园,如南京雨花台烈士陵园、广州黄花岗七十二烈士墓园等;纪念性建筑物,如北京人民英雄纪念碑、南京侵华日军南京大屠杀遇难同胞丛葬地纪念碑;重大历史事件纪念地,如山东刘公岛甲午战争纪念地、北京圆明园遗址公园等。

随着国内研学活动的发展,近现代历史纪念地以其独特的文化内涵,越来越成为具有强烈吸引力的红色研学旅行热点。近现代历史纪念地是百年苦难史、奋斗史的真实写照,通过历史纪念地研学旅行,能够让中小学生深刻体会、具体认识这一段历史。缅怀民族先烈的英勇事迹,追溯前辈的艰辛奋斗历程,不仅让中小学生深刻领会民族精神的内涵,也激励了他们对于历史的认知和尊重。重温革命光荣历史,传承红色基因,有助于中小学生形成正确的世界观、人生观、价值观,塑造学生成为德智体美劳全面发展的建设者和接班人的品格。

例如,中国共产党第一次全国代表大会会址(一大会址)是一座砖木结构的传统石库门住宅建筑。该会址见证了 1921 年 7 月 23 日至 7 月 31 日中国共产党第一次全国代表大会的召开,标志着中国共产党的诞生。作为中国共产党成立的地方,这座会址具有极其重要的纪念意义。如今,该会址已成为爱国主义教育基地和革命文物展览馆,向世人展示了中国共产党的光辉历程和伟大成就。设计"走进中共一大"研学主题,带领中小学生走进中国共产党诞生地,通过历史文物观赏、互动体验等系列研学活动,让中小学生更加深入地了解和认识中国共产党的历史,激发他们的爱国情怀和责任意识;了解中共一大历史,传承中共一大精神,不忘先辈,珍惜当下和平。

（四）历史文化名城

历史文化名城是指在历史发展过程中，因为其丰富的历史文化积淀，以及在特定时期对文化、历史、建筑等方面的重要贡献而被赋予特殊称号或地位的城市。这些城市通常拥有悠久的历史、独特的文化传统、保存完好的历史建筑和景观，对于某一时期的历史事件、文化发展或者重要人物有着显著的影响，从而成为人们研究历史文化、旅游观光、文化交流的重要场所，同时也是国家和地区文化遗产的代表。历史文化名城具有丰富的历史文化内涵，是展示我国传统建筑风貌、优秀建筑艺术和民俗风情的真实载体，是非常有价值的研学旅行资源。通过深入研究和保护这些城市的历史文化，可以让中小学生更好地理解自己的文化根源，弘扬传统文化，为人类社会的发展贡献力量。

例如，西安是中国历史文化名城，拥有丰富的历史遗产和文化资源，因其深厚的历史文化积淀和众多的文物古迹遗存，而享有"天然历史博物馆"的美誉。截至2024年5月31日，陕西省共有各类不可移动文物49058处。其中，古遗址23453处、古墓葬14367处、古建筑6702处、石窟寺及石刻1068处、近现代重要史迹及代表性建筑3213处、其他255处。

以"探秘古都西安"为主题开展研学旅行，带领学生参观陕西历史博物馆，深入了解西安的历史文化，参观历史文物，探索陕西的历史变迁与文化传承；参观兵马俑（图4-11），探寻秦始皇统一六国、创建秦朝的历史背景，了解兵马俑的发现与保护工作，感受中国古代帝王气象。通过一系列研学活动，学生们将全面深入地了解西安的历史文化，亲身体验这座古都的独特魅力，从而增进对中国历史和文化的理解与认知，并在此过程中培养自身的综合素质与文化素养。

图4-11　西安兵马俑
（张玉娟提供）

游有所学 品读长安——西安以"研学游"赋能文旅融合

"古代的印刷工艺很有智慧,启发我们要善于观察和利用有限的资源,因势利导,创新创造。"不久前,在西安楼观生态文化旅游度假区《老子说》光影展示厅内,十多位同学在老师的悉心指导下忙着打浆、抄纸、涂墨、压水、揭纸,在体验印刷乐趣的同时,不忘提炼心得体会。这也恰恰是西安研学游的一大特色,即借助西安厚重的历史文化、红色文化积淀,在深化文旅融合的过程中,让研学游的获得感更为强烈。

追寻历史足迹,感悟盛世古韵

"读万卷书,行万里路"是我国传统游学的教育理念和人文精神,从春秋时代孔子带着弟子周游列国、沿途讲学,到清末民初政府输送大量学生赴欧美留学,再到如今火遍全国的夏令营、研学游等"教育＋旅游"类产品。

穿越时空,研学旅行将其继承和发展成为素质教育的新内容和新方式,并以"旅游＋"的新模式承担起了新时代校外教育活动的使命。

融合创新丰富供给,以研学品读长安

一粥一饭,当思来之不易;半丝半缕,恒念物力维艰。近日,曲江南湖小学、曲江四小等学校的学生们相继来到曲江农业博览园参加劳动实践教育课,深入体验松土、挖坑、栽苗、覆土等各项特色品牌课程。

西安丰厚灿烂的历史文化、红色文化和特色鲜明的民俗文化为中小学生研学旅行活动的开展提供了得天独厚的条件和坚实的基础。2022年暑假,西安市整合多方资源,已先后推出了以追寻历史、光辉历程、盛世古韵等为主题的30余个研学点,推荐了励志拓展、体验考察、文化康乐、自然观赏、知识科普5种类型60余个研学基地,促进了研学与科技、人文、教育等领域的深度融合,努力打造研学旅游的"西安样板"。

(资料来源:西安新闻网,2022-09-02)

三、地理类

地理类研学旅行资源是指在地球的演化过程中,由于地球内、外营力的综合作用使地球岩石圈形成的各种地貌景观,主要包括各类地质地貌和地质公园两类。独特的地理条件下,我国形成了各种特殊的地貌类型,如丹霞地貌、雅丹地貌、沙漠、戈壁、喀斯特地貌等。特殊的地质现象,奇异的地貌形态及其过程,对研学主体有强烈的吸引力,因此成为地理类研学旅行资源的重要组成部分。

地理类研学旅行资源的研学价值体现在美学观赏、科学教育、文化传承及培养环

保意识等多个方面。地理景观的多样性和壮美景观可以激发中小学生的审美情感,让他们在欣赏自然美景的过程中感受到自然的鬼斧神工,增强对美的感知和欣赏能力。实地考察地质构造、地貌景观等自然地理现象,能够让中小学生深入了解地球科学知识,探索地质演变的过程和规律,从而增强他们的科学素养和地理意识。地理景观背后蕴含着丰富的历史文化和民俗传统,研学活动不仅能帮助学生了解地方文化的渊源和传统,还能促进文化传承和地方文化的保护。在研学旅行中,中小学生通过亲身体验自然环境,能够深刻领悟生态系统的脆弱性和重要性,从而培养环保意识和保护自然资源的责任感,践行可持续发展的理念。

(一)地质地貌

1. 丹霞地貌

丹霞地貌是一种由红色砂岩、砾岩、火山岩等岩石经过长期风化、侵蚀和重力作用形成的奇特地貌景观。丹霞地貌分布广泛,广东韶关丹霞山、广西桂林的兴坪丹霞、武夷山玉女峰等,都是著名的丹霞地貌代表。丹霞地貌因其独特的景观和丰富的地质遗迹而备受中小学研学者青睐。

例如,丹霞山位于中国广东省韶关市,是一处著名的丹霞地貌景区,被誉为"丹霞奇观,南国第一山"。其主要特点是怪石嶙峋、险峻壮观,岩石呈红色,形成了峰丛、崖壁、岩柱等独特的地质景观。丹霞山的地质景观丰富多彩,融合了奇特、险峻、秀美等元素,堪称"中国丹霞之最"。丹霞山作为一处重要的地理类研学资源,为中小学生提供了独特的学习体验。在这里,中小学生可以观赏到壮观的峰丛、险峻的崖壁、独特的岩柱等地貌景观,深入了解丹霞地貌的形成原理和地质构造特征,感受自然与人文的融合之美。通过实地考察和专业讲解,中小学生能够不断增长见识,培养探索精神,拓宽知识面。

2. 雅丹地貌

雅丹地貌是一种以风蚀和水蚀为主要作用力的地质地貌,形成于干旱地区或半干旱地区。雅丹地貌通常由细沙、细粒黏土等物质堆积而成(图4-12),经过长期的风蚀和水蚀作用,形成了各种形态各异的地貌景观,如群山、丘陵、土丘、石丘等。敦煌雅丹、新疆哈密魔鬼城等都是著名的雅丹地貌景区。雅丹地貌形态千奇百怪,景观气象万千,在地质学、地理学和生态学等方面具有重要的研究价值,是研学旅行中探索自然地理和地质科学的重要资源之一。

例如,乌素特雅丹地质公园位于青海柴达木盆地的西北部,历经千万年的地质运动和时空演变,孕育和形成一片面积非常大、极为壮观的雅丹群落,是目前发现的世界上最早的一处水上雅丹景观。通过探秘雅丹奇观研学主题,中小学生将有机会深入了解雅丹地貌的形成原理、地质特征和生态环境,同时认识到它在地球科学和自

图4-12　水上雅丹

（张玉娟提供）

然地理中的重要性。通过参与各种实地考察和活动,中小学生将亲身感受到自然力量的壮观与神奇,从而激发对科学探索的兴趣和能力。这样的研学之旅不仅能够丰富中小学生的知识,还能够培养他们的观察力、探索精神和科学素养,为他们的全面发展提供了宝贵的机会。

3.沙漠

沙漠是指地球表面陆地上的一种特殊地理环境,通常指风力作用下,沙粒连片覆盖地表所形成的地貌形态。沙漠地区通常降雨稀少,气候干燥,温差较大,日夜温差悬殊。浩瀚的沙漠,广袤千里,各种形态的沙丘风姿绰约、气象万千,具有很高的游览价值和独特的景观观赏效果。奇特的沙丘植物和埋没其间的古文化遗址,都赋予了荒凉的沙漠迷人的色彩和无限的魅力。

沙漠是地球上特殊的自然地貌,通过沙漠研学活动,中小学生可以了解地球表面的地形地貌特征,认识地理环境对生态系统的影响,以及沙漠形成的原因和演变过程。沙漠研学不仅有助于中小学生了解地理环境、生态系统和文化历史,还可以培养他们的探索精神、团队合作精神和解决问题的能力,具有重要的教育和实践意义。

例如,甘肃敦煌鸣沙山(图4-13)是中国极为著名的沙漠景观之一。这里的沙丘覆盖着金黄、细软沙粒,每当微风拂过时,沙丘会发出特有的声音,因此得名"鸣沙山"。这里的沙漠景观壮美独特,成为吸引中小学生的重要研学地点之一。中小学生赴鸣沙山研学,不仅可以观察鸣沙山周围的自然生态环境,包括沙漠植被、动物适应沙漠环境的特点等,了解沙漠生态系统的形成和演变,而且可以通过参观敦煌莫高窟等历史遗迹,了解古代丝绸之路贸易的繁荣以及文化交流的重要性。

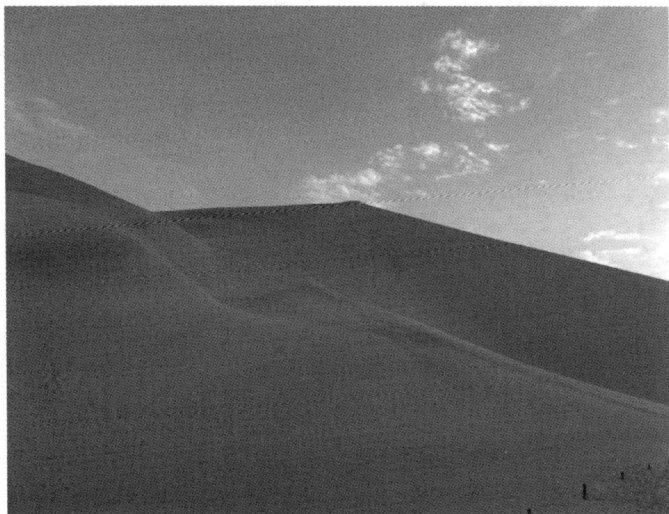

图4-13　鸣沙山
（张玉娟提供）

4. 戈壁

地面由粗砂和砾石所覆盖的荒漠称为戈壁。戈壁是蒙古语,意为"难生草木的沙石地",是干旱风沙地貌中另一特殊的、具有吸引力的景观类型。这里植被稀少、石砾满布,给人以旷达辽阔、沧桑壮美之感。戈壁中最负盛名的是"蜃楼幻影",它虽是太阳光强烈照射下形成的一种幻觉,却能带给游人无比美好的遐想和向往之情。戈壁地区是中国西北地区的典型地貌类型,由于其独特的自然环境和丰富的资源,成为研学旅行的理想目的地之一。研学过程中,中小学生可以了解戈壁地区的地质构造、地貌特征和形成原因,探讨风蚀、水蚀等自然力量对地表的塑造作用;可以了解戈壁地区的历史文化,包括古丝绸之路的历史渊源、草原游牧文化的影响等。通过深入了解戈壁地区的自然环境和人文历史,培养他们的科学探究能力、环保意识和团队合作精神。

5. 喀斯特地貌

喀斯特地貌又称岩溶地貌,是指地下水和地表水对可溶性岩石(如石灰岩)进行溶蚀、侵蚀等综合地质作用而产生的各种地貌的总称。喀斯特地貌约占地球总面积的10%,而我国则是岩溶地貌的典型代表,这类地貌主要集中分布在我国的南方地区,尤其是广西、贵州、云南等地。喀斯特地貌在地表和地下均有分布。地表常见的有石林、石芽、漏斗、落水洞等,如云南石林;地下常见的有地下湖、地下暗河,以及由石灰岩溶解沉淀而形成的石钟乳、石笋、石柱等千姿百态的溶洞景观,如桂林七星岩和芦笛岩、重庆武隆芙蓉洞等。喀斯特地貌的独特形成机理和瑰丽多姿的外表,对中小学生有很大的吸引力,是重要的研学资源。例如,重庆武隆拥有丰富的喀斯特景观资源,由天生桥群、天坑(图4-14)、地缝、天洞共同构成。在研学活动中,中小学生可以深入了解喀斯特地貌的形成原理、特点及地质演化过程。通过实地考察,他们可以亲眼观

图 4-14　武隆天坑
（张玉娟提供）

察各种喀斯特地貌形态,感受大自然的鬼斧神工。同时,还可以参与一些有趣的实验和活动,比如地质测量、溶洞探险等,加深对喀斯特地貌的认识和理解。

（二）地质公园

地质公园是以具有特殊地质科学意义、较高的美学观赏价值的地质遗迹为主体,融合其他自然景观与人文景观而构成的一种独特的自然区域。地质公园,是地质科学研究和地质知识普及的基地,是重要的研学旅行资源。地质公园提供了丰富多样的地质景观和体验项目,中小学生可以通过实地考察、岩石采集、科普讲座等方式,进行亲身体验和探索。

例如,甘肃张掖世界地质公园（图 4-15）位于甘肃省张掖市境内,以肃南裕固族自治县为中心,总面积 1289.71 平方千米,以地貌色彩艳丽、层理交错、气势磅礴、场面壮观而称奇,其色彩之缤纷、观赏性之强冠绝全国。色彩斑斓的丹霞山体、险峻的峡谷、错落有致的岩石群等壮观景观,具有很高的研学价值和观赏价值。在这里中小学生能够近距离观察丹霞地貌、断层、褶皱、沉积岩层等罕见地质奇观,把课本相关知识与现实进行关联,领略壮观的自然景观,感受大自然的鬼斧神工。

图 4-15　张掖世界地质公园
（张玉娟提供）

沂蒙山世界地质公园

沂蒙山世界地质公园位于山东省临沂市境内,是联合国教科文组织世界地质公园网络(GGN)的重要成员。沂蒙山地质公园地处华北板块东南缘,沂沭断裂带以西,鲁西地块之上,拥有丰富的地质历史,可追溯至28亿年前。

沂蒙山世界地质公园总面积达1804.76平方千米,由蒙山园区、钻石园区、岱崮园区、孟良崮园区和云蒙湖园区等多个园区组成。这里保存了众多珍贵的地质遗迹,包括古老地层、太古宙时期的大规模侵入岩系、金钱石、金伯利岩型金刚石原生矿以及独特的岱崮地貌等,共计几十个遗迹点,这些遗迹不仅具有极高的科学研究价值,同时也极具观赏价值。

沂蒙山世界地质公园孕育了丰富的动植物资源,截至2023年9月,有植被1100余种,野生脊椎动物247种,具有极高的科研价值。这些生态资源的多样性不仅为公园增添了独特的自然魅力,同时也为科学研究和生态保护工作提供了宝贵的基地。

此外,沂蒙山世界地质公园内的沂蒙山地质博物馆更是一处集收藏、科普、科研、展示于一体的自然科学类博物馆。这里展示了沂蒙山地区的地质科学、地质景观以及人文历史等科普内容,为公众提供了一个了解地球科学、欣赏自然美景的绝佳场所。

总的来说,沂蒙山世界地质公园是一个集地质遗迹保护、科普教育、生态旅游于一体的综合性公园,它以其独特的地质景观和丰富的生态资源吸引着越来越多的游客前来探访。

四、科技类

科技类研学旅行资源主要包括科技展馆类、科研场所类、高科技生产基地等科技元素浓厚的资源,旨在通过实地体验、观察和参与,了解相关科技知识在现实中的应用,了解科技发展的过程及其给人类社会带来的影响与变化,促进中小学生对科学知识的理解和兴趣的培养,进而帮助他们树立正确的科学技术观。

科技类研学旅行资源具有丰富的研学价值,主要表现在科技知识学习、实践技能掌握、社会责任意识培养等几个方面。中小学生可以通过参观科技展馆、高科技生产基地,了解现代科技产业的发展历程、技术原理和应用场景,拓展科技知识面,增强对科技发展的认知。在科研展馆、高科技生产基地,中小学生可以参与一些模拟实验或者实际操作,学习相关的生产工艺和技能,培养动手能力和实践操作能力。高科技生产基地通常注重环保、安全等,中小学生可以了解企业的社会责任和可持续发展理念,培养环保意识和社会责任感。

（一）科技展馆类

科技展馆类研学旅行资源主要以知识科普功能的博物馆和科技馆为主。科技馆是以展览教育为主要功能的公益性科普教育机构，主要通过常设展览和短期展览，利用具有参与性、体验性、互动性的展品及辅助性展示手段对公众进行科普教育，旨在激发公众的科学兴趣、启迪科学观念。此外，科技馆还承载着举办各类科普教育活动、科技传播项目及科学文化交流活动的功能。

科技馆通过丰富多彩的科学实验展示和交互式展览，为中小学生提供了一个观察和亲身实践的平台，使他们能够直观地理解物理、化学、生物等科学原理。这种趣味科学学习的方式不仅增强了教育效果，还提升了中小学生的知识水平和科技素养。例如，北京航空航天博物馆的前身是北京航空馆，成立于1985年，是在北京航空航天大学飞机结构陈列室、飞机机库基础上扩建而成，是我国首个航空航天科学技术的综合科技馆。这座博物馆集教学、科普、文化传承于一体，成为青少年爱国主义和国防教育的重要基地。

在北京航空航天博物馆开展研学，可以让中小学生全面了解航空航天的历史与发展，增强民族自信心。通过学习火箭设计、制作与发射，以及火箭模型的组装，中小学生不仅提升了观察能力，还锻炼了动手实践以及团结协作的能力。此外，科技馆研学也有助于培养学生的科学精神和科学态度，引导中小学生掌握基本的科学方法，进而提高他们综合运用所学知识解决实际问题的能力。

（二）科研场所类

科研场所类研学旅行资源是指以科研场所为载体的研学旅行资源的聚合体。科研场所类研学旅行资源具有多样性，科研场所的范畴广泛，主要包括科研院所、科研基地和科研设施等，涉及的行业也较为广泛，如贵州大口径球面射电望远镜"中国天眼"、酒泉卫星发射中心（图4-16）、无锡超级计算中心等。

随着研学旅行的迅速发展，科研场所作为研学旅行的重要资源，有着广阔的发展空间，开发潜能巨大。科研场所的研学价值主要体现为培养中小学生的科学素养，包括科学的思维、科学的规范、科学的研究能力。例如，酒泉卫星发射中心（又称东风航天城）地处祖国西北部的巴丹吉林沙漠边缘、甘肃酒泉金塔县北部，是我国组建最早、规模最大的综合性试验发射场，也是我国唯一的载人航天发射场、世界三大载人航天发射场之一，是首批中国十大科技旅游基地。通过开展酒泉卫星发射中心研学活动，可以让中小学生深入了解中国航天事业的发展历程、卫星发射技术和航天工程实践，了解我国在太空领域的科研成果和国家航天战略；参观卫星发射中心历史展览馆、问天阁等航天文化重地，中小学生可以亲身感受航天科技的魅力，激发对航天事业的兴趣和热爱，学习中国航天人艰苦奋斗、无私奉献的精神。

图4-16　酒泉卫星发射中心

(张玉娟提供)

（三）高科技生产基地

高科技生产基地是指集中了大量高科技产业企业和科研机构的地区，以开展高新技术研发、生产和创新为主要活动。这些基地涵盖了各种高科技产业领域，如信息技术、生物技术、新材料、新能源、人工智能等，是推动国家科技创新和产业升级的重要支撑。如新疆棉花大规模机械化种植基地、青岛高铁生产基地等。

高科技生产基地具有丰富的实践教育和科技创新资源，为中小学生提供了宝贵的研学机会。通过高科技生产基地的研学活动，中小学生可以深入了解高科技产业的发展现状和未来趋势，激发他们对科技创新的兴趣和热情，培养创新精神和实践能力。例如，青岛高铁生产基地是中国青岛市的一个重要工业基地，专门生产高铁列车及其相关的铁路交通设备。作为中国高铁产业的重要组成部分之一，青岛高铁生产基地承担着生产、研发和装备制造等任务，为中国和世界各地的高铁运输提供了先进的技术和设备支持。该生产基地拥有完善的生产线和先进的生产设备，包括车体车门、车厢、底架、轮对、动力装置等部件的生产线，以及涂装、装配、测试等工艺流程。基地内还设有研发中心和技术实验室，致力于高铁列车的技术创新和产品改进。通过探索青岛高铁生产基地的研学活动，中小学生可以了解现代工业制造的高端技术和管理模式，增进对高铁交通的认识和理解，培养创新思维和实践能力，为未来科技发展和产业升级做好准备。

📖 知识链接4-6

厉害了，我的国

你知道我国有哪些重要的科技成就让世界为之震撼吗？

（1）高铁列车"复兴号"的运行，标志着中国铁路成套技术装备已经走在世界先进前列。

Note

（2）成功发射世界首颗量子科学实验卫星"墨子号"。

（3）成功发射中国研制首颗X射线天文卫星"慧眼"。

（4）可燃冰试采成功。

（5）自主研制的新一代喷气式大型客机C919在上海浦东机场成功起飞。

（6）首艘国产航母在大连正式下水。

（7）自主研制的海军新型万吨级驱逐舰首舰下水。

（8）世界上第一台"中国造"光量子计算机诞生。

（9）全球首台25 MeV连续波超导质子直线加速器成功通过测试。

（10）"深海勇士"号载人潜水器成功返航。

（11）被誉为"中国天眼"的500米口径球面射电望远镜调试成功。

五、人文类

人文类研学旅行资源是指以社会风情作为吸引力来源，跟人们生活紧密相关、对中小学生具有吸引力的活动性、过程性资源，主要包括传统文化、国学经典、非遗传承、建筑园林、民俗风情等方面的资源，主要依托名人故居、古建筑、古典园林、文艺展馆、大学校园、文化旅游小镇及各类非遗项目展示地等场所。人文类研学旅行资源的研学价值在于可以让中小学生体会不同地域人们的生活方式、风俗习惯、风土人情等，让中小学生感受中华传统美德，培养其跨地域的文化意识、文化理解能力和文化交际能力。

（一）名人故居

历史名人因其辉煌的成就和卓越的品质而被载入史册，他们的故居和活动遗址也因此得名，并受到妥善保护。这些地点如今成为人们参观瞻仰的场所，同时也是人文类研学旅行资源不可或缺的重要组成部分。中国的历史名人故居数量众多，有的名人故居以原样保存，室内用具陈设依历史名人使用时的原样布设，以突出历史名人的生活工作场景与历史背景；有的以原建筑物为基础，通过适当的空间重组，建立故居式博物馆、展览馆、纪念馆等，通过图片、文字、文物展示历史名人的生平经历。著名历史名人故居有孙中山行馆、宋庆龄同志故居、徐悲鸿故居、鲁迅故居等。我国延续千年以上的历史名人故居和活动遗址当属山东曲阜的孔府、孔庙和山东邹城的孟府、孟庙。

名人故居研学旅行资源的研学价值主要体现在历史与文化传承、鉴赏与审美价值、人文精神与价值观塑造三个方面。名人故居承载着历史文化的丰富内涵，反映了当时社会的风貌和名人的生活状态，有助于中小学生深入了解特定历史时期的社会背景、文化风貌及名人的生平事迹，促进历史文化传承和认知。名人故居常常具有独特的建筑风格和艺术价值，中小学生可以在参观中欣赏到古建筑的美学魅力，感受名人品位与审美情趣，培养艺术鉴赏能力和审美情感。名人故居展示了名人的思想、精神风貌和价值追求,通过了解名人的人生信念、品德修养以及对社会的影响,有助于中小学生树立正确的人生观、价值观,引领他们追求卓越并培养社会责任感。

　　例如,绍兴市鲁迅故里位于中国浙江省,是中国现代文学巨匠鲁迅的成长与创作之地(图4-17)。这里保留了鲁迅居住时的原貌和部分文物,成为一处展示鲁迅生平、思想和文学成就的纪念馆。中小学生可以在鲁迅故里感受鲁迅的生活氛围,了解他的生平事迹,感悟他的文学情怀。同时,绍兴市也是中国历史文化名城之一,中小学生还可以领略绍兴古城的风貌和文化底蕴。

图4-17　绍兴市鲁迅故里
(张玉娟提供)

(二)古建筑

　　古建筑类研学旅行资源是指能吸引中小学生进行研学活动并被研学产业所利用的古代建筑遗存。我国的建筑艺术在漫长的发展历程中形成了独特的风格,与中国传统文化融合并相辅相成。这些风格独特的古建筑是历史的载体和见证,是历史研究、民俗研究的重要实物,不仅反映了中华民族悠久的历史、灿烂的文化和发达的科学技术,而且为今天的新建筑、新艺术创造提供了重要的借鉴。北京故宫、山东曲阜的孔庙都是我国规模较大的古建筑群。

　　中国古建筑的研学价值体现在历史文化、美学和科学价值几个方面,可以满足中小学生求知、求美、求奇、求异的心理需求。这些建筑承载着深厚的历史文化内涵,是特定时代社会生活和政治经济制度的反映,也是民族性格的真实写照,更是文化传承的重要载体与媒介,对中小学生学习人文历史具有重要意义。古代建筑优美的曲线造型、精致典雅的建筑风格使其成为精美的艺术品,具有极高的美学价值。中国古代建筑集中展示了某一历史时期的科技文化水平,展现了古代工匠的非凡创造力和精湛技艺。依托古代建筑类资源开展研学旅行,不仅能够提高中小学生的学科核心素养,也可以使其感受到我国深厚的历史底蕴,欣赏到中华民族优秀文明成果,最终形成价值认同和文化自信。

例如,北京故宫(图4-18),古称紫禁城,坐落于北京中轴线的中心,是中国明清两代的皇家宫殿,也是世界上现存规模较大的宫殿型建筑之一。北京故宫作为国家5A级旅游景区和第一批全国重点文物保护单位,是享有盛誉的国家一级博物馆,1987年入选世界文化遗产名录,被誉为"世界五大宫之首"。针对北京故宫这一历史悠久、文化丰富的人文研学旅行资源,可设计名为"探百年奇迹、寻文化瑰宝"的研学项目。通过该研学项目,中小学生将深入学习故宫的历史和文化,探索其建筑特色和园林艺术。同时,通过课程学习,不仅能够激发中小学生对中国古代及近代历史的浓厚兴趣,还能够提升他们的团队合作与自主学习的能力。

图4-18　北京故宫
(张玉娟提供)

(三) 古典园林

古典园林类研学旅行资源,是指由古典园林所形成的具有旅游吸引力、可满足中小学生研学旅行需求,并被研学旅行业加以利用的人文景观。我国园林具有悠久的历史,被誉为"世界园林之母",是东方园林的典型代表,在国际上享有崇高的声誉和地位。

古典园林按建筑风格与特点可分为北方园林、江南园林和岭南园林三大类型。北方园林以北京为代表,规模宏大,建筑雍容华贵,如承德避暑山庄、颐和园等;江南园林以苏州为代表,规模小巧,秀水亭台,景致多样,如拙政园、留园等;岭南园林以广东为代表,融合北方与南方风格,兼具轻巧明快之美,如粤中四大园林。古典园林类研学旅行资源的研学价值主要体现在美学价值、艺术鉴赏、历史文化研究价值几个方面。古典园林以其精湛的园林技艺,展现园中有画、画中有园的雅致景观,如同一幅幅令人心驰神往的画卷。通过研学旅行,中小学生得以体验古典园林之美,提升对园林艺术的审美能力。古典园林蕴含丰富的古典美学思想,浸润着中国文化的内涵,包容着含蓄、幽静、雅致等情感,成为中小学生学习传统造园技艺、领悟古典园林文化内涵的重要场所。古典园林集建筑、绘画、雕塑、文学、书法、金石等多种艺术形式于一体,为中小学生获取历史文化知识提供了重要途径。

　　例如,拙政园(图4-19)位于江苏省苏州市,是中国古典园林的代表之一,也是江南私家园林的杰作。其建筑艺术精湛,景致优美,融合了江南园林的典型特色,如曲水流觞、小桥流水、亭台楼阁等。拙政园不仅具有极高的观赏价值,还承载了丰富的历史文化内涵,是研学探索的理想场所。通过参观拙政园,中小学生可以深入了解中国传统园林建筑的建筑布局、景观设计和文化内涵,感受江南园林的独特韵味及园林文化的独特魅力,穿越中华民族悠久的历史和灿烂的文化长河,提升对中国传统文化的理解和欣赏能力。

图4-19　拙政园
(张玉娟提供)

（四）非物质文化遗产

　　非物质文化遗产是指各族人民世代相传并视为其文化遗产组成部分的各种传统文化表现形式,以及与传统文化表现形式相关的实物和场所。中国非物质文化遗产包括:传统口头文学及作为其载体的语言;传统美术、书法、音乐、舞蹈、戏剧、曲艺和杂技;传统技艺、医药和历法;传统礼仪、节庆等民俗;传统体育和游艺;其他非物质文化遗产。

非物质文化遗产(以下简称非遗)的研学价值体现在文化传承、艺术审美与创造力、培养实践能力、文化多样性与包容性等几个方面。非遗承载着丰富的历史、传统和文化内涵,通过研学活动,中小学生可以深入了解民族传统、习俗、技艺等,增进对文化传承和历史演变的认识。学习非遗艺术形式,如传统音乐、舞蹈、戏剧等,有助于培养中小学生的艺术鉴赏能力和审美情趣,激发创造力和想象力。学习某些非遗项目,如手工艺品制作、传统技艺等,有助于培养中小学生的实践能力和手工技能,提升他们的生活技能。非遗涵盖各个民族、地区的传统文化,通过学习,中小学生可以增进对不同文化的理解和尊重,进而有助于维护和促进文化的多样性与社会的包容性。

下面以中国京剧为例。作为中国传统戏曲之一,京剧融合了音乐、舞蹈、表演等多种艺术形式,展现了丰富的文化内涵和历史沿革。通过研学京剧,中小学生可以了解中国传统戏曲的起源、发展历程、剧情特点和表演技巧,增进对中国传统文化的认知和理解。同时,中小学生还可以体验京剧的表演艺术,培养审美情趣和艺术鉴赏能力,提升综合素质。

(五)民俗风情

民俗风情指的是某一地区或民族在生产、生活中所形成的传统风俗和生活习惯,包括饮食民俗、节庆活动、岁时节日民俗、传统服饰、民间艺术、民间音乐舞蹈、民间工艺等,反映了当地或民族的历史、文化、生活方式和价值观念。我国地域辽阔,民族众多,民俗风情多姿多彩,自古就有"千里不同风,百里不同俗"的说法。各地的民俗风情不仅有很强的观赏价值、体验价值,还有很高的文化价值,成为重要的人文类研学旅行资源。

民俗风情类研学旅行资源的研学价值主要体现为民族文化的差异性。通过了解民众生活和深入民风,中小学生能领略各民族丰富多彩的文化活动和民情风俗,了解各民族、各地区的历史、现状和风俗习惯,进而感受民族悠久文化和辉煌历史,增强民族自豪感和自信心,珍视文化传统,提升民族自强意识。

以传统节日为例,各民族各地区特有的重大节日,是民间经济、宗教信仰、文化娱乐、社会交往和民族心理等多方面的集中表现。云南大理白族的"三月街"、四川凉山彝族的"火把节"、云南傣族的"泼水节"及蒙古族的"那达慕"等少数民族节日,会让中小学生领略独具特色的民族风情。作为人文类研学旅行课程的内容,可以选择在特殊的节日,走进不同的地域,切身感受不同的节日风俗,探究这些风俗背后的文化意蕴,体味别样的风土人情。例如,通过开展"走进水乡乌镇"研学课程,让学生通过游览参观、考察探究、角色体验等活动方式,体会水乡乌镇(图4-20)人们的生活方式、风俗习惯、风土人情。通过与水乡居民的交往对话、深入接触,促进学生对水乡文化和江南人文精神的理解,培养其对民族文化的热爱之情。

图 4-20　乌镇

（张玉娟提供）

知识链接 4-7

妙趣横生的沉浸式研学课程（案例）

什么是沉浸式研学课程？研学活动的参与者，将扮演某个故事情节中的角色，通过分组解谜活动，逐个解开通关点的研学谜题，让参加研学的学生在"故事农场"中进行互动性探究，讨论与解谜，以达到真正意义上的寓教于乐、玩学相伴！

案例：博物馆的角色扮演＋任务卡研学课程

近日，一场妙趣横生、别开生面的角色扮演研学活动在中国水利博物馆拉开帷幕，"治水传奇"博物馆研学课程被萧山区教育局通过线上展示的方式向中小学校广泛推介。这是一次以角色扮演为特色的研学体验活动，同学们组成"考古揭秘队""舟行江南队""晚清危局队""水利新生队"四支治水队伍，带上任务卡在四个展厅开启各自的治水之旅。每支队伍依据任务卡设置的故事情节，在展厅中寻找一个个关卡的答案。在故事中同学们分别化身"知府大人""考古学家""红军"等角色，每个关卡的答案须经博物馆研学导师评判为正确后方能通关。同学们兴致勃勃，现场气氛热烈，最终四支队伍协力全部完成任务，取得"治""水""传""奇"四枚通关奖章，获得了博物馆研学证书。

中国水利博物馆此次推出的研学课程以治水故事为线索，引导学生开展自主探索学习，极大地激发了学生的学习积极性，培养了主动思考和解决问题的能力，学习效果明显提升，真正实现了从"要我学"到"我要学"的转变。

（资料来源：搜狐网，2021-01-02）

六、体验类

体验类研学旅行资源是指可以组织学生体会各种职业以及各种特殊项目(如高空体验项目、黑暗体验项目、极速体验项目、失衡体验项目、失重体验项目等)的研学旅行资源。此类研学旅行资源可让中小学生了解不同职业的艰辛、乐趣、功能和责任,了解各行各业的运行规律以及整个社会的运转秩序,拓展和丰富生活,提高综合素质。体验类研学旅行资源可以单独使用,但在大多数情况下是与其他研学旅行资源混合使用的。

相较于其他研学旅行资源,体验类研学旅行资源不仅强调学生的活动互动性,更强调学生的亲身体验性,其所强调的实践体验是其独特的研学优势。体验类研学旅行资源可以拓展中小学生的认知领域,促使其对体验对象生成新的认识与理解;可以丰富中小学生的情感世界与精神生活,帮助他们成为富有情感和同理心的人;可以助力中小学生行为方式的转变,对其日后行为方式的选择产生影响。

(一)职业体验

对各种职业的体验可谓是体验类研学旅行课程资源中最具代表性的内容,它是指在研学旅行中通过让中小学生模拟社会上各职业人员的工作模式,形成对各职业最直接、真实的体验,进而为日后自己选择工作提供经验与方向。

职业体验的研学价值在于就业导向引导。中小学生参与职业体验,有助于更深入地了解各类职业,将学习与未来职业建立联系,并对可能感兴趣的职业领域进行有针对性的探索。这样的体验可以引导中小学生从未来职业生涯发展的角度思考当前的学习,激发他们对学习和生活的内在动力。

职业体验可以通过参观各类职业场所开展,也可以依托职业体验基地开展。中小学生可以通过实地参观消防局、企业、医院或科研机构等场所,在与专业人士的互动交流中,更加直观地了解不同职业的工作环境、工作流程和行业发展趋势,从而更好地规划自己的职业生涯。例如,让学生体验当一周的交通协警、当一次小法官等,都可以让他们学习到实用的技能和知识,同时感受到职业承载的责任和面对的挑战。

职业体验基地也是重要的职业体验场所,例如,"旅商研学"实践教育基地按照实景一比一打造职业体验馆,四大主题涵盖小学至高中、从入门到高阶的研学课程,由数十名行业大师和资深教师组成的导师团队进行指导。在"旅商研学"的课程中,每个孩子都能"上岗实习",做一天的小小实习生,在亲身参与中,收获一日宝贵的"职业体验"。

(二)特殊项目体验

对各种特殊项目的体验也是一种极富代表性的体验类研学旅行资源。特殊项目的体验范围是十分广泛的,比如在特定环境中为学生提供的体验,像黑暗体验等,还有某些突破中小学生已有认知的体验,像极速体验、高空体验等。中小学生通过参与不同类型的项目活动,能够获得在课堂教学中所无法获取的特殊体验,这些体验有助于他们各方面素养的提升,从而促进其全面发展。

需要注意的是,体验类研学旅行资源提供的独特体验,必须在中小学生可以接受的范围内,并且必须确保适度性和安全性。项目实施必须根据实际情况量力而行,简化复杂度,避免过于复杂或困难的内容,只需提供基础层面的体验即可。考虑到这些因素,可采用创设适当情境的方式让中小学生体验各种特殊项目,例如高空体验,可以借助当前的科技手段,利用虚拟环境来进行,而非强迫学生乘坐飞机进行体验。

（三）AR/VR 体验

AR(增强现实)/VR(虚拟现实)是一种电子科技技术,它通过增强听觉、视觉等感官体验及互动性,帮助人们更深入地理解物体所蕴含的文化知识内涵。AR/VR 体验应用广泛,可开展航空航天、自然灾害、交通安全、消防安全等研学体验。AR/VR 体验式研学可以激发中小学生科学探索的好奇心,通过与虚拟人的对话互动,让学生体验人工智能动作捕捉技术的高精度、高灵动性,了解人体奥秘;通过 AR、VR 等科技手段零距离感受国之重器带来的视觉冲击,让学生了解宇宙、太空的神秘和科技的力量。

AR/VR 体验的研学价值在于虚拟环境体验。AR/VR 技术可以深刻改变中小学生的学习方式,通过模拟真实世界的场景,提供丰富的学习体验。这种身临其境般的学习体验更能激发中小学生的好奇心和兴趣,使他们更加专注于课程内容。另外,基于 AR/VR 技术的研学旅行提供了更安全的学习环境。中小学生可以在虚拟世界中大胆冒险、探索和实验,无须担心现实世界中的潜在危险或风险。例如,AR 可 360°全方位模拟台风、地震等现场情景,场景化逃生教学,让中小学生在沉浸式体验中学习掌握相关的地震、台风逃生及避险知识,提高和加强中小学生面对自然灾害时的逃生避险技巧及意识。

例如,全国最大、要素最全的军界·秦皇岛军事科学教育 VR 基地(图 4-21),是以"两弹一星+海陆空天电+军民融合+城市地标"为主题的大型国防教育、科普教育和爱国主义教育互动体验馆。在这里,不上太空,就可进入"天宫"赏月;不下海底,亦可跟随"蛟龙"探海。中小学生可体验辽宁号上的舰载机指挥、4D 蛟龙影院、VR 腾空等多个惊险刺激的项目,感受中国国防力量,领略科技强军之梦,增强爱国意识、深化家国情怀。

图4-21   军界·秦皇岛军事科学教育VR基地

知识链接4-8

甘肃金昌打造火星1号基地   激发对未来的探索和想象

火星1号基地位于甘肃省金昌市中国河西走廊东段,由中国航天员科研训练中心和中国航天科技国际交流中心指导建设。这里戈壁地貌、红色岩体等地形地貌及自然条件与火星类似,是"太空C计划"(中国青少年航天科普计划)的重要组成部分。火星1号基地已获批成为甘肃省级科普教育基地、全国中小学生科普教育基地。

暑期是研学旅行高峰,火星1号基地打造沉浸式火星主题体验空间,激发广大游客尤其是青少年对未来的探索和想象。

1.航天旅游升温

随着"祝融号"成功登陆火星以及首颗太阳探测科学技术试验卫星"羲和号"的发射等一系列中国航天重大事件,国内掀起了一股航天热潮,与之相关的航天主题旅游热度也不断攀升,成为游客的新选择。

根据穷游网联合金昌火星1号基地共同发布的《会玩的中国人:玩转航天旅游》报告,94.4%的用户表示对航天旅游感兴趣,但真正体验过航天旅游的用户只有15.6%,年轻群体是这一新兴玩法的先行者,"90后"及"00后"占比分别为41.2%和21.7%。国内十大航天旅游景点,包括文昌航天发射场、酒泉卫星发射中心、西昌卫星发射中心等。

2.面向未来的全景体验

针对青少年研学,火星1号基地主打"火星未来生存力"主题。将自然、物理、化学、生物课程中的关于太空和火星的知识点融入研学课程,通过"小小航天员培训课程"体系,以航天员训练体系为依托模拟地外生存环境,增强学习的体验感。中国首批航天员兼航天员教员李庆龙是火星1号基地模拟航天员训练首席教官,他认为,"火星研学体验,要让青少年了解航天员这个群体并不神秘,他们是一群经过刻苦训练的普通人。这也可以增强青少年对我国航天成就的自豪感和获得感"。

（资料来源:曹燕,《中国旅游报》,2022-07-12）

⛵ 项目小结

对研学旅行资源进行全面的认知、分析、评价,以精准挖掘其研学价值,是从事研学旅行服务的基础性工作。这是一项运用多学科知识,有目的、系统地收集、记录、整理、分析和总结评价研学旅行资源及其相关因素的信息与资料,以确定研学旅行资源的教育价值并为课程研发提供客观决策依据的活动。其目的在于全面系统地掌握研学旅行资源的类型、数量、质量、分布、组合状况和价值等,为合理利用资源打下基础。

⛵ 拓展资源

苏德辰等,《丹霞山青少年研学手册》,地质出版社,2024年。

⛵ 微语录

人的心灵深处,总是有一种把自己当作发现者、研究者、探索者的固有需要,这种需要在孩子的精神世界中尤为重要。

——苏霍姆林斯基(苏联著名教育实践家和教育理论家)

⛵ 课后练习

理论思考

1.策划研学旅行时,应如何平衡好经济效益和环境保护? 请举出三个策略,说明它们在不损害自然环境的前提下,怎样创造经济价值和社会效益。

2.如何利用研学的机会,培养学生对生物多样性、气候变化等全球性问题的认识和责任感? 设计一项活动,让学生亲身体验并反思这些议题,同时提出至少两种方法,鼓励学生在日常生活中采取行动。

实操训练

1.请为你所生活居住的城市设计研学课程,要求将该城市的非物质文化遗产融入

常山永辉生态农场中小学生研学基地简介

躬耕常山下 劳动在乡间——农耕主题研学方案(小学版)

在线答题

研学旅行中。提出至少三种具体的活动或体验设计,既能展现当地的文化特色,又能增强学生的参与感和学习兴趣。

2.面对数字化时代的挑战,你将如何利用 AR、VR 或其他数字技术,使传统景点焕发新生,提供前所未有的学习体验?请描述一个具体的应用场景,并解释其教育价值。

项目五
明确研学旅行的介体职责:定位与管理

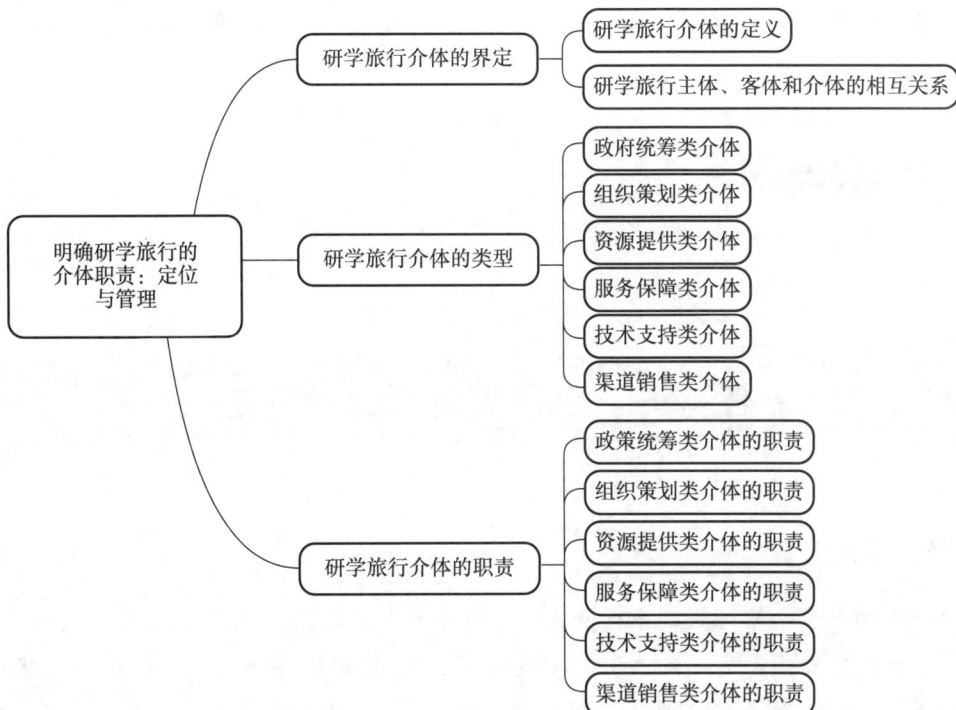

学习目标

1. 了解研学旅行介体的定义,熟悉研学旅行介体的主要类型,重点掌握资源提供类介体、服务保障类介体的具体职责。

2. 能说出研学旅行主体、客体和介体的相互关系,能正确理解并区分不同类型的研学旅行介体,能描述各研学旅行介体职责的区别与联系。

3. 培养学生的社会责任感,对研学旅行服务质量和学生安全负责;发扬团队合作精神,倡导研学旅行介体相互协作,共同完成研学旅行目标;锻炼灵活应变能力,能快速适应不断变化的研学市场需求。

知识导图

- 研学旅行介体的界定
  - 研学旅行介体的定义
  - 研学旅行主体、客体和介体的相互关系

明确研学旅行的介体职责:定位与管理

- 研学旅行介体的类型
  - 政府统筹类介体
  - 组织策划类介体
  - 资源提供类介体
  - 服务保障类介体
  - 技术支持类介体
  - 渠道销售类介体

- 研学旅行介体的职责
  - 政策统筹类介体的职责
  - 组织策划类介体的职责
  - 资源提供类介体的职责
  - 服务保障类介体的职责
  - 技术支持类介体的职责
  - 渠道销售类介体的职责

情境导入

研学旅行企业知多少

企查查数据显示,2022年前5个月,我国新增研学旅行相关企业179家。2023年前5个月,我国新增研学旅行相关企业322家,同比增加79.89%。

对这些公开资料进行梳理发现,世纪明德、中凯国际、宝贝走天下等是主打研学旅行的机构或品牌,另有启行营地教育、夏山营地教育等专注于营地研学的公司,而中青旅、锦江旅游、凯撒旅游、携程等均在销售研学相关产品。新东方成立"新东方国际游学"品牌,推出国际游学、国内研学、营地教育三种线路活动。在这些机构和企业背后,也有不少资本运作。世纪明德为新三板挂牌企业,天眼查数据显示,其主要股东为上海科慧创业投资有限公司,是携程投资成员,占总股本比例27.81%。上海鸥翎铂卉投资中心(有限合伙)占总股本比例27.81%,北京花样年华教育咨询中心(有限合伙)占总股本比例6.58%。2014年,世纪明德获携程A轮投资数千万元,2015年世纪明德获鸥翎投资B轮投资。2018年,世纪明德完成了定向增发,交易金额3727.53万元。中凯国际也是新三板挂牌企业,天眼查显示,其于2017年完成第二次定向增发,交易金额750万元,投资方为中海软银投资管理有限公司。上海夏山教育科技有限公司于2017年获Pre-A轮融资900万元,投资方包括元迅投资、联科创盈、华人文化集团、懒熊体育。杭州遥指科技有限公司(宝贝走天下隶属公司)于2014年完成天使轮融资,交易金额500万元,投资方为觉资投资、嗷澜投资;2016年获A轮融资,交易金额1200万元,投资方为皇氏集团;2017年完成B轮投资,投资方为华盖资本和丰厚资本,交易金额2000万元。

(资料来源:第一财经,2023-07-24)

问题引导

什么是研学旅行介体?

任务一　研学旅行介体的界定

任务导入

中小学生研学旅行是以旅行为载体的校外教育活动,它不仅是教育部门的任务,也是全社会的责任。研学旅行活动的特点决定了政府部门、学校、中小学生、研学旅行目的地,以及提供研学旅行服务的旅游企业都是研学旅行的结构要素。厘清研学旅行的主体、客体和介体对于确保研学旅行活动的有效性、安全性和教育性至关重要。

任务重点

研学旅行介体的定义。

任务难点

研学旅行介体与主体、客体之间的相互关系。

任务实施

研学旅行是一种教育活动，它结合了研究性学习和旅行体验，旨在通过实践活动促进学生的全面发展。在研学旅行中，主体、客体和介体是三个关键要素，它们之间的关系构成了研学旅行的基本框架。主体产生研学旅行需求，客体是研学旅行对象，而介体则是连接主体与客体的纽带。明确研学旅行的主体、客体和介体，有助于构建一个更加清晰、高效和专业的研学旅行体系，实现教育目标，提升学生素质，并推动行业的健康发展。那么，研学旅行的介体应该如何界定呢？

一、研学旅行介体的定义

研学旅行介体是连接研学旅行主体和研学旅行客体的桥梁，负责政策保障、策划组织、实施监督研学旅行的全过程，是指对研学旅行进行统筹管理的政府各部门和提供服务的研学相关产业。研学旅行介体通常包括政府部门、研学旅行机构、教育机构、旅游公司等相关组织。例如，研学旅行服务机构负责选择适合学生的研学目的地和内容，设计合理的研学项目和课程，将研学主体（中小学生）和研学客体（研学资源）紧密联系起来，安排专业的领队和教师，提供必要的安全保障和后勤支持，确保研学旅行的顺利进行，促进学生的实践学习和健康成长。

二、研学旅行主体、客体和介体的相互关系

研学旅行主体、客体和介体之间存在着相互依存、相互促进的关系，三者共同构成研学旅行的完整体系和框架，如图5-1所示。在研学旅行介体这一媒介的保障支持下，中小学生主动研究和体验感知研学资源（通常以课程体现）；研学资源被中小学生认识体验和考察探究。研学旅行介体把研学旅行主体和研学旅行客体联系在一起，为研学旅行提供政府统筹支持和产业服务保障，是实施研学旅行活动的条件和手段，使研学旅行活动得以顺利开展。

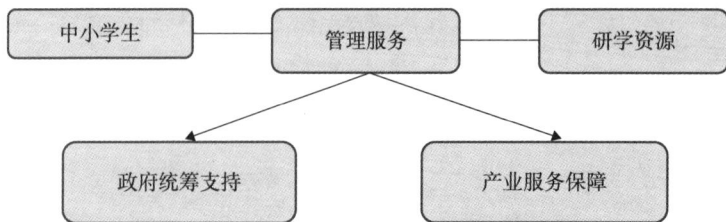

图5-1 研学旅行主体、客体和介体的相互关系

知识链接5-1

研学旅行,管理办法来了

为进一步规范研学旅行服务企业(机构)的管理,促进研学旅行行业安全有序发展,黑龙江省印发《黑龙江省研学旅行服务企业(机构)管理办法(试行)》(以下简称《办法》)。

根据《办法》,县级以上文化和旅游行政部门会同教育等相关部门,依法负责本行政区域内研学旅行服务企业(机构)的管理工作。新申报研学旅行服务企业(机构)需参加遴选,并经过专家评审,具体包括材料复核、实地考察、陈述答辩、综合评审环节,公示后方可从事经营。省级研学旅行服务企业(机构)遴选原则上每两年组织开展一次,有效期为两年,有效期满后组织进行复核。

根据《办法》,研学旅行服务企业(机构)不得委托或接受未进入研学旅行服务企业(机构)名录的企业(机构)委托开展中小学生研学旅行业务,不得以出租出借方式开展中小学生研学旅行业务。同时鼓励聘请离退休老干部、老军人、科学家、大国工匠、非遗传承人等群体参与研学旅行,为青少年学生讲述历史,传播先进文化,加强学生思想教育,提高综合素质,弘扬正能量。研学旅行服务企业(机构)应按照相关行业标准提供服务,组织研学旅行的团队每一团组原则上不超过50人,组内须配备1名研学旅行指导师、1名安全员、1名带队教师及医护人员。

《办法》要求,不能满足研学需要等情形之一的,将给予黄牌警示,责令限期整改,整改合格后方可恢复经营:运行不规范,有效投诉超过3例或满意度低于90%但高于85%;未受重大公共卫生事件、自然灾害等不可抗力影响,一年内组织研学活动的中小学生数量少于500人次;线路和课程不规范,不能满足研学需要等。存在下列情形之一的,予以退出,2年内不得再次申报:落实安全生产措施不力,引发生产安全事故,造成不良社会影响或重大服务质量投诉;有效投诉超过5例或满意度低于85%的或被行政部门、行业协会公布投诉量排名等负面名单;擅自提高收费标准等。

(资料来源:节永志,《哈尔滨日报》,2024-05-17,有改动)

任务二　研学旅行介体的类型

任务导入

研学旅行作为课堂教育的有机组成和重要延伸，是政策主导推动下产生的一个朝阳产业，由于国家政策背景的存在，具有准公共产品的性质。它不会是完全市场化的行业，也不会单纯依靠市场进行运营。因此，研学旅行介体体现出了明显的政府主导特点，具体表现在既有政府政策引导下的统筹支持，也有整个产业的服务保障。各相关方协同合作，各司其职，才能共同推动研学旅行行业的高质量发展，最大限度地实现研学旅行的社会效益和教育价值。

任务重点

研学旅行介体的基本类型。

任务难点

正确理解并区分不同类型的研学旅行介体。

任务实施

研学旅行介体的类型繁多，它们在研学旅行活动中发挥着不同的作用，提供多样化的服务。根据在研学旅行中所扮演的角色和功能，可以将研学旅行介体大致分为政策统筹类、组织策划类、资源提供类、服务保障类、技术支持类、渠道销售类六大类。

一、政府统筹类介体

政府统筹保障类介体主要是指各级政府部门，它们在研学旅行中起到政策引导、规范制定、资源协调和安全监管的作用。

（一）教育行政部门

教育行政部门是研学旅行的主要牵头部门和监管部门，负责制定研学旅行的相关政策、指导文件和课程标准，将研学旅行纳入教育计划，监督和评估研学旅行的实施情况，协调学校和教育机构参与研学旅行活动，并提供相关的教育指导和支持。

（二）发展和改革委员会

发展和改革委员会（简称发改委）参与制定和协调研学旅行相关政策，确保政策的

Note

实施与国家教育和旅游发展规划相一致。通过国家和地方的发展规划,发改委有助于优化研学旅行基地的布局,推动资源整合,提高研学旅行资源的使用效率。对于公益性强、示范性好的研学旅行项目,发改委可以通过各种基金和预算对其给予资金支持。

(三)公安部门

公安部门负责对研学旅行的安全工作进行指导和监督,确保活动组织者遵守相关的安全法规和标准,预防各类安全事故的发生;参与研学旅行的风险评估和控制,与教育、文旅等部门共同建立安全责任落实和事故处理机制;配合教育部门和研学机构开展法治教育,提高学生自我保护意识和法律常识。

(四)财政部门

财政部门负责提供必要的经费支持,确保研学旅行活动顺利进行;确保研学旅行的经费使用合理、透明,并对资金的使用情况进行监管,防止滥用和浪费;参与制定涉及研学旅行的财政政策和资金管理办法,为研学旅行提供长期稳定的财政支持;参与制定或协同其他部门制定有关研学旅行的财政政策,比如税收优惠措施、经费分担机制等,以激发市场活力,减轻学生家庭及学校的经济负担。

(五)交通运输部门

交通运输部门负责监督和检查参与研学旅行的交通工具,包括客车、校车、船舶等,确保它们符合安全标准,驾驶员具备合法资质,为学生提供重要的交通保障和安全支持;依法查处可能存在的交通违法行为,确保学生在旅途中的安全;负责执行儿童票价优惠政策,为研学旅行的学生提供交通费用上的减免。

(六)文化和旅游部门

文化和旅游部门协调文化、历史、科技等资源,开发与地域特色相符合的研学旅行产品,打造研学旅行精品线路;对提供研学旅行服务的旅行社和基地进行监管,确保服务标准和准入条件得到满足,维护市场秩序;与教育、公安、交通等部门合作,确保研学旅行中的住宿、餐饮和交通等方面的安全。

(七)食品药品监督管理部门

食品药品监督管理部门要加强对研学旅行涉及的餐饮服务单位,包括学校食堂、餐厅、酒店等公共经营场所的食品安全监督和检查,确保食品来源可追溯、加工过程符合卫生标准,确保学生在研学旅行期间的饮食安全;对研学旅行涉及的公共经营场所进行安全监督检查,确保符合相关安全标准和要求。

(八)市场监督管理部门

市场监督管理部门监督管理研学旅行市场的秩序,防止不正当竞争和市场垄断行为,确保市场的公平竞争;负责对研学旅行服务提供机构进行注册登记管理,确保其合法运营;检查相关机构是否具备相应的营业许可和接待资质,取缔无证无照经营;监督研学旅行产品的定价,查处价格欺诈、乱收费等违法行为,确保价格公开透明,维护市场价格秩序。

（九）卫生健康委员会

卫生健康委员提供健康教育资料和指导,增强学生和教师的健康意识,包括个人卫生习惯、常见疾病预防、急救知识等,确保学生在研学旅行期间的健康安全。同时,确保研学旅行中有适当的医疗保障措施,包括紧急医疗救助和必要的医疗设施。此外,对研学旅行涉及的住宿、餐饮等场所进行卫生监督和检查,保障学生的饮食安全和住宿卫生。

（十）保监部门

保监部门应制定相关政策,鼓励和引导保险公司开发适合研学旅行特点的保险产品,比如学生意外伤害保险等,以满足市场需求,保护学生、学校及研学旅行机构的权益;监督管理保险公司提供的相关保险产品和服务质量,确保保险产品合法合规,保护学生和家长的权益;联合教育部门和学校,加强学生和家长的保险意识教育,提高他们对研学旅行中潜在风险的认识和防范能力。

（十一）应急部门

应急部门负责指导和审核研学旅行的应急预案,确保在遇到突发事件时,能够迅速有效地进行处置;对参与研学旅行活动的工作人员进行安全教育和培训,提高他们的安全管理意识和应急处置能力;对研学旅行的路线、活动场所进行安全风险评估,提出改进措施,预防和控制安全风险;发生研学旅行安全事故时,负责协调救援工作,组织事故调查,并妥善处理事故后果。

（十二）共青团

共青团可以发挥组织协调作用,联合教育、文旅等部门共同推进研学旅行的实施;负责引导和组织青少年参与研学旅行活动,确保活动符合青少年的成长需求和教育目标;鼓励和组织共青团员作为志愿者参与研学旅行服务,提供现场指导和帮助;通过研学旅行活动,加强青少年的思想道德建设和文化素质教育,培养他们的社会责任感和集体荣誉感。

二、组织策划类介体

当前,由于我国缺乏对研学旅行业务市场主体资质的政策规定,因此市场上从事组织策划类的研学旅行介体数量众多且范围较广,主要包括旅行社、研学机构、教育培训机构、出版发行单位四类企业,其中旅行社、研学机构所占比重较大。

（一）旅行社

作为研学旅行市场的主要承办方,旅行社在研学旅行方面扮演着重要的角色。它们通常具有丰富的旅游资源、专业知识和经验,能为学校或家长提供一站式的研学旅行服务,包括行程规划、餐饮住宿、交通组织等;能够为学生定制专属的研学旅行线路,提供全面的行程安排和服务保障。据媒体报道,2023年以来,岭南控股旗下广之旅上半年接待的研学人数规模较2019年同期超2倍。在研学旅行等旅游市场火爆带动下,上半年旅游类上市公司业绩翻红,中青旅、曲江文旅收入增长均超过45%,并扭亏为盈[①]。

（二）研学机构

研学机构是专门从事研学旅行业务的公司,集课程设计、资源统筹、安全管理于一体,为学校和学生提供一站式服务。它们通常拥有专业的团队、丰富的研学资源和带队经验,能够根据学生的需求和兴趣,针对不同年龄段的学生设计合适的研学路线和活动内容,为他们量身定制研学方案,提供个性化的研学服务。

研学机构专门从事研学教育,其主要业务是为学生提供各种研学课程和活动,以帮助他们更好地了解自然、社会和人文等方面的知识,提高他们的综合素质和实践能力。另外,研学机构还会与各类教育机构、景区、博物馆等合作,为学生提供更广阔的学习平台和更丰富的学习体验。

（三）教育培训机构

随着"双减"政策的实施,传统学科类校外培训受限,研学旅行作为非学科类活动,成为教育培训机构转型的重要方向。教育培训机构介入研学旅行行业,可以凭借其专业的教育资源和教学经验,为研学活动提供更为丰富和专业的内容,确保活动的教育性和趣味性,同时也要注重服务的质量和安全性。

教育培训机构通常专注于特定领域的教育培训,如语言学习、科学探索等。它们可以自行组织研学活动,也可以与旅行社合作,根据自身的教育理念和特色,为学生设计独特的研学旅行方案和有针对性的研学旅行项目,进行教育内容的设计和学术指导,将学习与旅行相结合,帮助学生在轻松愉快的实践体验中学习和成长。

（四）出版发行单位

出版发行单位也是提供策划组织类研学旅行服务的主力军。它们具有丰富的文化传媒资源和专业的策划能力,开展研学旅行服务,实际上是将其传统的出版发行业

---

① 王峰.起底研学旅行产业链:最高20倍营收增长,季节性、同质化短板凸显[EB/OL].21世纪经济报道,2023-09-01.

务与现代教育实践相结合的一种创新尝试。这种结合不仅为出版发行单位带来了新的业务增长点，同时也为学生提供具有教育意义和趣味性的研学旅行体验。

一些省级出版集团，凭借其在教材发行方面的优势，拥有广泛的学校渠道，承接了大量研学旅行业务。例如，山东新华书店集团有限公司成立了专门的研学旅行公司，截至2023年6月底，出行人数近120万人次，累计研学收入4.49亿元。皖新传媒2023年半年报显示，"皖新号"研学专列重启，上半年已服务学校113所、师生3.98万人次，实现销售收入1360万元[1]。

三、资源提供类介体

（一）研学基地

研学基地通常指的是各地各行业现有的，具备研学课程、研学导师及接待条件，适合中小学生前往开展研究性学习和实践活动的优质资源单位。研学基地可以是文物保护单位、博物馆、科技馆、生态保护区、自然景区等，它们能够结合自身资源特点，设计开发适合不同学段学生的研学实践课程。这些研学实践课程实战性强、内容丰富多样、互动性和体验性好，帮助学生更好地理解所学的知识和技能，提高其实践能力，进一步拓宽学生视野。同时，研学基地还注重培养学生的跨学科融合能力，满足其个性化教育需求，强化他们的社会责任感。

研学基地通常不直接提供住宿和长时间的生活服务，而是侧重提供专业的教学内容、科研设施和学习用具，适合开展短期的、专题性的学习访问和研究活动。

知识链接5-2

贵州鹰极安全科普研学基地获评全国研学旅行基地

2023年6月5日，贵州鹰极安全科普研学基地通过全国研学旅行基地认定委员会专家组验收授牌，获评全国研学旅行基地。

据了解，贵州鹰极安全科普研学基地创办于2012年，位于贵州省龙里县，是一所以安全教育科普研学为主营工作的专业机构，是由中国地震局授牌的贵州唯一一个国家级的防震减灾科普安全教育基地。营地创始人宁华是贵州公益救援队鹰极红十字救援队队长，十多年来先后深入汶川地震、西藏多雄拉雪山搜救失联学生、玉树地震、山体滑坡等各种大型自然灾害核心区实施救援任务数十次。

该基地配备了多种先进的灾害模拟设施，包括户外实体声光电一体化的模拟逃生动车与地铁、模拟安全逃生飞机、模拟电梯逃生设备、公交车逃生装置、地震斜楼、震波震感模拟器以及泥石流VR逃生体验等。这些设施结合了声、光、电及真实触感，为学生提供沉浸式的灾害模拟环境。基地还配套有相应的安全逃生教学课程,旨在通过模拟教学,让学员掌握在各类灾害下的自护逃生、自救互救安全知识与技能。基地能同时接纳800个营位、1000名学生开展各类青少年科普安全教育、研学实践教育、防灾减灾培训、自护自救训练及户外营地教育等各类教育培训活动。

据悉,贵州鹰极安全科普研学基地自创建以来,已累计开展60万人次的青少年安全教育培训。通过安全研学活动,"小手拉大手",教会一个孩子,进而影响一个家庭,最终带动整个社会提升安全意识。

"获评全国研学旅行基地(营地)是专家组对我们的肯定和鼓励,更有助于鹰极安全教育研学面向全国开展青少年开展安全普及教育培训,通过安全研学,教会一个孩子、带动一个家庭、影响整个社会。"宁华说。

（资料来源：唐糖,金台资讯,2023-06-15）

（二）研学营地

研学营地主要指具有承担一定规模中小学生研学实践教育的活动组织、课程和线路研发、集中接待、协调服务等功能的单位。研学营地能够为中小学生开展研学实践活动提供集中食宿和交通等服务,通常包括公益性青少年校外活动场所、综合实践基地。

研学营地是一种更加综合性的学习与体验场所,能够接待学生进行较长时间的集中学习和生活。研学营地通常占地面积较大,拥有室内室外实践教学、运动体验场馆,以及各种教学和活动设施。它们设计有完整的课程体系,师资配比合理,能够满足学生在食宿、学习、实践、运动等多方面的需求,强调的是综合性的学习体验和实践操作,适合开展较为长期的、封闭式的研学实践活动。

（三）其他研学资源提供方

除了研学基地和研学营地,研学旅行还可以利用多种其他研学资源来丰富学生的学习体验。以下是一些常见的研学资源。

（1）文物保护单位:如历史古迹、古建筑等,可以让学生了解国家的历史和文化。

（2）博物馆和展览馆:提供丰富的历史、艺术、科学等展览,增强学生的文化素养和知识面。

（3）科技馆:通过互动展品和科学实验,激发学生的科学兴趣和探索精神。

（4）自然景区:如国家公园、自然保护区等,让学生亲近自然,学习生态保护和环境科学知识。

（5）农业基地:体验农耕文化,使学生了解农业生产过程,增强对食品安全和农业科学的认识。

（6）工业企业：参观工厂生产线，使学生了解工业生产流程和企业管理。

（7）红色教育基地：参观革命历史博物馆、历史纪念馆等，对学生进行爱国主义教育。

（8）文化艺术中心：参与艺术创作和表演，有助于提高学生的艺术修养和审美能力。

（9）体育设施：如体育场馆、户外营地等，学生能进行体育活动和团队建设。

（10）图书馆和档案馆：查阅资料，学生能进行学术研究和文献阅读。

（11）社区和乡村：使学生了解社区服务和乡村发展，参与社会实践活动。

（12）科研院所：学生能与科研人员交流，参与科研项目，体验科研过程。

（13）高校：参观大学校园，使学生了解高等教育体系和学术研究环境。

（14）名人故居：学生能了解历史名人的生平和贡献，学习其精神品质。

（15）交通设施：如铁路博物馆、航空博物馆等，使学生了解交通发展史。

这些资源可以根据不同的主题和学习目标进行整合和规划，设计成丰富的研学旅行的课程和活动，为学生提供多元化的学习机会。

四、服务保障类介体

（一）交通服务保障

研学旅行的交通服务保障是确保活动安全、顺利进行的关键环节之一。交通服务包括提供安全舒适的交通工具和规划科学合理的交通路线等，严格落实研学旅行的交通安排，提供安全便捷的交通服务，确保学生安全顺利地到达目的地和平安返回出发地。交通服务还包括确保交通工具符合安全标准、驾驶员具备相应的资质和经验，为学生提供安全可靠的出行条件。

交通服务保障是研学旅行不可或缺的一部分，它不仅关系到学生的安全和舒适度，也影响着研学旅行的顺利进行和学习效果。做好交通服务保障工作，可以有效降低研学旅行中的交通风险，保障学生的人身安全，让家长、学校放心，同时也提升了研学旅行的整体服务质量。

（二）住宿和餐饮保障

研学旅行中的住宿和餐饮服务是整个活动的重要组成部分，它们直接关系到学生的生活质量和研学体验。住宿服务应以安全、卫生和舒适为基本要求，为学生提供良好的住宿环境，要提前对住宿地进行实地考察，确保有健全的公共信息导向标识和安全逃生通道。餐饮服务提供方应以食品卫生安全为前提，提供营养均衡、口味多样的餐饮服务，满足学生的口味需求，并提前制定就餐座次表，组织学生有序进餐。

在研学旅行中，住宿餐饮服务的提供方应与学生、教师和家长保持密切沟通，了解他们的需求和意见，并及时进行改进。通过提供优质的住宿餐饮服务，确保学生在研学旅行中获得良好的体验,促进他们的身心健康和全面发展。

(三)医疗保障

研学旅行中的医疗保障服务是确保学生在旅行期间得到及时、有效医疗照顾的重要环节。随团应配备常用的急救药品和医疗设备,以应对突发的轻微疾病或创伤。根据团队规模和活动性质,配备专业医护人员或与当地医疗机构合作,确保有专业人员随团或能在紧急情况下迅速到达,为可能出现的健康问题提供及时的救治和处理。此外,医疗保障服务还应建立清晰的紧急联络流程,包括与最近医院、急救中心的联系信息,以确保一旦发生紧急医疗事件,能够迅速启动救援。

研学旅行的医疗保障服务是确保学生身体健康和安全的重要保障。通过配备专业的医疗人员、携带足够的药品和急救设备、加强健康监测和评估、采取有效的疾病预防和控制措施、提供紧急救援服务,以及加强健康教育和宣传等措施,为学生提供全面的医疗保障服务,确保研学旅行的顺利进行。

(四)保险公司

保险公司为研学旅行提供的服务主要集中在风险管理与意外保障方面。保险公司为研学旅行的参与者(包括学生、教师和相关工作人员)提供专门的保险产品,如意外伤害保险、急性病医疗保险等,确保在旅行期间发生的意外或疾病能得到及时的经济补偿。根据研学旅行的特点和需求,保险公司可以定制个性化的保险方案,包括保障范围、保额、保险期限等,以满足不同研学活动的特定需求。保险公司通过专业的风险评估,帮助学校和组织者识别和预防潜在的风险,提供风险管理建议。

保险公司在研学旅行中扮演着重要的角色,为研学旅行提供了一道重要的安全网。它们通过提供全面的保障服务,为学生和带队老师降低风险,减轻了学校、家长及学生因意外风险带来的经济和心理负担,保障研学活动的安全顺利进行。

五、技术支持类介体

研学旅行的技术支持旨在利用现代信息技术提升研学活动的组织效率、安全保障、学习效果和参与体验,主要涵盖以下几个方面。

(一)信息管理系统

开发或采用研学旅行专用的信息管理系统,实现报名管理、行程规划、资源调配、财务管理等全过程的信息化管理,提高工作效率,减少人为错误。

(二)移动应用平台

构建研学旅行专属的移动应用程序或小程序,提供行程介绍、日程提醒、位置共享、即时通信、意见反馈等功能,方便师生家长实时互动,增强透明度和便捷性。

（三）智能硬件辅助

利用智能手环、GPS定位器等智能穿戴设备，实现学生位置实时监控，确保学生安全；使用智能温湿度计、空气质量监测仪等，保障学生住宿和活动环境的健康安全。

（四）在线学习资源

整合线上教育资源，如VR/AR虚拟体验、数字博物馆、在线课程、互动问答等，丰富研学内容，使学生在行前、行中、行后都能持续学习，加深理解和记忆。

（五）数据分析与评估

运用大数据分析技术，收集并分析学生参与度、学习成效、满意度等数据，为后续活动优化、课程改进提供依据，实现精准教学和个性化服务。

（六）云直播与远程互动

通过云直播技术，让未能亲临现场的学生也能参与到重要讲座、实地考察等活动中，增强参与感和学习效果。同时，支持远程专家连线，实现即时互动教学。

（七）AI智能助手

引入人工智能技术，如语音助手、自动翻译等，帮助解决语言障碍，提供即时信息查询，提升研学过程中的智能化服务水平。

（八）安全预警系统

结合天气预报、地质灾害预警等数据，建立安全预警机制，及时通知活动组织方调整行程，规避潜在风险。

通过这些技术支持，研学旅行不仅变得更加安全、高效，也极大地丰富了学习内容和形式，促进了教育与技术的深度融合，为学生创造了更加丰富、互动、个性化的研学体验。

六、渠道销售类介体

研学旅行的渠道销售商是指在研学旅行产业链中，专门负责推广和销售研学旅行产品的中介机构或企业。研学旅行销售商大致可以分为以下几类，各自在市场中扮演着不同的角色，服务于研学旅行的不同需求。

（一）传统旅行社

许多传统旅行社开始涉足研学旅行市场，利用其在旅游行业的经验和资源，开发有针对性的研学产品，包括线路规划、交通安排、住宿预订等，并利用其广泛的销售渠道进行推广和销售。

（二）在线教育平台与旅游电商平台

随着互联网技术的发展,一些在线教育平台和旅游电商平台也开始涉足研学旅行市场,通过线上平台聚合研学资源,提供产品展示、在线预订、用户评价等功能,利用大数据分析来精准匹配用户需求。

（三）学校或教育集团下属机构

部分学校或大型教育集团内部设有专门的部门或子公司,负责组织本校或集团内学校的研学旅行活动,这类销售商的优势在于对教育需求的深刻理解,以及与学校间的紧密联系。

（四）地方文旅局或教育局合作平台

一些地方文旅局或教育局也会搭建平台或指定合作单位,整合当地资源,推广本地研学产品,这类平台往往带有官方背景,信誉度较高,能够提供政策支持和资源对接。

（五）非营利组织与行业协会

一些非营利组织或行业协会也会参与到研学旅行的推广和销售中,它们可能更多地聚焦于特定的主题或公益项目,如环保教育、文化交流等,通过组织特定的研学活动来推动社会教育发展。

不同类型的研学旅行销售商在经营方式、服务内容、价格策略等方面可能存在差异。每一类销售商都有其独特优势和侧重点,学校和家长可以根据自身需求选择最合适的服务提供商,以确保研学旅行的质量和效果。

任务三　研学旅行介体的职责

任务导入

研学旅行介体作为连接研学旅行主体和客体的重要桥梁,其职责重大且复杂。研学旅行介体不仅需要精心策划、组织研学旅行项目,确保活动的教育性和趣味性,还要全面考虑学生的安全与健康,确保整个行程的顺利进行。此外,它们还需与学校、学生和家长保持密切沟通,及时收集反馈,不断优化服务内容和质量。

🍷 任务重点

研学旅行介体的职责要点。

🍷 任务难点

理解各研学旅行介体职责的区别与联系。

🍷 任务实施

当下，随着研学旅行的普及和市场的扩大，一些研学旅行介体存在服务质量参差不齐、缺乏完善的责任机制、产品专业性和创新性不足等问题，甚至存在安全隐患。这些问题影响了学生的研学体验和研学旅行市场的健康发展。研学旅行介体需紧跟行业趋势，满足个性化研学等市场需求，履职尽责，不断提升服务质量和专业水平。同时，加强行业自律，确保研学活动的安全性和规范性，为学生提供更加优质、安全的研学体验，推动研学旅行市场的健康规范发展。

一、政策统筹类介体的职责

（一）政策制定与引导

政府需要制定一系列促进研学旅行发展的政策措施，明确研学旅行的目标、原则、要求和标准，为研学旅行的开展提供政策保障，确保研学旅行活动的教育价值得到充分发挥。同时，政府还需要通过政策引导，鼓励学校、企业、社会组织等各方积极参与研学旅行活动；通过各种渠道宣传研学旅行的益处，提高公众对这一教育形式的认识和支持，营造有利于研学旅行发展的社会环境，从而形成合力推动研学旅行的发展。

（二）部门协调与合作

研学旅行涉及多个领域，包括教育、文旅、交通等多个部门，因此学校、企业、社会组织等各方的参与配合，更加需要政府部门之间进行有效的协调支持。政府的角色是确保不同部门之间能够形成协同合作的机制，能够协调各方资源，实现资源的优化配置，形成合力，为研学旅行提供全方位的支持和保障，共同推动研学旅行活动的顺利开展。这种跨部门的合作有助于打破行政壁垒，提高行政效率，确保研学旅行活动能够获得必要的资源和保障。

（三）资质审核与管理

政府需要对参与研学旅行服务的旅行社、研学基地营地、研学旅行指导师等各类机构和个人进行严格的资质审核，确保服务提供商具备合法资质，提供的研学旅行服务合法合规。此外，政府还需建立一套完善的监管体系，对服务提供商进行定期的评估,对研学旅行的实施过程进行监督,检查其是否具备提供高质量服务的能力,以确保研学旅行服务的质量始终保持在高标准水平范围内,保证各项规定和标准都能得到有效的执行。

(四)安全保障与监督

政府应倡导建立健全的安全保障体系和监管机制,制定明确的安全政策、标准和应急预案,确保所有服务提供商都遵守统一的安全规范。政府应要求研学旅行的组织者和服务提供商进行详尽的风险评估,并根据评估结果制定相应的安全风险识别、分析和控制等管理措施,确保研学旅行中可能出现的各种风险得到有效管理。政府相关部门需要定期对研学旅行实施中的交通工具、住宿设施、餐饮服务等进行安全监督和检查,要求其定期开展安全教育培训,确保研学旅行安全有序进行。

(五)经费资助与扶持

政府应通过设立专项资金,为研学旅行提供财政补助,尤其是对于经济困难的学生,确保他们能够参与研学旅行活动;提供交通、门票等方面的政策性补贴,降低研学旅行的成本,使得更多的学生能够参与其中;鼓励公益金和基金会等社会资本参与研学旅行,通过社会捐赠、公益性活动等形式支持研学旅行的开展;对示范性研学旅行基地的建设和维护提供资金支持,确保基地能够提供高质量的研学服务;探索建立政府、学校、社会、家庭共同承担的多元化经费筹措机制,确保研学旅行活动的经费来源多样化。

知识链接5-3

郑州市中小学生研学旅行工作领导小组及成员单位职责

市政府建立郑州市中小学生研学旅行工作领导小组,分管副市长为组长,分管副秘书长、市教育局局长、市文广旅局局长为副组长,其他局委主要领导为领导小组成员。领导小组下设办公室,办公室设在市教育局,办公室主任由市教育局局长兼任,市教育局和文广旅局分管副局长担任办公室副主任。办公室主要负责研学旅行日常工作,适时组织召开相关会议,协调解决相关问题,推进各项工作顺利开展。

领导小组成员单位职责如下。

1.郑州市教育局

负责加强与上级相关部门联系沟通,明确政策要求;制定相关落实文件,组织召开相关会议;安排部署工作任务,协调解决有关具体问题;将研学旅行纳入学校课程计划,列入督导项目,形成工作常态;组织开展相关督导检查,汇总情况、上报信息、定期通报;督促相关学校使用交通运输部门提供的合法客运企业的正规车辆。

2.郑州市发展和改革委员会

支持研学实践基地(营地)建设;指导研学实践基地(营地)、研学旅行承办机构合理确定收费标准。

3.郑州市公安局

协同教育行政部门进行研学旅行安全教育;加强对研学旅行住宿宾馆、酒店行业治安管理的指导,依法查处违法行为,积极为学生研学旅行安全提供保障和便利。

4.郑州市财政局

大力支持研学旅行工作,统筹学校生均公用经费、生均运转经费、教育收费等资金,做好研学旅行资金保障。

5.郑州市交通运输局

根据研学旅行工作需求,督促相关客运企业检查学生出行交通工具,严格执行旅游(包车)客运出行手续及班线客运儿童票价优惠政策,完善研学旅行基地周边的公路标志标识设施。

6.郑州市文化广电和旅游局

依法负责将研学旅行纳入常态业务管理,指导旅游相关单位开辟绿色通道,做好研学旅行服务、门票优惠、接待工作,确保行业诚信;协调文化类基地(营地)做好研学旅行服务;指导研学旅行的市内宣传推广;为研学旅行提供服务时,遵照《中华人民共和国旅游法》《研学旅行服务规范》(LB/T 054—2016)执行。

7.郑州市文物局

指导文物文博单位开放资源,增设研学旅行专业设施设备,积极开发研学实践课程,做好研学旅行服务。

8.郑州市卫生健康委员会

负责全市研学旅行过程中的卫生相关应急工作,组织指导疫病预防控制和各类突发事件的医疗卫生救援,做好研学旅行目的地医疗站点的督查工作,必要时应设立驻点医疗站点。

9.郑州市市场监督管理局

加强对郑州市研学旅行所涉及食品经营场所的食品安全监管。

10.郑州市应急管理局

指导各部门应对安全生产类、自然灾害类等突发事件工作。

11.中国共产主义青年团郑州市委员会

组织督促各级共青团组织将少先队、共青团活动与研学旅行有机结合起来,鼓励大学生参与研学旅行服务志愿者活动。

(资料来源:郑州市教育局官网,2023-07-05)

二、组织策划类介体的职责

（一）设计研学产品

设计符合教育目标的研学旅行产品，是组织策划类介体的重要职责之一。根据中小学生的年龄特点、学习需求和研学目标，旅行社、研学机构、教育培训机构和出版发行单位将教育目标与研学资源相结合，精心设计和策划一系列旨在提升学生综合素质和实践能力的研学产品，主要内容包括选择合适的研学地点、安排丰富的研学活动、制订详细的行程计划等。研学产品不仅注重教育价值，而且还兼顾安全性、互动性和趣味性，让学生在旅行中学习，在学习中旅行，为学生提供富有教育意义的旅行体验。此外，组织策划类介体还会依据教育部门的指导意见和研学需求，不断创新和优化研学产品，确保研学旅行的质量和效果。

（二）资源整合协调

资源整合协调主要是指通过特定的方式和机制，将研学旅行所需的各种资源进行整合和优化配置，以促使研学活动的顺利进行和高效完成。组织策划类介体要负责识别和评估适合研学旅行的各种资源，包括教育基地、文化遗址、科技馆、自然公园等，并评估这些资源的教育价值和安全性；与研学基地、研学营地、其他研学资源提供方、交通企业和住宿服务提供商等相关方建立稳固的合作关系，确保研学旅行的各个环节都能得到有效支持；通过专业的资源整合和协调，为学生创造一个连贯、系统的学习环境，让研学活动成为一种生动而有效的教育方式。

（三）开发研学课程

开发研学课程的具体内容包括：明确教育目标，确保课程内容与这些目标相一致；了解学生的年龄、兴趣、学科背景等，分析学生需求，以便为他们量身定制合适的研学课程；对研学旅行目的地的资源进行深入调研，为课程开发提供丰富的素材和灵感，使课程内容更加丰富多彩；根据教育目标和学生需求，合理设计包含教学主题、教学方法和教学内容的课程结构；根据课程结构，编写相应的教案、学生手册等课程材料；在课程实施过程中，进行定期的课程评估，以了解学生的学习情况和课程效果；在课程开发中考虑安全因素，制定详细的安全预案和紧急响应机制。

（四）组织研学活动

研学活动的组织实施通常分为行前、行中和行后三个阶段，每个阶段都有其特定的任务。在行前阶段，要组织行前说明会，向学生和家长提供活动信息，包括行程安排、安全须知等；对学生进行安全教育，说明交通、饮食、活动等方面的安全知识和注意事项，确保学生在活动中能够遵守安全规定，保障自身安全。在行中阶段，要按照研学方案，组织学生进行研学活动，随时应对可能出现的突发情况；严格执行安全预案，确保学生在活动中的人身安全和财产安全；在活动过程中，要做好参与情况、活动进展、发现的问题等情况记录。在行后阶段，要组织学生进行活动总结，对活动效果进行评估，将活动成果进行分享和展示。

（五）提供专业研学指导

作为研学旅行的专业策划和执行者，组织策划类介体要提供以下专业研学指导服务：为研学旅行配备专业的研学导师，他们不仅要有丰富的知识和经验，还要具备引导学生学习、探索和实践的能力；对研学导师进行严格的选拔和培训，确保他们具备专业的教育素质和服务能力；对研学导师进行管理和监督，确保他们能够履行好自己的职责；根据研学目标和内容，在研学过程中引导学生进行深入的思考和探究，帮助学生理解知识和掌握技能；关注学生的需求和反馈，及时调整研学方案，以便更好地满足学生的期望，确保学生的满意度。

（六）研学评估反馈

研学评估包括在研学旅行开始前，应对目标学生群体进行前期评估，了解学生的兴趣爱好、知识水平、学习能力；紧密结合学生的实际情况和研学目标，对课程设计进行评估，确保其科学性、合理性和有效性；在研学旅行过程中，对活动的实施过程进行评估，以便及时发现问题并进行调整；研学旅行结束后，对学生的研学成果进行评估，以便了解研学旅行的实际效果。研学反馈包括在研学旅行过程中，及时向学生、家长和学校反馈学生的表现和学习成果，以便他们了解学生的研学进展和效果；将所有的反馈结果进行整合和分析，以便了解研学旅行的整体效果和存在的问题，并为今后的研学旅行策划和组织提供参考。此外，根据评估结果和反馈意见，组织策划类介体还可针对存在的问题制定相应的改进措施，为今后的研学旅行策划和组织提供参考和改进方向。

（七）保障研学安全

保障研学安全是组织策划类介体的重要职责，主要内容包括：制定详尽的安全预案，包括紧急疏散、医疗急救等，以应对可能的突发情况；配置专业的研学导师和安全员，这些人员应具有交通安全意识和必要的交通常识，以确保学生安全；在行前对参与研学旅行的学生和教师进行安全教育，提高他们的安全意识和自我保护能力；对研学旅行中可能遇到的风险进行全面评估，并采取相应措施进行风险控制和管理；明确各方安全责任，与学校、家长签订安全责任书，确保责任到人；为参与研学旅行的学生投保意外险和责任险，确保在发生意外时有保险作为经济补偿；安排专业的车辆及司机，并确保住宿地点的安全，选择信誉良好、安全有保障的住宿设施，确保交通与住宿安全。

南宁市中小学生研学实践承办机构申报表

南宁市中小学生研学实践承办机构评分标准

Note

三、资源提供类介体的职责

（一）开发维护研学旅行资源

研学基地和研学营地应负责对潜在的研学资源进行调研和评估，开发具有教育价值的旅游资源，如历史遗迹、科技设施、自然景观等，并进行定期维护和管理，确保资源的教育性和安全性，以提供多样化的研学项目。其他研学资源提供方应开发和维护适合研学旅行的资源，如历史文化遗址、自然景观、科技馆、博物馆等，为学生提供丰富的学习体验。这些资源应能够满足学生的研学需求，帮助他们增长知识，提高实践能力。

（二）设计研学课程与项目

研学基地、研学营地和其他研学资源提供方应深入挖掘研学资源的特色与优势，结合学生的年龄特点、学习需求和兴趣，找准符合自身定位的研学目标和理念，设计理论学习、实践操作、文化交流、自然探索等多种类型的研学课程与项目。在设计研学课程与项目时，应注重学生的参与和体验，激发学生的主动性和创造力，让他们在参与和体验中学习成长。在课程与项目实施后，要及时进行评估和反馈，实施效果和质量，以便更好地加以改进和提高。

（三）配备专业的研学指导团队

研学基地和研学营地应配备专业知识和教育背景的研学导师、辅导员和安全员等专业导师团队，为学生提供专业的指导和教学服务。他们要具有丰富的教育教学经验和专业知识，能够根据学生的实际情况有效指导学生完成学习任务，引导学生探究和思考，确保学生能够在研学过程中获得良好的学习体验。其他研学资源提供方应配备专业讲解员或教育辅导员，为学生提供深入浅出的知识讲解，引导学生观察、思考和讨论，为学生提供专业的指导和支持，提升学习效果。

（四）提供研学设施和教学资源

研学基地需要提供适合进行研学活动的场地和各种设施，如教室、实验室、图书馆、宿舍、餐厅等，以满足学生的学习和生活需求；还要准备必要的教学材料、工具和设备，以支持研学活动的开展。研学营地应提供安全、舒适、整洁的住宿环境，确保学生在研学期间的休息和生活质量；提供营养均衡、口味多样的餐饮服务，满足学生的口味和需求，确保食品的卫生和安全；配备完善的教学设施，包括教室、实验室、艺术工作室等，以满足不同学科的教学需求。其他研学资源提供方需要配合学校、研学机构等研学活动的组织者，提供必要的支持和协助，确保研学活动的顺利进行。

（五）建立研学安全保障体系

不论是研学基地、研学营地，还是其他研学资源提供方，都应建立研学安全保障体系,制定完善的安全管理制度和应急预案,包括提供安全设施、加强安全监管、进行安全培训等,确保学生在研学过程中的安全。另外,还要注重创建安全的研学环境,确保提供的场所和设施符合安全标准,制定并执行针对研学团队的安全管理规定和措施,准备应急处理措施,对学生进行安全教育、管理学生的行为举止等,维护研学安全秩序,防止意外事故的发生。

（六）推动文化传承与推广

研学基地、研学营地和其他研学资源提供方应挖掘和利用当地文化、历史、自然资源等特色,将之融入研学课程中,设计富有创意和教育意义的课程与活动,让学生在参与中感受文化的魅力,增强学生的文化认同感和爱国情怀;利用自身资源中的文化或科学特色,开展文化传承和科普教育活动,开发本土文化特色的教学资源,包括方言、地方戏剧、传统技艺、科技创新等,以促进当地文化的传播和保护,增强学生对传统文化、科技创新的理解和兴趣。

（七）开展合作与交流

资源提供类研学旅行介体可以主动与学校、教育机构、旅行社、政府部门及其他研学场所建立合作关系,共同开发研学旅行市场;通过合作交流,实现研学资源的共享和优化配置,形成优势互补,提高资源利用效率,丰富研学教育内容;与合作伙伴联合研发课程内容,整合各方优势资源,形成标准化或特色化的课程体系,供更多学校和机构使用;推动不同地区间的研学基地、营地之间合作,共享优质教育资源和经验,联合开发跨地域的研学路线和项目,拓宽学生的视野和学习范围;建立交流平台,促进不同研学场所之间的信息交流和经验分享,提升行业整体水平。

四、服务保障类介体的职责

服务保障类介体在研学活动中各自承担着十分重要的任务,通过专业的服务和紧密的合作,共同构成了研学旅行的安全和服务保障网络,确保了研学旅行的顺利进行和学生的安全健康。以下分别从交通服务、住宿餐饮、医疗保障和保险公司四个角度说明各自的服务保障职责。

（一）交通服务介体的职责

（1）确保交通工具和司机合法合规;

（2）提供安全、准时的运输服务;

（3）制定并实施交通应急预案;

（4）定期进行车辆安全检查和维护;

（5）遵守交通法规,确保行车安全。

（二）住宿餐饮介体的职责

（1）提供符合卫生标准的住宿和餐饮服务；

（2）确保住宿环境安全、清洁、舒适；

（3）考虑学生的特殊饮食需求和条件；

（4）实施有效的住宿管理措施，如夜间巡查等；

（5）为食品安全和卫生制定严格的操作规程。

（三）医疗保障介体的职责

（1）提供现场急救服务和医疗支持；

（2）配备必要的医疗设备和专业医疗人员；

（3）制定紧急医疗救助流程和预案；

（4）与当地医疗机构建立联系，确保紧急情况下的快速响应。

（四）保险公司介体的职责

（1）提供适合研学旅行的保险产品，如意外伤害保险；

（2）确保所有参与学生和工作人员都有适当的保险覆盖；

（3）在发生保险事故时提供快速有效的理赔服务；

（4）进行风险评估，提供安全教育和风险防范培训。

五、技术支持类介体的职责

技术支持类介体在研学旅行中扮演着关键角色，其职责主要包括以下几个方面。

（一）技术方案设计与实施

根据研学旅行的主题和目标，设计相应的技术方案，确保研学活动的顺利进行。例如使用各种技术工具和设备，如虚拟现实（VR）、增强现实（AR）、3D打印、无人机等，来丰富研学内容，提高参与者的体验感和学习效果。

（二）技术培训与指导

为研学旅行的参与者提供必要的技术培训和指导，确保他们能够充分利用技术工具和设备进行学习和探索，具体包括教授平台使用、内容创作和在线交流技巧等，以及解答用户在使用过程中遇到的问题。技术支持团队应具备专业的技术知识和良好的沟通能力，能够快速解决用户遇到的问题并提供有效的指导。

（三）技术支持与维护

在研学旅行期间，确保研学旅行中使用的技术平台和工具的稳定性和安全性，提供全天候的技术支持,快速响应并解决可能出现的设备故障、软件更新等,提供必要的技术咨询和解决方案,保障研学活动的技术需求得到及时满足。

(四)数据收集与分析

利用大数据分析工具等技术手段收集研学旅行的相关数据,如参与者的行为数据、学习成果等,分析和评估研学旅行的质量和效果。根据数据分析的结果,改进研学旅行的设计实施,为优化教学方法和创新个性化学习提供依据,提高研学活动的质量和效果。

(五)资源整合与优化

识别和整合各种与研学相关的技术资源,包括硬件设备、软件应用、网络服务等,以形成一个协同工作的研学技术支持体系;兼顾不同技术系统和平台之间的兼容性,便于数据交换和系统集成,提供无缝的学习体验,确保研学技术基础设施能够高效稳定地运行。

(六)安全保障与风险管理

设计并实施一个全面的网络安全架构,以保护研学旅行中使用的信息系统免受未授权访问和其他网络威胁;实施强有力的数据保护措施,确保学生和教师的个人信息安全;定期进行风险评估,识别可能影响研学旅行的潜在风险,并制定相应的风险缓解策略;制定并执行严格的安全协议,包括网络安全政策、用户行为准则和应急响应计划。

总之,技术支持类介体在研学旅行中发挥着至关重要的作用。它们通过提供技术方案设计与实施、技术培训与指导、技术支持与维护、数据收集与分析、资源整合与优化及安全保障与风险管理等服务,为研学旅行的顺利进行提供了有力的技术支持。

六、渠道销售类介体的职责

渠道销售类介体是连接研学旅行生产者和消费者的桥梁,负责将研学旅行产品或服务通过各种渠道推向市场,并确保这些产品或服务能够满足不同客户的需求,其主要职责可以概括为以下几个方面。

(一)市场调研与分析

深入研究研学旅行目标市场的发展趋势和市场需求,包括不同年龄段学生的兴趣点、家长和学校的教育期望及市场上已有的研学旅行产品特点进行调研。通过针对性的市场调研,了解目标客户群体的需求、偏好和消费行为,洞悉市场空白和潜在机会,以便为不同特点的群体提供定制化的研学旅行解决方案。

（二）渠道开发与管理

建立并维护多渠道销售网络,包括与传统旅行社、在线教育平台与旅游电商平台、学校或教育集团下属机构等组织合作,以扩大市场覆盖范围,维护与渠道合作伙伴的关系,确保双方合作的顺利进行。同时,管理渠道关系,提供必要的培训和支持,解决合作过程中可能出现的任何问题,通过激励措施保持渠道伙伴的积极性。

（三）市场营销与推广

制定并执行营销策略,利用线上线下多种渠道进行研学品牌宣传和产品推广,吸引潜在客户。组织说明会、发布宣传材料、参与行业展览等,提升市场认知度和吸引力。协助客户进行研学旅行的计划和安排,根据客户的时间、预算等要求,提供专业的建议和解决方案。拓展客户资源,建立客户关系,完成研学旅行产品的销售任务。

（四）客户服务与支持

建立和维护良好的客户关系,提供优质的客户服务和售后支持,增强客户满意度和忠诚度。解答客户的咨询,提供定制化服务,确保客户在选择和参与研学活动过程中得到良好的体验。定期收集客户反馈,分析产品和服务的优缺点。根据这些反馈,不断优化研学产品,提高服务质量,以满足客户的需求和期望。

（五）内部协调与外部合作

协调内部和外部资源,解决在研学旅行项目实施过程中出现的各种问题。内部协调是指明确团队分工、建立沟通平台、优化流程等工作;外部合作则是与研学旅行基地、教育机构、旅行社等建立长期稳定的合作关系,共同推动研学旅行市场的发展。通过有效的内部协调和外部合作,提高销售效率,更好地服务客户,从而在激烈的市场竞争中保持竞争力。

（六）培训与团队建设

选择有效的培训方式,精心安排研学旅行产品知识、销售技巧和客户服务等培训内容,组织全面系统的专业培训,提升销售人员的专业素养和销售技能。采取明确团队目标、加强团队沟通、培养团队精神、优化团队结构和设立激励机制等措施,打造一个专业、高效和团结的销售团队,为实现业务目标和长期发展奠定坚实的基础。

⛵ 项目小结

研学旅行介体是连接研学旅行主体和研学旅行客体的桥梁和纽带,根据功能的不同,可将其分为政府统筹、组织策划、资源提供、服务保障、技术支持和渠道销售等六大类。研学旅行介体在研学过程中发挥了组织、协调、服务、保障等多种功能,扮演了极其重要的角色,确保了活动的顺利进行。研学政策红利的持续释放,为研学旅行介体提供了良好的政策发展环境。未来,研学旅行介体将面临市场主体多元化、服务模式创新、更注重专业服务、需求定制化、新技术应用等新发展趋势。这些趋势将有助于推动研学旅行市场的高质量发展,为研学旅行主体提供更丰富、更专业和更个性化的研学体验。

⛵ 拓展资源

1. 叶娅丽,《研学旅行基地运营与管理》,旅游教育出版社,2023年。
2. 中华人民共和国教育部,研学实践基(营)地简介,国家中小学智慧教育平台,2022-03-01。

⛵ 微 语 录

知之愈明,则行之愈笃;行之愈笃,则知之愈益明。

——朱熹(宋)

⛵ 课后练习

理论思考

1. 请举例说明研学旅行介体的角色和职责,探讨它们如何促进教育目标与旅行体验的融合,并讨论其在提升研学旅行教育价值中的作用。

2. 研学旅行介体在面临日益激烈的市场竞争中,应如何寻找并实践创新的发展路径?

实操训练

1. 请设计一个为期一周的研学旅行计划,列出项目策划步骤,包括目的地选择、课程设计、预算编制、风险评估,以及与学校和家长的沟通计划。

2. 某研学旅行机构将组织一次山区研学旅行,活动涉及徒步、露营、野外考察等。作为该项目的负责人,请制订一个详细的应急响应计划,内容包括信息收集、沟通协调、安全保障措施及后续的补救行动等。

在线答题

项目六
了解研学旅行的运维要求:标准与实施

1.了解研学旅行基地、营地的含义与区别;掌握研学旅行基地、营地的申报条件与建设内容;熟悉研学旅行服务机构的资质与要求;了解政府和中小学校在研学旅行运维系统中的作用。

2.能够清楚判断研学旅行服务机构的资质与服务水平;能够发现研学旅行运维系统中的问题并建言献策。

3.涵育师者情怀,深刻体会各项政策标准对实现中小学生研学实践教育效果的积极作用和意义。

知识导图

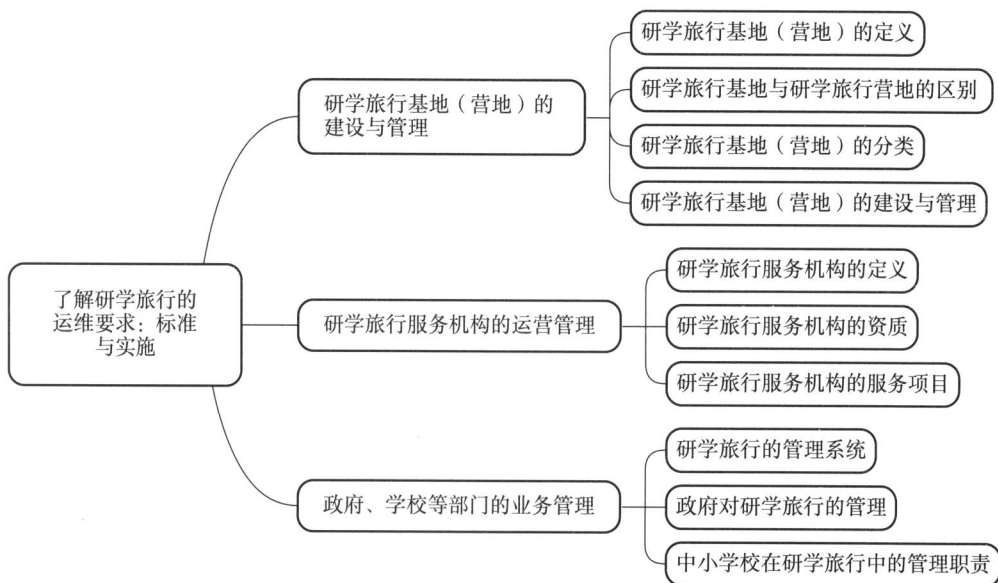

情境导入

2023年暑期爆火的研学游,为何遭遇"滑铁卢"?

2023年,旅游市场全面复苏。携程数据显示,暑期博物馆订单量同比增长232%,研学旅游产品订单量同比增长超30倍,7月环比前两个月增长280%。同程旅行发布的《暑期旅游趋势报告》数据显示,亲子研学是暑期国内最热门的出游方式,2023年7月以来,同程旅行平台"研学"相关旅游搜索热度环比上涨203%,超过"亲子游"相关旅游搜索涨幅。

火热的研学市场也吸引了各类企业入局,除了专业的研学机构,旅行社、咨询机构、幼儿教育机构等也纷纷加入,想要分得一杯羹。企查查数据显示,2023年前5个月,我国新增研学旅行相关企业322家,同比增加近80%。从市场规模来看,教育部网站数据显示,到2023年全国中小学生研学实践教育基地超过1600个,中国研学旅行市场总体规模超过千亿元。

可惜的是,千亿元的市场规模并不能挽回研学旅行口碑急转直下的颓势。暑期刚刚过半,各大社交平台已经掀起对"研学团"的讨伐。有博主曝光女儿就读的小学开展香港研学活动,5天费用达5980元,同时要签署"孩子玩丢学校不需负责"的霸王条款;有学校一年开展研学活动4次,有一天是花费299元到农场拔草,被家长戏称"杀猪盘";一则"清北学霸怒斥研学内幕"的新闻则提到,有清北研学团"货不对板",不仅名校游变校门口打卡、住宿的房间为临时搭建,有的孩子甚至无法按时吃饭、被教官殴打。

研学旅行市场化程度的不断加深,加上行业规范不清晰,一些不体验就无法感受的非标产品很容易成为滋生灰色地带的温床。一方面,市场上出现了不少伪研学产品,价格和质量不成正比,比如说是"清北研学团",实际上只是去清北门口拍个照片;说是"跟着院士去旅行",实际上只是去对外运营的中国科学院分支机构游学等。另一方面,安全保障缺失,尽管2016年发布的《研学旅行服务规范》中,规定了应至少为每个研学旅行团队配置一名安全员,但安全员水平如何、能否把安全教育和防控工作落实到位,关键要看机构的执行力度。

从某种程度上说,当下不少研学旅行已经背离了"研学"的初衷,不仅"研"而不"游"或"游"而不"学",还出现了活动设计粗制滥造、价格虚高,存在安全隐患等多种问题,不仅没能让孩子们从研学中受益,也没能对得起家长们的投入与期待。

作为"旅游+教育"跨界融合的产物,研学旅行的诞生有其特殊的教育意义,其不仅有助于学生的学术发展和综合素质的提升,还能拓宽学生的视野,促进文化交流以及丰富个人经历。这是国家层面大力推动研学旅行的原因,同样也是不少家长积极参与研学活动的关键。但研学行业上下游产业链条较长,市场参与者众多且高度分散,导致监管难度较大,也因此更容易产生投机者。业内人士认为研学游想要健康长久的发展,需要政府、市场和研学品牌三方的共同努力,缺一不可。

(资料来源:迈点,蓝鲸财经,2023-07-31)

问题引导

如何保障中小学研学旅行规范开展,实现高质量发展?

任务一 研学旅行基地(营地)的建设与管理

任务导入

开展研学旅行活动,基地、营地是重要的活动场所。它有两大作用:一是作为研学资源,成为学生研学的对象;二是作为专门从事研学旅行服务的机构,为学生提供综合服务和保障。

任务重点

熟知研学旅行基地(营地)的建设内容。

任务难点

掌握研学旅行基地(营地)的功能。

任务实施

研学旅行基地(营地)既是中小学生开展研学旅行的主要场所,也是研学旅行服务机构实施研学课程的重要资源和载体。研学旅行基地(营地)兼具教育教学功能和旅行服务提供功能。随着研学旅行的规范化发展,研学旅行基地(营地)逐渐形成了自己的特色,划分出了不同的主题类型。不论是哪种类型的研学旅行基地(营地),其建设和管理都需要满足其必备条件,并在基础条件都具备的情况下,开发特色研学课程,培养优秀师资和管理团队,保证研学旅行基地(营地)的规范运行。

一、研学旅行基地(营地)的定义

(一)教基厅函〔2018〕45号文件中对研学旅行基地(营地)的定义

2018年6月,教育部办公厅印发《关于开展"全国中小学生研学实践教育基(营)地"推荐工作的通知》(教基厅函〔2018〕45号),将中小学生研学旅行基地明确为中小学生研学实践教育基地（研学基地）和研学实践教育营地（研学营地）两个不同功能定位。那么，什么是研学旅行基地？什么又是研学旅行营地呢？

《关于开展"全国中小学生研学实践教育基（营）地"推荐工作的通知》指出，基地主要指各地各行业现有的，适合中小学生前往开展研究性学习和实践活动的优质资源单位。该单位须结合自身资源特点，已开发或正在开发不同学段（小学、初中、高中）、与学校教育内容衔接的研学实践课程。营地主要指具有承担一定规模中小学生研学实践教育的活动组织、课程和线路研发、集中接待、协调服务等功能，能够为广大中小学生开展研学实践活动提供集中食宿和交通等服务的单位。

（二）《中小学生研学实践教育基地、营地建设与管理规范》中对研学旅行基地（营地）的定义

2018年10月，中国质量认证中心、教育部学校规划建设发展中心发布了《中小学生研学实践教育基地、营地建设与管理规范》和《中小学研学实践教育基地、营地建设与管理规范评分细则》。其中，研学实践教育基地的定义为具备开展研学实践所需的资源与接待条件，能够提供明确的教学主题与配套课程的资源单位。研学实践教育营地的定义为具备开展研学实践所需的资源与食宿条件，能够提供明确的教学主题与配套课程的资源单位。

（三）《研学旅行基地（营地）设施与服务规范》中对研学旅行基地（营地）的定义

2019年2月26日，中国旅行社协会与高校毕业生就业协会等联合发布的《研学旅行基地（营地）设施与服务规范》中将研学旅行基地（营地）定义为：自身或周边拥有良好的餐饮住宿条件、必备的配套设施，具有独特的研学旅行资源、专业的运营团队、科学的管理制度以及完善的安全保障措施，能够为研学旅行过程中的学生提供良好的学习、实践、生活等活动的场所。

综合以上对于研学旅行基地（营地）的定义及目前研学领域中基地（营地）的运营实践，本教材将研学旅行基地定义为：具备独特的研学旅行资源和专业的研学师资与管理团队，能够为中小学生提供开展研学实践活动和研究性学习的场所。将研学旅行营地定义为：具备独特的研学旅行资源和专业的研学师资与管理团队，能够为中小学生提供开展研学实践活动和研究性学习，并能够提供食、住、行等基本旅行服务功能的场所。

二、研学旅行基地与研学旅行营地的区别

研学旅行基地和研学旅行营地，是开展研学旅行活动的重要资源，是教育行政主管部门特别推动的建设项目。研学旅行基地与研学旅行营地，从本质属性来看，都是研学旅行的一种资源，是研学旅行课程实践的平台和空间。那么，研学旅行基地与营

地有区别吗？它们的区别在哪里呢？

（一）旅行接待要求不同

研学旅行基地为中小学生研学旅行提供研学实践教育活动的场所。研学旅行营地除了为中小学生研学旅行提供研学实践教育活动的场所,还需具备能提供集中食宿的场所。例如:需设置学生食堂,实行营养配餐,用餐卫生、方便快捷;提供绿色、环保、舒适的餐饮桌椅,无安全隐患;能够至少同时接待1000名学生集中食宿。

（二）教育教学设备要求不同

研学旅行基地需具有足够容纳200人及以上的室内或半封闭教学场所,并配有必要的教学用具、仪器,性能良好,检验合格,无安全隐患。而营地则要求用于教学的总建筑面积不低于10000平方米;设有室内室外实践教学、运动体验场馆,场馆功能分区明显,主题鲜明;配有教学仪器、体育锻炼器材、手工劳作工具等,且性能良好,检验合格,无隐患。

（三）研学资源与课程体系要求不同

在研学资源与课程要求方面,研学旅行基地与研学旅行营地均需具备的功能如下。

（1）研学资源具有较高的历史价值、文化价值、科学价值和教育价值;具有较高的探究体验、观赏游憩价值。

（2）课程资源设计与学校教育内容相衔接、与学生学段特点相适应、学习目标明确、主题特色鲜明、富有教育功能。

（3）结合自然景观和文物古迹,帮助学生了解地方的地理地貌和历史文化,能有效帮助学生培养乡土情怀、树立人与自然和谐共生的新生态自然观。

（4）结合不同学段学生的身心发展特点和能力,利用各类纪念日、主题日等,开展相关主题教育。

相较于研学旅行基地,研学旅行营地需具备更系统化、多样化、独特性的资源与课程体系。研学旅行营地还需具备的研学资源与课程功能如下。

（1）具备自然、历史、地理、科技、人文、体验等课程类别,研学中强化绿色生态教育理念。

（2）根据资源及接待能力状况,各营地应至少开设3类课程,实际开设课程不少于15门。

（3）结合营地所在地资源,编制至少1门地方特色实践课程。

（4）能够提供时长超过一天的研学实践课程。

（5）具有入营教育、求生救护教育、生态环保教育和结营仪式等完整的研学流程。

（四）研学保障要求不同

教育部相关文件要求，研学旅行营地单位须正常安全运行1年以上；房屋、水电、通信、消防等基础设施配套齐全，环境整洁、卫生良好，能够满足正常运行的需要；所在地交通便利，能够提供满足开展研学实践教育活动的交通需求；内部具备基本的医疗保障条件，周边有医院；有安全措施和保障能力，有安全警示标志、有专门的安全应急通道，有24小时、无死角的监控系统，有现场安全教育和安全防护措施，有应急预案，从未发生过重大安全事故。

综上所述，研学旅行基地与研学旅行营地不能混为一谈，不能互为代替，但这两种资源既然均为研学旅行的活动空间和资源载体，就应有共同的教育属性。无论是研学旅行基地还是研学旅行营地，只要在此空间上实施研学旅行课程，就应具备教育资源、教育课程、师资队伍和生活保障体系及安全保障体系。

三、研学旅行基地（营地）的分类

根据研学旅行基地（营地）依托资源的性质及开设活动的主题不同，可以将其分为优秀传统文化主题型、红色文化主题型、自然生态主题型、国防科技主题型、国情教育主题型、劳动教育主题及其他型六类。

（一）优秀传统文化主题型

优秀传统文化主题型包括旅游服务功能完善的文物保护单位、古籍保护单位、博物馆、非遗场所、优秀传统文化教育基地等单位，能够引导青少年学生传承中华优秀传统文化核心思想理念、中华传统美德、中华人文精神等，坚定文化自觉和文化自信。

（二）红色文化主题型

红色文化主题型包括爱国主义教育基地、革命历史类纪念设施遗址等单位，能够引导青少年学生了解革命历史，增长革命斗争知识，学习革命斗争精神，培育新的时代精神等。

（三）自然生态主题型

自然生态主题型包括自然景区、城镇公园、植物园、动物园、风景名胜区、世界自然遗产地、世界文化遗产地、国家海洋公园、示范性农业基地、生态保护区、野生动物保护基地等单位，能够引导青少年学生感受祖国大好河山，培养爱护自然、保护生态的意识等。

（四）国防科技主题型

国防科技主题型包括国家安全教育基地、国防教育基地、海洋文化教育基地、科技馆、科普教育基地、科技创新基地、高等学校、科研院所等单位，能够引导青少年学生学习科学知识、培养科学兴趣、掌握科学方法、增强科学精神,树立国家安全观,增强国家安全意识和国防意识等。

（五）国情教育主题型

国情教育主题型包括体现基本国情和改革开放成就的美丽乡村、农业示范项目、特色小镇、大型知名企业、大型公共设施、重大工程等单位,能够引导青少年学生了解基本国情及中国特色社会主义建设成就,激发学生爱党爱国之情等。

（六）劳动教育主题及其他型

劳动教育主题及其他型包括工业、农业、商业或服务业的生产基地或产业园等单位,能够引导青少年学生树立正确的劳动观念、培育积极的劳动精神、养成良好的劳动品质、掌握基本的劳动技能。

四、研学旅行基地（营地）的建设与管理

"十三五"期间,教育部支持开展中小学生研学实践教育项目,2017年和2018年,先后分两批遴选了622个全国中小学生研学实践教育基地（营地）,这对全国中小学研学实践教育工作的开展起到了积极的推进作用,各省市也积极响应,陆续遴选命名了省市一级的研学基地与营地。

（一）建设原则

1.教育性原则

研学旅行基地（营地）应结合学生身心特点、接受能力和实际需要,注重系统性、知识性、科学性和体验性、实践性、趣味性并重,充分利用基地（营地）的教育资源,发挥基地（营地）的教育功能,为学生全面发展提供良好成长空间。

2.实践性原则

研学旅行基地（营地）应因地制宜,充分开发与利用当地研学资源,设计体现地域特色的课程与活动,引导学生走出校园,在与日常生活不同的环境中拓宽视野、丰富知识、了解社会、亲近自然、参与体验。

3.安全性原则

研学旅行基地（营地）应始终坚持安全第一,配备安全保障设施,建立安全保障机制,明确安全保障责任,落实安全保障措施,确保学生的安全;应远离地质灾害和其他危险区域,有完整的针对研学旅行的接待方案和安全应急预案。

4.公益性原则

研学旅行基地（营地）应把谋求社会效应放在首位,应对经当地相关主管部门核准

为贫困家庭的学生减免费用,杜绝开展过度的以营利为目的的经营性创收,并需建立相应的收费减免政策。

(二)研学旅行基地(营地)的建设内容

1.资质条件

(1)应具备法人资质。

(2)应具备相应经营资质和服务能力。

(3)应具有良好的信誉和较高的社会知名度。

(4)应取得工商、卫生、消防、食品、公安、旅游等管理部门颁发的许可经营证照。

(5)应正式对社会公众开放满1年,且1年以内无任何重大环境污染及负主要责任的安全事故。

2.接待设施

研学旅行基地(营地)的硬件设施是保障研学旅行顺利进行的基础。因此,研学旅行基地(营地)应该具备良好的交通条件、舒适的住宿环境、完善的餐饮服务等。

(1)基础设施。

应配备与研学实践课程相适应的基本硬件条件,如必要的围界,能源、动力的供给设施等。

(2)教育设施。

应配备适宜的展示方式、教材教具与场地空间。

(3)游览设施。

应设置必要的游览步道,公共休息区,以及必要的导览、提示标识等。

(4)配套设施。

配套设施主要包括与研学实践相关的接待、基地(营地)区间交通、通信、监控、餐饮、住宿、安全、医疗、卫生等方面的设施。设施应配置完善以满足不同类型和时长的研学实践课程的需要。

(5)应急设施。

应配备适宜的应急装备、器材、逃生通道等。

3.专业人员

研学旅行基地(营地)应配备能满足研学活动开展的数量充足、能力胜任的从业人员。所有上岗人员无犯罪记录且具备各类行业相关资格证书,精神状态和身体健康状态能够胜任各自负责的工作内容。要建立专兼职相结合、相对稳定的研学旅行指导师、安全员队伍。

4.研学课程

研学旅行基地(营地)应正确认识研学旅行的概念及其特点,根据不同的目的、不同的需求、不同年龄阶段的学生进行设计组织,形成丰富的课程体系,设计出差异化的研学产品。立足于树立整体形象与课程主题,深入挖掘研学课程内涵,增强吸引力,加强推广,提高知名度,激发市场需求。

5. 管理体系

第一,研学旅行基地(营地)应为研学实践服务设置相应的职能部门,明确其职责和权限并确保相关职能部门明确各自在研学实践中的职责与作用。第二,基于相关的法律法规,建立健全与其提供的研学实践服务相关的管理制度或其他规范性文件,如与各业务流程相关的制度和规范、安全管理制度,以及基地、营地服务手册和规范等。第三,定期对所建立的管理体系进行检查与评审,并持续改进其管理体系的有效性和效率。第四,研学旅行基地应该建立完善的教学质量监控机制,定期对研学旅行的质量进行评估和反馈,以便及时调整教学策略,提高教学质量。

6. 安全保障

研学旅行基地(营地)的管理机制是保证研学旅行质量的关键。研学基地应该建立健全的安全管理制度,确保学生的人身安全,如研学实践安全管理工作方案、研学实践应急预案、研学实践安全教育培训制度等。

研学旅行基地(营地)应根据所识别的重大风险及其他(如地震、火灾、食品卫生、疾病、治安事件、设施设备突发故障、项目冲突等)突发情况制定应急预案,定期组织演练并对应急预案的有效性和适宜性进行评审,必要时进行修订。同时,应保留演练的实施记录。

（三）研学旅行基地（营地）的接待服务流程

研学旅行活动作为综合实践教育的有效途径,是基地(营地)的常态性工作。基地(营地)要把研学旅行纳入工作计划,将研学旅行与国家课程相结合、与地方课程相结合、与班团活动相结合、与其他综合实践相结合。一次完整的研学旅行管理包括接待前的管理、接待中的管理和接待后的管理,三个环节紧密相连,一环扣一环,任何一个环节出现问题,都将影响研学旅行活动的质量。研学旅行基地(营地)要主动对接学校、承办机构等研学旅行活动相关方,协调各方共同实施研学课程,以实现课程目标。

1. 行前准备

研学旅行基(营)地要进行课前准备,主要包括制订排课计划、合理安排教职人员、创设学习情境,以及准备安全保障设备设施、教案及教具耗材等,必要时还应对研学课程进行演练。研学旅行基(营)地应根据学生的年龄特点、兴趣爱好和学科需求,结合所在地区的特色资源,研发具有科学性、实践性和趣味性的研学课程。

2. 行中实施

研学旅行基(营)地要依照研学课程方案实施或参与实施授课活动,对授课进行全程管理,包括检查、巡视、应急处理等,确保研学课程的教学效果和安全。基地研学导师要组织研学团队参与基地课程，实现研学旅行拓宽视野、丰富知识、了解社会、亲近自然、立德树人的教育初衷。

3. 行后总结

研学旅行基(营)地要对研学课程进行总结和反思，为学生的研学课程评价提供事实材料，为学校、承办机构等相关方提供诊断并促进发展。要组织或参与学生的学习成果加工、成果汇报交流、成果展示、成果评价与认定。要把学生在研学课程中的表现和活动成果作为分析考查课程实施状况与学生发展状况的重要依据，对学生的研学活动过程和结果进行综合评价。

📖 知识链接6-1

万千世界皆可研读，万千社会皆为课堂，万千大众皆可为师

厦门万千极美营地教育科技有限公司(简称万千极美营地)落实集美区"政府主导＋市场助力"运营管理新模式，在集美区政府积极推动下，由厦门建发国旅集团与集美区属国企国投合资成立，负责厦门市集美区研学旅行的日常运营、课程开发、导师培养及研学路线设计。

营地总建筑面积2万多平方米，集研学产业园区、研学旅行集散中心、研学旅行宿舍、多功能教室、主题活动区域等功能于一体，是集美区闽台研学旅行的"大本营"。大楼共5层，一楼为接待展示大厅，用于开、闭营及相关研学活动；二楼是主题教学区，拥有20个研学活动空间，能同时容纳700多人教学；三、四楼为七彩童梦住宿区，拥有27套房，可同时为500多名青少年提供研学住宿服务。

营地作为"集美区研学课程研发中心"，依托"1＋N"的研学模式，联合辖区资源及建发国旅集团优势资源，定向整合研发了7大类别：总部基础配套课程、海的集美·海洋研学、嘉庚集美·人文研学、学村集美·乡情研学、极美集美·美育研学、心灵集美·闽台研学、创新集美·多元研学共288个集美区特色课程，其中基础配套课程80个，并通过乐高式组合各课程模式，打造了5条精品研学线路。

(资料来源：集美旅游公众号)

🚩 任务二　研学旅行服务机构的运营管理

🔵 任务导入

教育部等11部门印发的《关于推进中小学生研学旅行的意见》明确，学校组织开展研学旅行可采取自行开展或委托开展的形式,学校委托开展研学旅行,要与有资质、信誉好的委托企业或机构签订协议书。目前与学校合作的委托企业或机构主要有旅行社和教育机构,称之为研学旅行服务机构。

任务重点

熟知研学旅行服务机构的服务内容。

任务难点

辨析研学旅行服务机构的资质。

任务实施

研学旅行是目前中小学生实践教育领域的热点,是落实国家中小学生素质教育和"双减"政策的重要措施,研学旅行的实施效果至关重要。因而,研学旅行服务机构的资质筛选和责权划分是中小学校实施研学旅行需要考虑的关键问题。不是任何一家旅行社或者教育机构都能够成为合格的研学旅行服务机构,它需要经过严格的资质审查,并能够为中小学生提供全面的研学服务项目,切实保障研学旅行的教育效果。

一、研学旅行服务机构的定义

(一)广义范围的研学旅行服务机构

研学旅行服务机构由主办方、承办方和供应方三方组成(图6-1)。《研学旅行服务规范》(LB/T 054—2016)行业标准规定:主办方是指有明确研学旅行主题和教育目的的研学旅行活动组织方;承办方是指与研学旅行活动主办方签订合同,提供教育旅游服务的旅行社;供应方是指与研学旅行活动承办方签订合同,提供旅游地接、交通、住宿、餐饮等服务的机构。主办方和供应方共同的要求是应具备法人资质,承办方的要求是应为依法注册的旅行社,三方均应与相关方签订合同,按照合同约定履行义务。

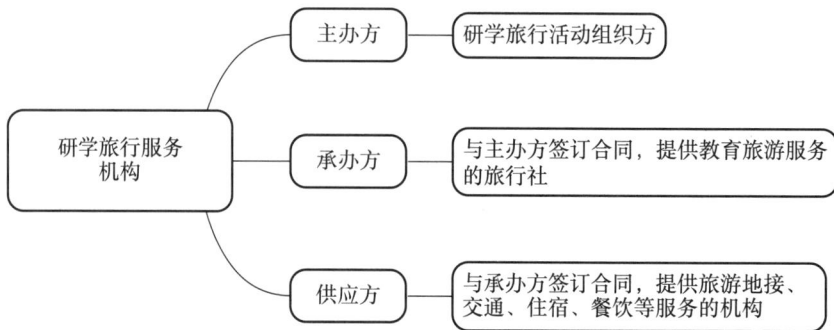

图6-1　研学旅行服务机构

（二）狭义范围的研学旅行服务机构

狭义范围的研学旅行服务机构指的是承办方，《研学旅行服务规范》中对承办方的定义是与研学旅行活动主办方签订合同，提供教育旅游服务的旅行社。由于承办研学旅行需要具备旅行社资质，旅行社和景区运营公司"近水楼台"，成为开展研学旅行的主力。不过，随着研学旅行如火如荼地开展，且由于它与生俱来的教育属性，不少教育机构也加入研学旅行服务机构的行列。目前，研学旅行服务机构（承办方）主要有以下三个类别。

1. 具有研学经营资质的旅行社

一般旅行社不能承办研学旅行活动，只有具备研学经营资质的旅行社才能对接学校承办研学旅行活动。作为研学旅行服务机构的一种类型，具有研学经营资质的旅行社需特别重视开展研学旅行的专业性，能够满足研学旅行活动中多方面的教育需求，能够衔接研学旅行活动主办方（学校）和资源供应方。在研学旅行实践中，旅行社为学校提供的服务内容通常通过集体旅行、集中食宿方式进行，时间跨度根据各学段的特点安排1至7天不等。主办方一般情况下需要旅行社提供交通、食宿、讲解、导游及活动的组织服务等。因此，旅行社提供的研学旅行服务具有旅游服务的内涵，既有教育服务，也有旅游服务，教育服务与旅游服务贯穿在研学旅行服务的全过程。

2. 旅行社和教育机构组成的联合体

由广东省研学旅行协会、广东省旅行社行业协会等起草并发布的行业标准《广东省中小学生研学旅行服务机构服务与评定规范》将研学旅行服务机构定义为开展研学旅行服务的组织组成的实体，具体是指旅行社和教育机构组成的联合体，由旅行社作为主导。它首先具有旅行社的性质，同时又有教育机构的资源与背景，因此具有研学旅行服务机构的资质，可以组织学生开展研学旅行活动。

3. 具有旅行社资质的教育机构

一般教育机构因为没有旅行社经营资质，不能承办学校的研学旅行活动，只有通过挂靠旅行社或自行申请取得旅行社资质，才能与主办方（学校）签订服务合同，提供研学旅行服务，成为研学旅行活动的承办方。例如，由江西省教育厅带头起草、由江西省市场监督管理局发布的江西省地方标准《中小学研学旅行第三部分：组织实施规范》中将研学旅行服务机构定义为第三方服务机构，是指经教育部门认定，具有一定资质，能够向中小学校提供研学旅行过程服务的相关机构。这里的具有一定资质特指具有旅行社经营资质。

🔍 知识链接6-2

新东方文旅少年行　穿越诗文里的中国

寓教于游、拥有强大教研能力的教育公司，是开展研学旅行的新势力。

例如,新东方的游学业务已在全国50多个城市开展。文旅作为新东方的全新业务线,整合原有的面向K12的研学营地业务,同时纳入新成立的文旅业务。

第一站:巴蜀大地。

在巴蜀大地,千年文脉静静流淌,诗文典故点缀历史长河。在巴蜀,"望帝啼鹃"的典故家喻户晓,其最早记载于东汉《蜀志》中。归隐西山的望帝化作杜鹃,闻百姓受苦,日日哀鸣。李商隐"望帝春心托杜鹃"的哀怨伤痛,白居易"杜鹃啼血猿哀鸣"的落寞离愁,都唤起了这一千古传说。到西山脚下,感悟望帝昔日礼贤下士、体恤民情的佳话,传颂帝王执政的贤明与仁德。三国,是巴蜀的一大文化符号。武侯祠,承载着一代英雄豪杰的雄心壮志,历经千年磅礴依旧。这里曾经历刘备"三顾频烦天下计",亦曾慨叹诸葛亮"出师未捷身先死"。

跟随新东方,踏上这片古老的巴蜀大地,每一座山川、每一处遗迹都是古诗文的显化。巴蜀的韵味,让人沉醉其中。让我们身临其境,感受历史的厚重与风景的绚烂。

第二站:大唐古都。

长安城,文化荟萃,见证了空前盛世,也目睹了曲终人散。初唐时,长安城满是"不破楼兰终不还"的朝气与期冀。盛唐时,黎民百姓处有"长安一片月,万户捣衣声"的祥和,各路豪杰心中有"天生我材必有用"的自信,文人隐士享受"行到水穷处,坐看云起时"的雅致。中唐时,前朝后宫过度奢靡腐败,安史之乱使得民不聊生。此时的长安城,"朱门酒肉臭,路有冻死骨",许多报国无门之人选择避世,寻"病树前头万木春"。晚唐时,长安城的弦断音绝,唐王朝的辉煌落幕,此后"冲天香阵透长安,满城尽带黄金甲"。

这个寒假,让孩子跟随新东方,穿越千年,到此触摸古城墙,追溯一个时代的兴衰。

第三站:诗画江南。

江南水乡,如诗如画,苏州杭州,是古人常常描摹的人间仙境。置身苏轼笔下"水光潋滟晴方好,山色空蒙雨亦奇"的杭州西湖,感受无关乎晴雨的天然之美。走上张继夜泊的枫桥,感知"乌啼霜满天",赏"江枫渔火",听"夜半钟声"。走进拙政园,眼见"荷举亭光乱绿池,隔桥又见漏窗枝"。

跟随新东方,一起入画江南,呼吸湿润的空气,触摸白墙灰瓦,移步易景,洞见考究的园林设计。

(资料来源:新东方游学公众号)

二、研学旅行服务机构的资质

（一）旅行社的资质要求

《研学旅行服务规范》中明确规定研学旅行的承办方应是依法注册的旅行社，并且需要与研学旅行活动主办方签订合同，提供教育旅游服务。此外，《中华人民共和国旅游法》和《旅行社条例》等相关法律法规也规定，承办研学实践教育活动的第三方承办单位，应当取得旅行社业务经营许可证。这些都确保了旅行社在提供研学旅行服务时，能够遵守相关的法规和标准，保障学生的安全和教育的质量。

1. 基本要求

（1）应为依法注册的旅行社。

（2）符合《旅行社国内旅游服务规范》和《旅行社服务通则》的要求，宜具有3A级及以上等级，并符合《旅行社等级的划分与评定》的要求。

（3）连续三年内无重大质量投诉、不良诚信记录、经济纠纷及重大安全责任事故，其企业法人有良好的个人征信报告。

（4）应设立研学旅行部门或专职人员，宜有承接100人以上中小学生旅游团队的经验。

（5）应与供应方签订旅游服务合同，按照合同约定履行义务。

2. 师资配置要求

作为研学旅行服务机构的旅行社，应具有开展研学旅行活动的专业师资队伍，从业人员应具有组织校外实践教育活动的经验，以及应急救护的基本常识和基本技能。具体到每个研学团队，旅行社要为其作如下配置。

（1）为研学旅行活动配置一名项目组长，项目组长全程随团活动，负责统筹协调研学旅行各项工作。

（2）至少配置一名安全员，安全员在研学旅行过程中随团开展安全教育和防控工作。

（3）至少配置一名研学导师，研学导师负责制订研学旅行教育工作计划，在带队老师、导游员等工作人员的配合下提供研学旅行教育服务。

（4）至少配置一名导游人员，导游人员负责提供导游服务，并配合相关工作人员提供研学旅行教育服务和生活保障服务。

例如，《武汉市中小学生研学旅行第1部分：服务机构评定与服务规范》中"部门与人员要求"部分在人员配置方面的规定如下：应确保师生比例达到1:15；应为每个研学旅行团队配置研学导师、导游、安全员、研学工作人员；每团学生超过20人或特殊团队应配备一名医护人员。

（二）教育机构的资质要求

在我国，依法注册、合法合规的教育机构很多，它们可以发挥其教育领域的经验与品牌优势，设计与教育目标紧密结合的课程内容，涉足研学领域有着天然的优势。但是，教育机构要从事研学旅行业务，还需满足研学领域对其具体的要求，才能与主办方签订服务合同，提供研学旅行服务，组织中小学生开展研学旅行。

1. 基本要求

（1）需要挂靠旅行社，或自行申请取得旅行社业务经营许可证。

（2）连续三年内无重大质量投诉、不良诚信记录、经济纠纷及重大安全责任事故，其企业法人有良好的个人征信报告。

（3）应有固定的经营场所并设立独立的研学部门，建立研学旅行管理制度体系，有完善的研学旅行岗位作业标准，能够开展研学旅行服务业务，有承接300人以上中小学生教育活动的经验。

2. 师资配置要求

作为研学旅行服务机构的教育机构，应具有开展研学旅行活动的专业师资队伍，其师资要求拥有省级及以上教育行政部门或专业社会组织颁发的研学旅行指导师职业证书，从业人员应具有组织校外实践教育活动的经验，以及应急救护的基本常识和基本技能。

例如，新东方文旅研学导师的招聘条件要求如下：本科及以上学历，汉语言文学及历史专业优先，有导游/学科教学相关经验优先；对历史、文化、地理、社会等方面有深入了解，有良好的表达沟通能力。与教师的教育教学职责相比，研学导师是一个综合性的职业，不仅需要掌握研学实践知识并熟练运用，而且要有较强的组织协调能力。因为研学旅行是一项集体出行的活动，需要学生、教师、学校、研学基地、旅行社等多方共同参与，一个拥有较强组织能力和协调能力的研学导师能够保障活动顺利开展。因此，教育机构在培训研学专业人员的时候要注重对其组织协调能力、教育教学能力、安全应急能力的综合培养。

三、研学旅行服务机构的服务项目

在研学旅行活动开展过程中，研学旅行服务机构是落地和实施研学旅行的核心载体，是实现研学实践教育目标的重要依托。一个地区中小学生的数量决定了该地区开展研学旅行的规模和潜力，而研学旅行服务机构的质量在相当程度上决定了该地区开展研学旅行的专业水平和规范程度。研学旅行服务机构的服务项目主要由旅行服务和教育服务两大部分组成。其中，旅行服务又可以分为交通服务、餐饮服务、住宿服务及安全服务。

（一）交通服务

1.研学团队行前交通宣讲

（1）应提前告知学生及家长相关交通信息，以便其掌握乘坐交通工具的类型、时间、地点及需准备的有关证件。

（2）宜提前与相应交通运输部门取得工作联系，组织绿色通道或开辟专门的候乘区域。

（3）宜提前向学生宣讲交通安全知识和紧急疏散要求，以及交通服务环节的安全防范。

2.研学团队交通方式的选择

（1）若单次路程在400千米以下，选择汽车客运交通方式的，选用大巴车须符合《旅游客车设施与服务规范》（GB/T 26359—2010）。行驶道路不宜低于省级公路等级，驾驶人连续驾车不得超过2小时，停车休息时间不得少于20分钟。

（2）若单次路程在400千米以上，不宜选择汽车，应优先选择铁路交通，并与铁路运输部门沟通为学生留出专用车厢。

（3）选择水运交通方式的，水运交通工具应符合《水路客运服务质量要求》（GB/T 16890—2008），不宜选择木船、划艇、快艇。

3.研学团队行中交通安全把控

（1）应在承运全程随机开展安全巡查工作，并在学生上、下交通工具时清点人数，防范出现滞留或走失。

（2）遭遇恶劣天气时，应认真研判安全风险，及时调整研学旅行行程和交通方式。

（二）餐饮服务

1.研学团队行前餐饮服务

（1）应以食品卫生安全为前提，对餐饮服务机构进行严格的资质审查，科学选择餐饮服务提供方，并明确其应该承担的安全责任。

（2）向学生宣讲用餐礼仪及文明用餐知识。

2.研学团队行中餐饮服务

（1）学校带队老师和研学导师根据就餐座次表，组织学生有序进餐。

（2）应督促餐饮服务提供方按照有关规定，做好食品留样工作。

（3）应在学生用餐时做好巡查工作，确保餐饮服务质量。

（三）住宿服务

1.研学团队行前住宿服务

（1）应以安全、卫生和舒适为基本要求，提前对住宿营地进行实地考察，主要要求如下:应便于集中管理;应方便承运汽车安全进出、停靠;应有健全的公共信息导向标识,并符合《公共信息图形符号》的要求;应有安全逃生通道。

(2)应提前将住宿营地相关信息告知学生和家长,以便做好相关准备工作。

(3)应详细告知学生入住注意事项,宣讲住宿安全知识,带领学生熟悉逃生通道。

2.研学团队行中住宿服务

(1)应在学生入住后及时进行首次查房,帮助学生熟悉房间设施,解决相关问题。

(2)宜安排男、女学生分区(片)住宿,女生片区管理员应为女性。

(3)应制定住宿安全管理制度,开展巡查、夜查工作。

随着研学旅行业态的多样化发展,住宿中有时候会安排露营住宿。做露营住宿还要注意下面三个方面。

(1)应在实地考察的基础上,对露营地进行安全评估,并充分评价露营接待条件、周边环境和可能发生的自然灾害对学生造成的影响。

(2)需要搭建户外帐篷时,营地帐篷区应建在高地,以防止暴雨、洪水、泥石流等自然灾害造成损害,同时应具有驱蚊、驱虫等措施,以防止造成不安全事故。

(3)应有夜间值班巡逻人员,保证应急救援人员随时待命,确保营地学生安全。

(四)教育服务

《研学旅行服务规范》规定,承办方和主办方应围绕学校相关教育目标,共同制订研学旅行教育服务计划,明确教育活动目标和内容,针对不同学龄段学生提出相应学时要求,其中每天体验教育课程项目或活动时间应不少于45分钟。同时,还明确了研学旅行服务机构的教育服务包括教育服务计划、教育服务项目、教育服务流程、教育服务设施及教材、教育服务实施、教育服务评价机制等。根据文件要求及研学实际,研学旅行服务机构的教育服务可从以下几个方面开展。

(1)开发研学课程,进行行前备案。

研学旅行与夏令营、游学最大的区别在于活动内容必须课程化。因此,在行前,服务机构需独立或与校方联合开发研学课程。开发设计研学旅行课程时,要结合小学、初中、高中不同学段中小学生的身心特点、接受能力和实际需要,有针对性地开发自然类、历史类、地理类、科技类、人文类和体验类等多种类型的活动课程,并注重课程的系统性、知识性、科学性和趣味性,尽量为学生全面发展提供良好的成长空间。同时,在出行前,服务机构还需协助主办方进行出行备案,按要求提供备案所需的方案、申报书等材料。一般来说,要求申报学校提前10—15天提交备案,报对应教育行政部门审批,按规定的备案表如实填写。

(2)实施研学课程,提供约定服务。

研学导师应按照合同约定内容提供教育服务。课程实施时,应针对不同学龄段,基于课程内容选择有针对性的教学方法,尊重学生的主体地位,以人为本,以学生活动为主,突出体验性。同时,应为每一位学生发放研学手册,包括此次研学旅行的主题和目的、研学内容(包括核心问题)、行程介绍、行程地图、学生分组表、安全事项、纪律要求、物资清单、通讯录等,既帮助学生了解整个研学旅行的基本情况,也方便指导学生开展活动,提高监督质量,明确纪律要求。

(3)评价研学课程,保障研学效果。

研学导师要结合课程内容构建层次化、多样化的评价体系,例如,每天可以进行"小组竞赛""小组互评"和"小组总结",或者到一定阶段再进行"作品展示""研究报告""任务答辩"等。每个时间节点都需要自评、互评和点评,并给予学生一定的建议。研学导师不仅要关注研学的最终结果,更要关注从制定方案到实施开展的过程。研学主题不同,评价的侧重点也不同,着重培养学生的思辨能力、动手能力和创造能力。

（五）安全保障

(1)主办方、承办方及供应方应针对研学旅行活动,制定研学旅行安全管理工作方案、应急预案及操作手册、研学旅行产品安全评估制度、研学旅行安全教育培训制度,服务人员上岗前要进行安全风险防范及应急救助技能培训。

(2)主办方、承办方及供应方应制定和完善包括地震、火灾、食品卫生、治安事件、设施设备突发故障等在内的各项突发事件应急预案,并定期组织演练。

(3)承办方和主办方应根据各项安全管理制度的要求,明确安全管理责任人员及其工作职责,在研学旅行活动过程中安排安全管理人员随团开展安全管理工作。

(4)对学生进行风险提示,开展安全培训,要有专业的医护和应急人员随行。

(5)购买相应足额、合理的经营责任保险。

任务三　政府、学校等部门的业务管理

任务导入

鉴于参与群体的特殊性,研学旅行的组织和管理也相应有着特殊要求。《关于推进中小学生研学旅行的意见》中明确表示,各地要成立由教育部门牵头,发改、公安、财政、交通、文化、食品药品监管、旅游、保监和共青团等相关部门、组织共同参加的中小学生研学旅行工作协调小组。因此,研学旅行的实施主导者是"教育部门和学校",牵头部门是"教育部门"。

任务重点

明确学校在研学旅行中的职责与任务。

任务难点

国家出台的研学旅行各项政策的理解。

任务实施

研学旅行的实施主要跨教育和旅游两大领域,实则是一个系统工程,不仅需要国家的政策支持和法律约束,还需要社会各行各业的支持和监督才能有效实施。因而,我们需要从系统思考的角度来了解研学旅行的管理体系组成,进而重点了解政府部门对研学旅行的支持与约束作用,以及研学旅行的主要实施方即中小学校在其中需要承担的职责与任务。

一、研学旅行的管理系统

研学旅行涉及的方面多、部门多。如果协调不到位,很多活动难以开展。

研学旅行由"教育＋旅游"跨界融合而生。一方面,研学旅行重在实践性、研究性学习,是学校教育和校外教育衔接的创新形式,是教育教学的重要内容,作为我国深化素质教育改革的重要举措,其启动和实施源自政府的政策推动。另一方面,研学旅行也是一种特殊的旅游形式,它以中小学生为对象,通过集体旅行、集中食宿的方式开展。也就是说,我国研学旅行的发展具有政府主导和市场推动的双动力源,不仅有文化旅游及相关产业的推动,政府职能部门和学校也扮演着重要角色,发挥着统筹、管理、组织、监督的重要作用。但仅仅依靠政府和教育部门是不够的,需要政府协调各方、统筹规划。此外,还需要交通、旅游、食品药品监管、文化、财政、公安等相关部门方方面面的配合。

《关于推进中小学生研学旅行的意见》(以下简称《意见》)提出,各地要成立由教育部门牵头,发改、公安、财政、交通、文化、食品药品监管、旅游、保监和共青团等相关部门、组织共同参加的中小学生研学旅行工作协调小组,办事机构可设在地方校外教育联席会议办公室,加大对研学旅行工作的统筹规划和管理指导,结合本地实际情况制定相应工作方案,将职责层层分解落实到相关部门和单位,具有很强的指导性和可操作性。在实际运营中,一方面要注意统筹协调,组织有序,要做好对研学旅行工作的整体设计,统筹规划;同时,还要结合本地和学校的实际情况制定相应的工作方案,将职责层层分解落实到相关部门和单位,切实做到"活动有方案,行前有备案,应急有预案"。

研学旅行管理系统图如图6-2所示。

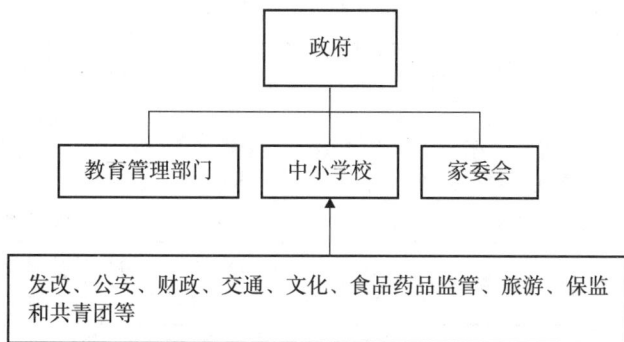

图 6-2　研学旅行管理系统图

二、政府对研学旅行的管理

（一）政策支持

中国教育学会王振民先生说："最好的教育在路上"。2012年，时任教育部长的袁贵仁访问日本，对日本成群结队的中小学修学旅行印象极为深刻。同年，教育部开始了对研学旅行的研究，开始以日本的修学旅行为起点研究，又逐步研究英国、俄罗斯、美国等国家有关研学旅行、营地教育等方面的政策，并且成立了专项课题研究小组，选取安徽、江苏、陕西、上海、河北、江西、重庆、新疆8个省（区、市）率先开展研学旅行试点工作。2014年，教育部发布《中小学生赴境外研学旅行活动指南（试行）》，为境外研学活动制定了基本标准和规则。2016年，教育部等11部门联合发布《关于推进中小学生研学旅行的意见》，把研学旅行纳入学校教育教学计划，并将之置于落实立德树人根本任务的战略新高度。之后各省（区、市）积极响应国家政策，出台研学旅行相关地方政策，推动本地研学健康发展。

2013—2023年有关发展研学事业的国家政策及其主要内容梳理如表6-1所示。

表 6-1　2013—2023 年有关发展研学事业的国家政策及其主要内容

发布时间	政策标题	政策内容
2013年	《国务院办公厅关于印发国民旅游休闲纲要（2013—2020年）的通知》	逐步推行中小学生研学旅行
2014年	《国务院关于促进旅游业改革发展的若干意见》	首次明确将研学旅行要纳入中小学生日常德育、美育、体育教育范畴；建立小学阶段以乡土乡情研学为主、初中阶段以县情市情研学为主、高中阶段以省情国情研学为主的研学旅行体系

续表

发布时间	政策标题	政策内容
2015年	《国务院办公厅关于进一步促进旅游投资和消费的若干意见》	旅行社和研学旅行场所应在内容设计、导游配备、安全设施与防护等方面注意青少年学生特点，寓教于游；规范和引导中小学生赴境外开展研学旅行活动
2016年（"十三五"规划研学旅游元年）	《中国学生发展核心素养》	引领学生培育适应社会发展与终身发展需求的必备品格和关键能力
	《研学旅行服务规范》	对服务提供方、人员配置、研学旅行产品、服务项目及安全管理等进行了详细规定
	《教育部等11部门关于推进中小学生研学旅行的意见》	中小学生研学旅行是由教育部门和学校有计划地组织安排，通过集体旅行、集中食宿方式开展的研究性学习和旅行体验相结合的校外教育活动，是学校教育和校外教育衔接的创新形式，是教育教学的重要内容，是综合实践育人的有效途径
2017年	《教育部关于〈印发中小学德育工作指南〉的通知》	把研学旅行纳入学校教育教学计划，促进研学旅行与学校课程、德育体验、实践锻炼有机融合
2018年	《关于2018年全国中小学生研学实践教育项目评议结果的公示》	推进研学实践教育营地和基地建设，拟命名中国人民解放军海军南海舰队军史馆等377个单位为"全国中小学生研学实践教育基地"，北京市自动化工程学校等26个单位为"全国中小学生研学实践教育营地"
2019年	《关于印发〈教育部基础教育司2019年工作要点〉的通知》	继续实施中央专项彩票公益金支持校外教育事业发展项目，加强研学实践教育基地（营地）课程资源和服务平台建设，遴选推广典型线路
2020年	《中共中央 国务院关于全面加强新时代大中小学劳动教育的意见》	阐述加强劳动教育的重大意义、指导思想和基本原则；家庭、学校、社会协同广泛开展劳动教育实践活动；切实加强劳动教育的组织实施
	《教育部关于印发〈大中小学劳动教育指导纲要（试行）〉的通知》	明确劳动教育性质和基本理念，劳动教育目标和内容，劳动教育途径、关键环节和评价，学校劳动教育的规划与实施，以及劳动教育条件保障与专业支持
2022年	《国务院关于印发"十四五"旅游业发展规划的通知》	推动研学实践活动发展，创建一批研学资源丰富、课程体系健全、活动特色鲜明、安全措施完善的研学实践活动基地，为中小学生有组织研学实践活动提供必要保障及支持

发布时间	政策标题	政策内容
2022年	《文化和旅游部办公厅 教育部办公厅 国家文物局办公室关于利用文化和旅游资源、文物资源提升青少年精神素养的通知》	以博物馆、纪念馆、开放的文物保护单位、考古遗址公园、红色旅游景区等设计研学旅行精品线路，综合运用专题讲座、文艺演出、解说导览、参与志愿服务等方式，推动青少年在感悟社会主义先进文化、革命文化和中华优秀传统文化中增强文化自信
2023年	《教育部等十三部门关于健全学校家庭社会协同育人机制的意见》	明确了学校、家庭、社会在协同育人中的各自职责定位，以及相互协调机制

（二）资源整合

政府要发挥整合资源、串珠成链，完善业态、做优品质，以研学资源大整合带动教旅产业大发展。要树牢系统观念，准确把握研学旅行资源整合的原则，做到整体规划、全域布局、差异定位、特色发展。要坚持解放思想、改革创新，借鉴先进地区经验，坚持政府主导、市场化运作。《意见》提出，各地教育、文化、旅游、共青团等部门、组织密切合作，根据研学旅行育人目标，结合域情、校情、生情，依托自然和文化遗产资源、红色教育资源和综合实践基地、大型公共设施、知名院校、工矿企业、科研机构等，遴选建设一批安全适宜的中小学生研学旅行基地，探索建立基地的准入标准、退出机制和评价体系；要以基地为重要依托，积极推动资源共享和区域合作，打造一批示范性研学旅行精品线路，逐步形成布局合理、互联互通的研学旅行网络。

（三）建立研学服务准入机制

教育部门牵头，联合相关部门，根据《研学旅行服务规范》和当地省教育厅、省文化和旅游厅制定的有关中小学研学旅行服务单位基本条件的要求，建立研学服务准入机制。

1. 遴选研学旅行基地（营地）

建立基地（营地）准入标准、退出机制和评价体系。鼓励全省、市各部门发挥自身优势，整合自然和非物质文化遗产资源、红色教育资源、大型公共设施、知名院校、工矿企业、科研机构、综合实践基地等，建设一批安全适宜、主题鲜明、体验丰富的中小学生研学旅行基地（营地），予以认定授牌。各级教育行政部门分学段精心打造3—5条面向本区域的示范性研学旅行精品线路，逐步形成布局合理、互联互通的研学旅行网，为学校开展研学旅行提供菜单式服务。各学校开展的研学旅行应在各级教育行政部门命名的基地、营地开展。学生原则上在研学点就近的研学营地集中食宿，确保学生食宿安全。

2.推荐研学旅行社

探索建立旅行社准入标准、退出机制和考核机制。公示一批有资质的旅行社作为当地的中小学生研学旅行推荐旅行社。各学校开展的研学旅行活动如需与旅行社合作,应在推荐的旅行社中选择。被推荐的旅行社应成立专门的研学旅行部门,培育和建立针对学生不同年龄和不同研学主题的专业导游队伍;应对导游进行安全风险及应急救援技能培训;应负责对学生进行风险提示和安全培训。

3.推荐道路运输企业

公示一批有资质的道路运输企业作为当地的中小学研学旅行推荐道路运输企业。各学校在开展研学旅行活动过程中如需车辆服务,应在推荐的道路运输企业中选择。

(四)保障服务

首先,政府部门要制定科学有效的中小学生研学旅行安全保障方案,探索建立行之有效的安全责任落实、事故处理、责任界定及纠纷处理机制,实施分级备案制度,做到层层落实,责任到人。

其次,要采取多种形式、多种渠道筹措中小学生研学旅行经费,探索建立政府、学校、社会、家庭共同承担的多元化经费筹措机制。交通部门针对中小学生研学旅行,在公路和水路出行方面严格执行儿童票价优惠政策;铁路部门可根据研学旅行需求,在能力许可范围内积极安排好运力;文化和旅游等部门要对中小学生研学旅行给予支持,如实施场馆、景区、景点门票减免政策,提供优质旅游服务;保险监督管理机构应会同教育行政部门,推动将研学旅行纳入校方责任险的保障范围。

最后,要建立健全中小学生参加研学旅行的评价机制,把中小学组织学生参加研学旅行的情况和成效作为学校综合考评体系的重要内容。学校要在充分尊重个性差异、鼓励多元发展的前提下,对学生参加研学旅行的情况和成效进行科学评价,并将评价结果逐步纳入学生学分管理体系和学生综合素质评价体系。

三、中小学校在研学旅行中的管理职责

(一)研学旅行实践教育活动组织方式

《意见》提出,学校组织开展研学旅行可采取自行开展或委托开展的形式,即中小学校既可以自己组建研学教师团队,带领学生外出开展研学旅行,也可以委托给第三方机构,学校负责监督,由第三方机构即旅行社或有旅行社经营资质的教育公司全权实施研学旅行。还有一种情况是,随着家校联系的逐渐深入和家委会组织的日益规范与成熟,中小学校家委会负责组织研学旅行实践活动。不论是哪种组织形式,中小学校都需履行在研学旅行中的监管职责。研学旅行实践活动必须坚持学生自愿的原则,任何学校或个人不得强制或变相强制学生参加研学实践活动。对自愿参加校外研学活动的学生,学校要提前通过告家长书的形式,向学生及学生家长公开说明校外研学

活动的收费项目、收费标准等。对于特殊情况或家庭困难的学生,学生家长或监护人可向学校主动提出减免申请,经学校审核后,研学实践基(营)地要酌情予以减免费用,保障困难家庭学生能参与到研学实践活动中。

1. 学校组织

学校自行开展研学旅行前,要全面征求学生及家长意愿,并公示费用清单。在研学旅行实践教育开展前3个工作日将征求意见情况及研学旅行实践活动方案、研学课程设计、研学线路规划、师资团队搭建、食宿交通保障、成本费用核算、安全预案等情况报区教育局申请并备案,经教育局审核同意后方可组织开展。要根据需要配备一定比例的学校领导、教师和安全员,也可吸收少数家长作为志愿者,负责学生活动管理和安全保障,与家长签订协议书,明确学校、家长、学生的责任权利。

2. 委托第三方组织

学校委托第三方组织开展研学旅行,要与有资质、信誉好的委托企业或机构签订协议书,明确委托企业或机构承担学生研学旅行安全责任。学生不能参加研学旅行实践的应履行请假手续。优先选择市级及以上基地(营地)承办研学旅行活动,其中研学旅行市内应选择市级及以上基地(营地)承办、市外省内应选择省级及以上研学基地(营地)承办、省外国内应选择国家级研学基地(营地)承办。

(二)中小学校在研学旅行中的具体职能

1. 成立学校研学旅行工作专案组

(1)组建研学旅行专项领导小组。

各中小学校要建立校长负总责、分管副校长具体抓、共青团(少先队)及家长委员会具体实施的研学旅行专项领导小组,安监办、政教处、总务处等部门密切配合的工作机制,把职责进行层层分解,加强对研学旅行工作的组织领导和统筹实施。

(2)组建研学旅行课程化建设领导小组。

各学校要在学年初制订详细的研学旅行课程计划,与学校课程有机融合,与综合实践活动课程统筹考虑,确保立意高远、目的明确、学习有效。中小学研学旅行一般情况下在每年的3—5月和9—11月进行。每学年累计时间:小学4至6年级4—5天,以乡土乡情研学为主;初中1至2年级5—6天,以县情市情研学为主;高中1至2年级5—7天,以省情国情研学为主。小学1至3年级和中学毕业年级可结合教育教学实际安排研学旅行。原则上学校不在寒暑假及法定节假日安排研学旅行活动。研学旅行宜采取游览参观、学习考察、主题探究、亲身体验等方式,融专题研究、访问调查、社会服务、设计制作、同伴互助等为一体,活动内容与学校教育要有效衔接,发挥研学旅行与校内课程不同的育人价值,避免"只旅不学"或"只学不旅"现象。

研学旅行课程化建设领导小组具体还需承担以下职责。一是制定研学旅行课程总目标。以国家研学旅行相关政策为指导,将研学旅行课程目标分解为基本发展目标和个性发展目标,为学生个性发展提供多种平台。二是编制年级研学旅行目标。根据总目标,结合年级学生身心特点,把研学旅行课程总目标分解成年级阶段目标,设计与制定年级研学旅行实施方案、年级研学旅行系列主题活动实施方案等,做到各阶段研学旅行目标内容与组织实施相互衔接。三是结合中小学研学旅行特点,细化年级研学旅行课程标准、内容、途径,构建学校研学旅行课程体系。

例如,湖北省的小学可组织高年级组各学科教师对荆楚大地的历史文化、时代发展进行踩线考察,集中收集材料、分析研究,从研学目标、研学对象、研学主题、课程内容、课程实施、课程评价等方面进行系统备课,集体磨课。将湖北省内的实地研学资源与学校学科课程(语文、数学、地理、历史等)进行衔接并延展,从人文、科学、自然、社会等方面对主题进行分析与整合,提炼设计不同内容的研学课题,具体可参考表6-2。

表6-2　小学高年级学段可参考的荆楚文化多学科研究课题

序号	研学主题	对应学科
1	传承屈子文化,弘扬爱国精神	语文、历史
2	走进楚式建筑,感受建筑美学	美术
3	看长安三万里,探江南第一楼	语文、历史
4	乘坐空中列车,探索科学奥秘	数学、科学
5	触摸地球沧桑,解读地貌奇景	地理
6	漫步绿野仙境,领略植物王国	生物
7	荆楚文化传承,争做时代少年	德育
8	传承耕种文化,践行育人初心	劳动

学校研学旅行课程化建设领导小组还可以从目前研学领域课程设计零散且缺乏连续性、不同阶段学生研学断层等问题出发,根据不同年龄段学生的认知和心理发展特点,具体划分为小学1—3年级、小学4—6年级、初中和高中四个学段,设计基于当地资源的小初高一体化考量的研学旅行课程体系。

例如,广东省中山市沙溪镇圣狮村结合当地的研学资源特点,设计了“追溯历史、品味民俗、建设乡村”的研学主题,并制定出了梯度化、进阶性的研学课程内容(表6-3至表6-6)。

表6-3　“追溯历史-人文”主线梯度课程内容设计

研学地点	学段	课程内容
阮家旧宅、村史馆	小学1—3年级	观察并绘制古物件,配以简单注释
	小学4—6年级	拍摄新旧物件并对比,将变化整理到研学手册中

续表

研学地点	学段	课程内容
阮家旧宅、村史馆	初中	参观并对比建筑风格的差异；拍摄情景剧讲述圣狮故事
	高中	分析建筑结构的功能和作用，直播宣传"湾区"古建筑

表6-4　"追溯历史-自然"主线梯度课程内容设计

研学地点	学段	课程内容
圣狮正码头、古海遗址	小学1—3年级	尝试探索"圣狮正码头"名字的由来
	小学4—6年级	调查"圣狮正码头"的码头往事
	初中	找出海陆变迁的证据，尝试分析其过程
	高中	找出并描述海蚀地貌的景观特点；用思维导图分析形成过程

表6-5　"品味民俗-体验"主线梯度课程内容设计

研学地点	学段	课程内容
民俗馆	小学1—3年级	通过舞狮、拼眼睛、画龙狮凤等活动初步认识四月八
	小学4—6年级	通过观察动作、合作舞龙、扎龙、填色等活动了解四月八
	初中	观察动作意图、合作舞凤；简单总结四月八的发展与演化
	高中	听鼓声差异、演一项民俗；时间线构建四月八演化全过程

表6-6　"口味民俗-美食"主线梯度课程内容设计

研学地点	学段	课程内容
公益园、全村	小学1—3年级	了解并尝试制作栾樨饼；完成圣狮美食调查记录表
	小学4—6年级	制作并记录栾樨饼的制作过程；思考米—米制品的变化过程
	初中	合作展示并讲解制作过程；认知栾樨饼的食用功效和典故
	高中	通过调查和分析，拍摄一种圣狮美食的制作视频并宣传

2. 全面落实研学旅行实施的各阶段工作

中小学校作为主办方应有完整的研学计划。对研学手册行前、行中、行后任务有详细说明，规定校方各责任人的权责利关系，如校长、年级组长、班主任等，把研学方案中的研学时长、研学主题、研学书籍、研学费用等，明确告知学生。

（1）行前的准备工作。

学校要对学生进行充分的动员，开设研学旅行课程专题讲座，使学生做好充分的思想准备和知识与能力的储备。要做好行前安全教育，负责确认承办方为出行师生购买意外险，必须投保校方责任险，与家长签订安全责任书，与委托开展研学旅行的承办方签订安全责任书，明确各方安全责任。

Note

同时,在出行前,为确保基地内及各研学目的地研学旅行活动安全有序地进行,学校与教育局、学校家委会应对研学活动达成共识,学校领导及班主任积极参与,全程跟随。根据具体的研学行程,成立研学旅行安全领导小组和各职能工作组,包括领导小组、研学导师组、安全组、生活保障组和医疗保障组等,明确各小组的职责分工,切实保障师生的生命财产安全。研学旅行行前职能工作组架构及具体职责图如图6-3所示。

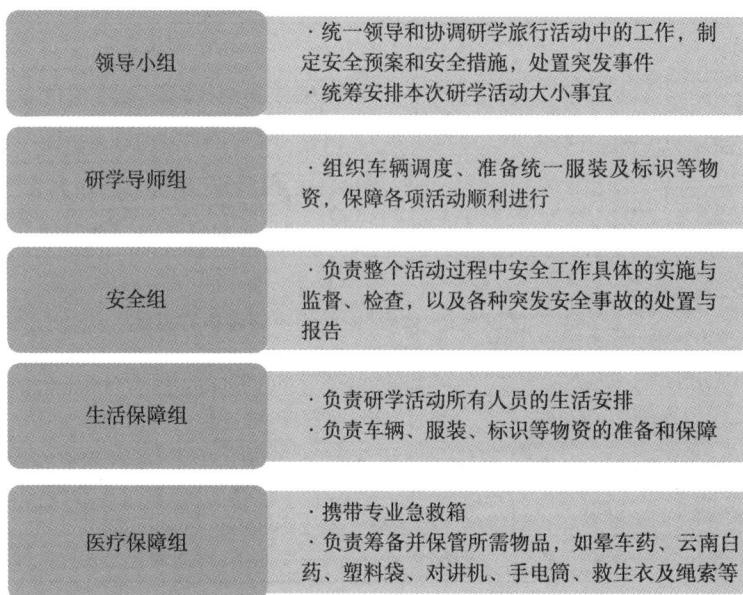

领导小组	·统一领导和协调研学旅行活动中的工作,制定安全预案和安全措施,处置突发事件 ·统筹安排本次研学活动大小事宜
研学导师组	·组织车辆调度、准备统一服装及标识等物资,保障各项活动顺利进行
安全组	·负责整个活动过程中安全工作具体的实施与监督、检查,以及各种突发安全事故的处置与报告
生活保障组	·负责研学活动所有人员的生活安排 ·负责车辆、服装、标识等物资的准备和保障
医疗保障组	·携带专业急救箱 ·负责筹备并保管所需物品,如晕车药、云南白药、塑料袋、对讲机、手电筒、救生衣及绳索等

图6-3   研学旅行行前职能工作组架构及具体职责图

（2）行中的课程实施。

①乘车安全。

上下车要有序进行,不得拥挤,要按固定位置就座,不得抢座位。上车后,所有人员要全部扣好安全带,学校带队老师要进行逐一检查落实。车辆行驶过程中,不得在车内来回走动,不得把手、头等伸出窗外,不得向窗外乱扔杂物。上车后,要清点人数,并向领导小组报告。下车安排如下:首先研学导师下车,站在车头的前方5米处;随后学校带队老师下车,负责组织即将下车的学生;接着各班旗手下车;其他同学依次下车,自觉排成两队;安全员最后下车。在研学导师带领下,全体成员在车辆前方10米左右处进行整队集合,待全部人员下完后,研学导师整队,听候命令行动。

②研学地活动安全。

在参观点活动或路上行走,所有同学要服从研学导师、学校带队老师及有关人员的统一指挥,不得擅自行动。活动应有序开展,不得拥挤,不得追逐打闹,远离沟边、河边等危险区域。行进过程中,队伍要保持两路纵队或单路纵队,靠右行走。过马路时,研学导师、学校带队老师、安全员应确保安全后,再指挥学生全部通过。活动过程中安全员要密切关注交通状况、车辆往来、活动场所安全及学生行为等,一旦发现安全隐患要及时采取有效的防范措施。在每个研学实践点活动结束或休息结束时，学校带队老师和研学导师要共同清点各班人数，并报告领导小组。

③研学活动安排。

到达目的地后，由研学导师进行现场讲解和实践操作，帮助学生深入了解研学主题和目标。学校带队老师安排学生进行交流互动和合作探究，通过小组合作、讨论、实验等方式，提高学生的学习能力和研究能力。鼓励学生积极收集信息和资料，通过实地观察、采访、调研等方式，帮助学生深入理解研学主题和目标。

④生活安全。

熟悉所管理的学生的情况，及时掌握学生的身体状况及思想、生活动态。关照学生生活起居，学生有困难时及时协调解决，特别要照顾好年纪较小的学生。要穿着舒适的服装，穿运动鞋。要带适量的水和食品，不倡导带过多的食品、饮料。集体用餐时，要听从管理人员指挥，按序就餐。生活组要严把饭菜质量关，确保饮食安全。

（3）行后的研学评价。

学校要有效实施行后课程，对研学旅行课程、学生的学习成果、研学旅行承办方的工作和学校带队教师的工作作出评价和认定。特别是在对学生的评价上，学校要从学生、家长和研学导师等不同方面收集信息，以形成全面客观评价。采用学生自评与互评、过程性评价和发展性评价、定量评价与定性评价相结合，对学生研学旅行的情况进行综合分析，关注学生在研学旅行过程中的体验与感悟，让学生选出最好的研学旅行成果，进行展览，以展代评，为其他同学提供研学旅行示范；对学生研学旅行计划、方案、过程等文本进行展示，为其他同学提供研学旅行范本。同时，对研学旅行结果进行监测，了解其对学生发展核心素养的影响，进一步优化研学旅行活动，以促进研学旅行有效开展。

评价量表

⛵ 项目小结

本项目从研学旅行运维体系的角度出发，来分析中小学生研学旅行领域的标准、规范化管理和长远发展。具体阐述了研学旅行基地（营地）的建设要求及管理，研学旅行服务机构的资质、服务内容和服务标准，研学旅行管理系统中两个主要板块即政府部门和中小学校在研学旅行中应发挥的职责。随着研学旅行的深入发展，对于研学旅行运维体系的标准和要求也将越来越严格，进而筛选出能够真正为研学旅行长远发展提供支撑和保障作用的运维机构。

⛵ 拓展资源

1. 孙亦华，《一间自由生长的教室》，长江文艺出版社，2022年。

2. 迈克·福里萨姆，《多元智能教学法》，中国青年出版社，2020年。

微 语 录

我们要解放小孩子的空间,让他们去接触大自然中的花草、树木、青山、绿水、日月、星辰。

——陶行知

在线答题
▼

课后练习

理论思考

1. 结合研学旅行基(营)地的知识,试着结合你熟悉的当地基(营)地研学资源,说一说可以开发哪些主题的基(营)地研学课程。

2. 结合所学知识及对研学旅行行业的认识,谈一谈中小学校在研学旅行中应承担的职责。

实操训练

1.《2022—2023年中国旅游发展分析与预测》中发现,一些有特色的基地缺乏对研学者的研学目标、已有知识结构、知识接受水平、情感认知水平等的分析,没有对不同年龄阶段的研学者设置不同的课程目标和配套的内容,课程内容比较单一。这说明了什么问题? 研学旅行基地(营地)开发特色课程,应把握哪几个注意点?

2. 近几年来,首都北京图书馆的研学活动逐渐"走出去",从名人故居到老胡同、中轴线,市场需求持续高涨。同时,近年来首都图书馆还在北京市的中小学校中开展认知图书馆活动,集体入馆进行探究性学习。请你结合这一研学产品给你的启示,基于当地图书馆的角度,设计2—3条能将其与地域特色研学资源结合的研学路线,并大致陈述其具体内容。

项目七
掌握研学旅行的从业技能：知识与能力

学习目标

1. 了解研学旅行从业者的基本构成、角色定位以及职业道德要求，掌握研学旅行指导师的职业标准。

2. 掌握研学旅行指导师应该具备的专业知识和职业技能，了解法律法规及政策标准知识，熟悉研学旅行知识、安全防护知识，理解教育教学的相关知识，能够进行研学旅行教育讲解服务，掌握基本的安全防护技能，能够策划、组织与实施研学旅行活动。

3. 树立"安全第一、教育为本"的服务理念，养成终身学习的意识和博学多才的价值追求，培养精益求精的匠心精神，并树立迎难而上的工作态度。

知识导图

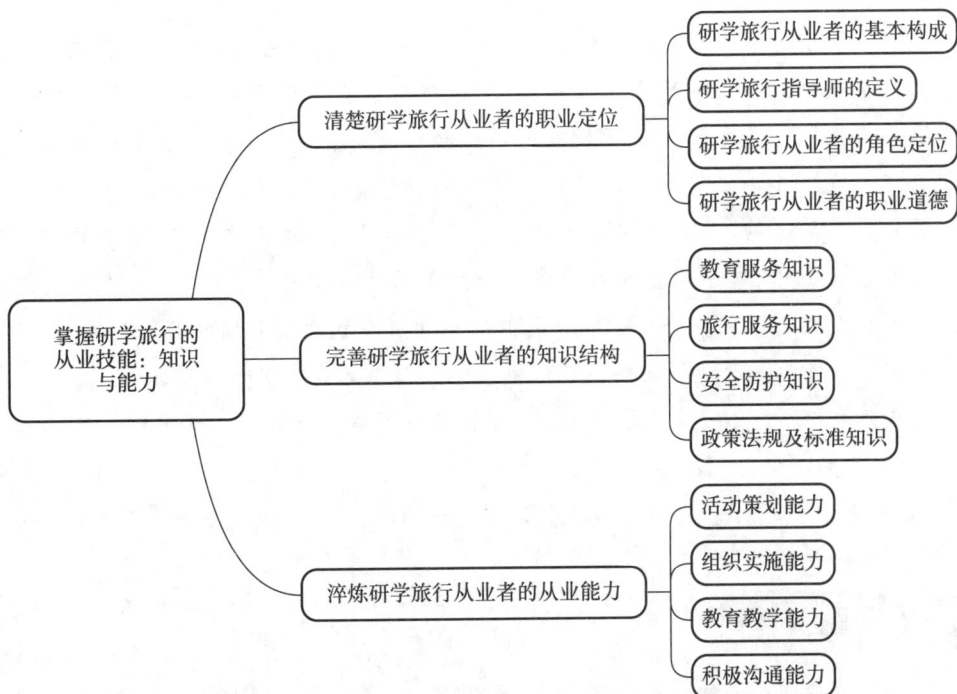

情境导入

研学旅行指导师：让课堂"行走"起来（节选）

在上海，一名研学旅行指导师迎来工作旺季。进入研学旅行行业5年，师范专业出身的吉鑫正忙着筛简历：从近500份应聘助教兼职的简历中挑出50份。过去的一周，已有通过面试的大多来自教育学专业或是心理学专业的大学生助教跟团出发，按照1∶6或1∶8的人员配比，这些助教将在研学之旅中看护一定数量的孩子，并负责拍照。

从业多年，吉鑫终于找到自己的职业定位——研学旅行指导师。人社部2022年公示该新职业时，将其定义为策划、制订、实施研学旅行方案，组织、指导开展研学体验活动的人员。《中国研学旅行发展报告2022—2023》（以下简称《报告》）显示，2022年，93家高职院校开设"研学旅行管理与服务"专业。

《报告》课题组负责人、中国旅游研究院产业所副研究员张杨告诉记者：研学旅行指导师既不同于原来的教师，也不同于导游，需要既懂得旅游又理解教育，对人才的要求较高，因此在相关专业人才培养上更要和产业实践相结合，去了解产业的需求与难点。

通过研学旅行给孩子带来最初的印象或科学启蒙，是张卓然和很多研学旅行指导师的愿望，也是不少家长选择一些科普主题研学旅行项目的原因。吉鑫记得，两三年前，家长们更多的想法还是"让孩子玩得开心"，但如今，越来越多的家长希望孩子在旅行的同时能够增长见闻，"玩得开心也要学到东西"。

这也印证了研学旅行圈内的那句话，"过去，书本是孩子的世界，现在，世界是孩子的书本。"吉鑫把这句话的后半部分理解为"开眼看世界"，他说自己当时考大学时"闭着眼选了专业"，但现在研学旅行能够提供一些行业科普课和实验课，"起码有可能让孩子们初步地知道自己喜欢什么行业，去发现更多可能性"。

这种走在路上的"互动课堂"，也时常遇到"翻转"。吉鑫记得，在一趟以元宇宙为主题的研学旅行中，孩子们在虚拟情境中扮演不同的人物角色，故事围绕秦始皇统一六国的历史背景展开。一个孩子当时问他知不知道春秋战国时期的四大刺客是谁，只知道荆轲的吉鑫后来邀请提问的孩子介绍了《史记》中记载的四大刺客。

他告诉记者，平时一趟研学之旅中，总会有一两个孩子对某个话题有一定的知识储备，这就是翻转课堂，孩子可以成为我们的老师。

（资料来源：朱彩云，《中国青年报》，2023-06-13）

问题引导

怎样才能成为一名优秀的研学旅行从业者？

任务一　清楚研学旅行从业者的职业定位

任务导入

当下，研学旅行服务已经形成比较完整的服务体系和服务规范。研学旅行从业者应该是什么样的人，对研学旅行有什么样的认知，应该具有哪些职业道德，这是提供研学旅行服务的首要问题和核心问题。本任务主要分析研学旅行从业者的基本构成和角色定位，辨析研学旅行指导师的独特职责，讨论研学旅行从业者的职业道德。

任务重点

研学旅行从业者的基本构成和角色定位。

任务难点

研学旅行指导师的含义与职责理解。

任务实施

研学旅行是"旅游＋教育"深度融合发展的新业态。在建设旅游强国的新征程中，研学旅行是贯彻"以文塑旅、以旅彰文"的催化剂和重要抓手。可以说，它既是新质生产力，也是新质消费力，将有力地推动我国文化和旅游业高质量发展行稳致远。研学旅行的持续健康发展，亟须既懂教育又懂旅游的复合型高技能人才。

一、研学旅行从业者的基本构成

从广义上说，研学旅行从业者是指监督、审核、策划、制定和实施研学旅行活动课程方案，在研学旅行过程中组织和指导中小学生开展各类研究性学习和体验活动的从业人员。这是一个庞大而又复杂的服务团队，主要包含三个层面的人员：一是教育行政管理部门的管理人员、学校的管理者、一线教师、学生家长等；二是文化旅游、交通、公安、食品药品监管、保险监督管理等相关职能部门的管理人员；三是具体承接研学旅行服务的企业或机构工作人员。从狭义上讲，研学旅行从业者主要包括两部分：一部分是中小学校管理者和教师；另一部分是承接中小学校研学旅行服务的社会企业或机构工作人员。本书后面提及的"研学旅行从业者"均指其狭义概念。从目前的研学旅行实践来看，研学旅行从业者主要由以下几类人员构成。

1. 学校的总负责人和带队教师

学校的总负责人一般都由分管校长或相关部门主任担任,带队教师一般为班主任和学科教师。总负责人的主要职责是组织协调决策、把控研学质量;带队教师的主要职责是在研学旅行执行过程中管理好学生,协助完成研学旅行课程的各个环节,达成研学目标。

2. 承办方人员

承办方人员主要包括研学服务机构(旅行社)派遣的总领队,研学旅行指导师,景区、场馆的讲解员,基地(营地)的专业老师、教练或特聘专家授课人员,科研场所的专业工作人员等。他们的主要职责是具体实施研学旅行课程和相关主题活动,比如开(闭)营仪式、酒店安全逃生演练等。

3. 安全员

安全员主要包括专职负责安全的人员和随队医生。其主要职责是在研学旅行活动中时刻做好安全保障工作。

从研学旅行的实际实施来看,研学旅行从业者是一个"教师团队",研学旅行活动需要团队成员密切配合,各负其责,齐心协力完成研学旅行活动。从其研学旅行的核心工作来看,研学旅行指导师是关键的、独立的,承担着明确的岗位职责。

二、研学旅行指导师的定义

研学旅行是一种行走在路上的动态课程,也是跨学科的生成式融合课程。负责实施这类课程的师资是决定研学旅行教育活动是否成功的关键因素。毫无疑问,在研学旅行从业者中,研学旅行指导师扮演着重要角色。那么,如何理解"研学旅行指导师"这一概念呢?

2019年,中国旅行社协会、高校毕业生就业协会等联合发布的《研学旅行指导师(中小学)专业标准》(T/CATS 001—2019)明确了研学旅行指导师的定义。同年,文化和旅游部人才中心等制定的《研学旅行指导师职业技能等级评价标准》也采用该定义。研学旅行指导师(study travel tutor)是指策划、制定或实施研学旅行课程方案,在研学旅行过程中组织和指导中小学生开展各类研究学习和体验活动的专业人员。

2022年,新修订的《中华人民共和国职业分类大典》中,研学旅行指导师的定义为策划、制定、实施研学旅行方案,组织、指导开展研学体验活动的人员。

2023年9月1日,人力资源和社会保障部面向社会公开征求66个国家职业标准意见,其中包括《研学旅行指导师国家职业标准》(征求意见稿)。在此征求意见稿中,研学旅行指导师定义为策划、制订、实施研学旅行方案,组织、指导开展研学体验活动的人员。2024年5月22日,人力资源社会保障部发布公告,公示一批新职业信息,附件中拟调整变更职业(工种)信息,明确提出将"研学旅行指导师(4-13-04-04)"职业名称变更为"研学旅游指导师"。

Note

从工作流程来看，研学旅行指导师涵盖了研学旅行的行前（策划和制定课程）、行中（实施课程）、行后（评价总结）；从岗位职责看，研学旅行指导师是研学活动的策划者、制定者和组织实施者；从职业需求看，研学旅行指导师是新兴职业，属于既懂教育又懂旅行的跨行业复合型专业人才。

（一）研学旅行指导师与中小学教师的区别

1. 职责焦点

研学旅行指导师的主要职责是结合旅行环境和实地考察，引导学生进行体验性、探究性学习，关注的是将理论知识与实际情境相结合，强调在非传统课堂环境下的学习；中小学教师的主要职责是遵循教育大纲和课程标准，在校园内通过课堂教学传授知识，比较注重知识的系统性和层次性。

2. 教学环境

研学旅行指导师主要在户外、博物馆、科研机构等多种环境下开展活动，环境多变；中小学教师的教学环境通常是固定的教室或学校场所。

3. 教学方法

研学旅行指导师侧重互动体验、观察学习、小组合作等更加灵活与创新的方法，使学生在参与、探索中学习；中小学教师多以课堂讲授、作业设计、考试命题等传统教学方法为主。

4. 教学内容和目的

研学旅行指导师更注重通过实践活动和探索学习提升学生的综合素养、社会实践能力和对知识的应用能力；中小学教师侧重理论知识的传授和学科教学计划的执行，旨在培养学生的基础学科能力。

（二）研学旅行指导师与导游的区别

1. 工作内容

研学旅行指导师更加注重教育内容的深度和广度，不仅提供场地、历史文化等知识的介绍，还设计与实施有教育目的的活动和实践，关注学生的学习和成长，促进学生的全面发展；导游的主要工作是解说景点历史文化、安排旅游路线和日程，侧重提供旅游服务和知识性介绍。

2. 目标群体

研学旅行指导师主要面向的是学生群体，着眼于培养学生的综合素质，强调学习、体验与个人成长，注重提供适合学生年龄和认知水平的研学内容；导游服务的对象是广泛的游客群体，关注的是提供愉悦的旅行体验，确保游客对景点的了解和旅游服务的满意度。

3.专业要求

研学旅行指导师相比于导游,需要有更加扎实的教育理论基础、良好的师生互动能力及一定的课程设计与实施能力。

(三)研学旅行指导师与基地(营地)教练的区别

1.服务内容

研学旅行指导师更加注重活动设计的教育意义、学生的个人与团队发展;基地(营地)教练主要负责具体活动项目的安全指导和技能训练,如攀岩、徒步、定向等,侧重技能传授和安全指导。

2.目标导向

研学旅行指导师更倾向于通过多样化活动达到综合素质教育的目的,围绕特定主题进行探索和学习,如提升学生的环保意识、历史文化认知及团队协作能力等;基地(营地)教练的工作往往注重提高学生的体能和技能水平,更侧重技能训练和个人品质的塑造,在特定领域深化学生的知识和技能。

3.工作场所

研学旅行指导师的活动范围较为广泛,涉及各类文化、历史、自然等多方面的研学项目,可能覆盖多个不同类型的研学场所和环境;基地(营地)教练通常专注于特定类型的活动,如运动、团队建设、生存技能等,活动范围相对局限于基地或营地的特定环境。

总之,研学旅行指导师、中小学教师、导游和基地(营地)教练虽在工作内容、目标群体、专业要求等方面均有所区别、各有侧重,但都在教育和培养学生方面起着重要作用。研学旅行指导师扮演着连接课堂教育与校外综合实践的桥梁角色,在传授知识的同时,更注重学生能力的综合培养,促进学生知识的深化与能力的提升。

(四)研学旅行指导师的两种类型

从就业情况来看,有两种类型的研学旅行指导师。

1.专职研学旅行指导师

专职研学旅行指导师指按照规定取得研学旅行指导师证书,被旅行社、学校、景区、研学服务机构、博物馆等单位正式聘用,签订劳动合同并以研学旅行教育工作为其主要职业的从业人员。这类人员大多受过高等教育和专门训练,大部分具有导游资格证书或教师资格证书等专业证书,是旅行社、研学旅行基(营)地、研学服务机构或学校的正式员工。

2.兼职研学旅行指导师

兼职研学旅行指导师指平时不以研学旅行指导为主要职业,而是在业余时间被旅行社、学校或研学服务机构、研学旅行基（营）地等单位临时聘用并委派从事研学旅行教育工作的人员。目前这类人员可细分为两种。

一种是被学校或旅行社、景区、基（营）地、研学服务机构等临时聘用，通过规定取得研学旅行指导师证书，但只是兼职从事研学旅行教育工作的人员。

另一种是被学校或旅行社、景区、基（营）地、研学服务机构等临时聘用，没有取得研学旅行指导师证书，但具有特定知识或技能，并临时从事研学旅行教育工作的人员。比如科研机构的专家学者、文化遗产地的非遗传承人、民间民俗艺人等，他们是研学旅行师资队伍的重要补充，往往可以深入讲授和指导研学活动，有力保证研学旅行课程的高品质实施。

三、研学旅行从业者的角色定位

（一）实践教育的引领者

研学旅行在传统的教育体系之外提供了一个通过旅行进行学习和实践的平台。它不仅能够开阔学生的视野，丰富学生的知识体系，还能提高他们的社交能力、实践能力和创新思维。研学旅行从业者在这一过程中扮演着实践教育引领者的角色，需要有能力设计和规划含有教育意义的行程。这需要他们不仅对旅行目的地的文化、历史背景有深刻了解，而且要能够将这些知识有效地融入研学旅行的活动中，确保旅行项目既有趣又富有教育意义。通过组织各种实践活动，如探究学习、社区服务、文化交流等，使学生能亲身体验和实践，将书本上的知识转化为实际操作的能力。

（二）优秀文化的传播者

研学旅行从业者不仅是文化的传播者，更是文化理解和交流的桥梁。通过精心设计的研学旅行项目，研学旅行从业者能够引导学习者深入目的地的文化背景之中，体验和学习当地的历史、艺术、风俗习惯及生活方式，从而实现对优秀文化的传播与普及。

首先体现在他们能够有效地把握并展现目的地文化的精髓和价值。他们不仅仅是旅行的组织者或者导游，更是深度解读文化的专家和教育者。通过研学活动，他们帮助学习者跨越语言和文化的隔阂，理解不同文化之间的异同，激发学习者对文化多样性的尊重和欣赏。例如，在参访一处历史遗迹时，研学旅行从业者不仅向学习者介绍它的历史背景，更重要的是引发学习者对于其中反映的人文精神和社会变迁的思考，促使他们能够从历史与文化的角度理解现代社会。

此外，研学旅行从业者通过亲身参与和体验的方式，使得文化传播活动更具有互动性和实践性。与传统的文化学习方式相比，这种亲力亲为的方式能够更加直观、生动地让学习者感知和理解文化，从而达到更好的教育效果。他们通过设计与文化有关的实践活动,如手工艺制作、传统艺术表演观摩甚至参与,使学习者能够从动手实践中获得更深刻的文化体验和认知。

(三) 教育活动的组织者

研学旅行从业者作为研学活动的组织者,承担了设计、规划和执行旅行中各项教育性活动的重要职责。他们的角色核心在于创设一个连接教室学习与现实世界的桥梁,将抽象的知识通过实践活动转化为具体、可体验的学习过程。这要求研学旅行从业者不仅具备丰富的专业知识和项目管理能力,还应对教育理念和目标有深刻理解,能够根据学生的年龄特点、学习需求和兴趣爱好,精心设计适宜的研学旅行方案。

研学旅行从业者需要在旅行前进行充分的准备,包括对目的地的研究、课程内容的设计、活动流程的规划、安全风险的评估和应对措施的制定。在旅行过程中,他们的角色转变为现场指导者和协调者,实时调整计划,解决突发状况,确保活动的顺利进行。此外,研学旅行从业者还需扮演教育者的角色,通过现场讲解、引导讨论和反思总结,帮助学生深化理解,达到预期的学习效果。

研学旅行从业者作为活动的组织者,他们的工作远不止于保障活动的顺利进行,更重要的是如何通过这些活动激发学生的学习兴趣,培养学生的探究能力、批判思维和社会责任感。他们需要精心设计活动,创造条件让学生主动学习、互动交流,以实现研学旅行教育的最终目的。

(四) 旅行生活的服务者

研学旅行从业者作为旅行生活的服务者,他们的角色不仅是传统意义上的导游或教师,更是学生旅行过程中的引导者、守护者和服务者。这一角色定位要求研学旅行从业者不仅为学生提供丰富的知识和实践机会,还要关注学生的旅行体验,确保旅行过程中的安全、舒适和愉悦。研学旅行从业者需要具备全面的旅行管理能力,包括但不限于行程策划、住宿安排、餐饮选择、交通协调等,他们必须确保这些基础服务的顺利进行,为学生创造一个安全、便捷的学习环境。

在研学旅行中,从业者还需要在服务中融入教育元素,使旅行生活本身成为学习的一部分。例如,选择具有教育意义的住宿地点,比如历史悠久的建筑,或设计以地方文化为主题的宿营活动,让学生在生活中体验和学习当地文化。研学旅行从业者需在细节上提供贴心服务,比如针对学生的饮食习惯和健康状况规划餐饮安排,为有特殊需求的学生提供个性化服务,确保每位学生在旅行中都能获得幸福感和满足感。

研学旅行从业者作为旅行生活的服务者,其工作内容远远超越了传统服务工作的范畴。他们通过细致周到的服务,不仅保证了旅行的顺利进行和学生的安全,更通过生活中的各种教育机会,促进学生的全面成长,帮助他们在旅行中学会独立、合作、尊重和欣赏不同文化。从业者通过将旅行生活转化为一次次丰富多彩的学习体验,使研学旅行真正成为学生认知世界、理解生活的重要途径。

（五）学生安全的保护者

研学旅行从业者在学生安全的保护中扮演着至关重要的角色，涉及各个环节和细节的严谨考量。从旅行前的准备到旅行中的执行，再到旅行后的回顾，每一步都必须将学生的安全放在第一位。他们要具备全面的风险评估能力，能够在旅行前详细分析目的地的安全状况，包括自然环境、社会环境、卫生状况等，并针对可能出现的风险制定相应的预防措施和应急措施。这不仅要求他们掌握专业的安全知识，也要求他们具备良好的预见性和应变能力，以确保在面对突发事件时能够迅速有效地保障学生的安全。

在研学旅行过程中，从业者必须随时保持高度的警觉性和责任感，对学生进行全面的安全教育和指导，确保他们了解并遵守相关的安全规则。同时，他们需要密切监控学生的健康状况和活动环境，及时发现和解决安全隐患。此外，研学旅行从业者还需保持与学生家长、学校及当地应急管理部门的顺畅沟通，以便在紧急情况下能够得到及时的支持与协助。同时，通过全方位的安全教育，培养学生的安全意识和自我保护能力。

总体而言，研学旅行从业者作为学生安全的保护者，他们的工作范围广泛，责任重大。他们不仅要具备专业的知识和技能，更要有一颗对学生负责、细心呵护的心。通过全面细致的安全管理和教育，确保每一次研学旅行既是学生愉快学习和体验的过程，也是一个安全无忧的旅程。

四、研学旅行从业者的职业道德

职业道德，是指从事一定社会职业的人们，在履行其职责的过程中理应遵循的道德规范和行为准则。职业一旦产生，某一职业之间及不同职业之间的人们必然要发生职业关系。对于这种职业关系，除了用法律加以调节，还需要依靠道德的自我约束来维护。研学旅行的特点对研学旅行从业者的职业道德规范提出了更高、更全面的要求。除了爱岗敬业、诚实守信、遵纪守法、乐于奉献这些基本的职业道德规范，研学旅行从业者还需要在以下五个方面不断提升涵养。

（一）文明礼貌，优质服务

研学旅行作为一种融合教育与旅游的新型模式，不仅为学生们提供了学习新知识的机会，还为他们搭建了亲身体验文化、历史、地理等多方面知识的平台。对于研学旅行从业者来说，提升自身的文明礼貌和优质服务水平不仅是职业发展的需要，也是提高服务质量、构建良好行业形象的关键。

首先，研学旅行从业者需要深刻理解文明礼貌的内涵，不仅要表现出客气和友好，更要在细微之处展现关爱和尊重，如主动帮助有需求的学生，认真听取并回应每个学生的疑问等。其次，在提升优质服务方面，研学旅行从业者应不断学习新知识，提高自身的专业素养。例如,了解最新的教育教学理念,积极探索将旅游与教育完美融合的新方法,以及提高自身的应急处理能力和安全意识,确保学生在旅行中的安全。此外,创新服务方式也至关重要,研学旅行从业者可以利用现代科技手段,如开发使用互动软件等,让研学旅行变得更加生动有趣,提升学生的学习兴趣和满意度。再次,重视反馈是不断提升服务质量的基础,研学旅行从业者应鼓励并认真对待每一份反馈,无论是正面还是负面,都是成长的宝贵机会。最后,研学旅行从业者之间的相互学习、分享也是提升涵养的一个重要渠道,通过定期举行行业交流活动,互相学习成功的经验和案例,不断提高行业整体水平。研学旅行从业者要通过不断学习、创新、重视反馈和行业交流等多种途径,提升自己的文明礼貌和优质服务能力,为学生提供更加丰富、安全、有意义的研学旅行体验。

(二)身心健康,乐观向上

身心健康与乐观向上的态度对于提升自我修养、提高工作效率及服务质量具有十分重要的意义。一方面,保持身体健康是基础,从业者应该养成规律的生活习惯,合理安排工作与休息,保证充足的睡眠时间,积极参与体育锻炼,增强体质,提高抗压能力。另一方面,在精神层面,从业者应当培养乐观向上的心态,面对工作中可能遇到的各种挑战和困难时,保持积极的心态,学会调整自我情绪。可以定期参加心理健康教育培训,学习如何有效管理情绪和压力,如何建立积极的人际关系等。

(三)关爱受众,因材施教

研学旅行从业者需善于创建积极、健康的学习环境。在与学生交流时,尊重每一位学生的个性和需求,坚持公正、公平,避免偏见和歧视。只有当学生感受到自己和其他同学一样平等地受到他们的关注和关心时,才会更加发自内心地去感受研学活动,真正喜欢上这个学习、探索的过程,进而更好地实现研学旅行教育的目的。因材施教是友好的师生关系的呈现。在研学过程中,不同的学生由于认知水平、学习风格、学习动机不一样,研学旅行从业者要留意观察,分析学生学习的特点,从中发现学生擅长解决什么样的问题和学习的动力所在,根据对学生学习风格的了解,有针对性地提供与之相匹配的方法,使学生在自尊自信的状态下进行研学活动。

(四)钻研业务,终身学习

研学旅行从业者要善于学习,肯于钻研,及时掌握行业发展新动态,不断扩展职业知识、提高职业技术、提升职业能力。研学旅行活动的服务对象是广大中小学生,研学旅行是全学科的融合课程。研学旅行从业者要意识到自己在活动中不仅是一个向导,更是一个教育者,应对学生的学习和成长负起责任,提供积极、正面的引导和辅导。这一特殊性使得研学旅行从业者需要具备"活到老,学到老"的热情,不断更新自己的知识和技能,适应教育和旅游业的变化,以良好的精神风貌和广博的知识储备陪伴广大中小学生在研学之旅中共同进步,实现共同成长。

(五)团结协作,保障安全

如何在确保学生安全的同时成功开展研学旅行活动,是研学旅行从业者在职业生涯中必须长期探索的课题。"安全"是研学旅行的悬顶之剑,这是不争的事实。保障安全需要整个团体的共同努力,同时也依赖对潜在危险的提前预判及有效预防,有了万全的准备,才能防患于未然。研学旅行从业者应牢固树立安全第一的思想意识,从职业需求出发,研学旅行从业者都有必要接受紧急救护知识的专业培训,并争取获得"救护员"资格证,在思想上和行动上做好"安全第一"的准备。

任务二　完善研学旅行从业者的知识结构

任务导入

研学旅行的主体是未成年人,知识体系和价值观尚未完善,研学旅行从业者对其的学习指导和教育也尤为重要。研学旅行从业者特别是研学旅行指导师需要进行系统、认真的学习,才能更好地应对研学旅行过程中遇到的各种问题,更好地组织好研学旅行活动。本任务主要梳理研学旅行指导师应具备的知识结构,主要包括教育服务知识、旅行服务知识、安全防护知识、政策法规及标准知识。

任务重点

研学旅行指导师的知识结构。

任务难点

信息技术知识在研学旅行活动中的应用。

任务实施

研学旅行指导师在研学旅行活动中扮演着极其关键的角色。他们不仅是知识的传递者,也是行走课堂的保障者、合作者和引导者。在研学旅行中,他们不仅要承担学生的教育及安全责任,还要照顾好学生的旅行生活,随时解决各种突发问题,致力于提升学生的自我管理能力,激发学生的创新思维和动手实操能力。因此,研学旅行指导师要系统地掌握教育、法律、旅行等专业知识,才能保障研学旅行的育人目标达成。

一、教育服务知识

（一）教育教学知识

1. 教育学与心理学知识

研学旅行指导师需要具备扎实的教育学基础知识，了解现代教学理论，包括建构主义、多元智能理论、自然教育等，以及合适的教学策略和方法，如探究式学习、项目式学习等，以便根据不同的研学主题和对象选择合适的教学策略。

同时，研学旅行指导师需要具备一定的教育心理学知识，对儿童及青少年的心理发展阶段和特点有基本的了解，熟悉不同年龄段学生的心理特点和需求，以及如何在不同年龄层次的学生中促进积极互动和个人成长。应遵循以学生为中心、以活动为导向、情境学习的原则，确保研学旅行在满足知识性和趣味性的同时，有助于学生情感态度的培养和社会技能的发展，使研学旅行真正成为一个富有教育意义的过程。

2. 信息技术与教育数字化

数字化时代，研学旅行指导师需高效利用现代信息技术，如多媒体工具、社交媒体平台等，有效地设计、准备、实施和反馈活动过程和效果，在提升研学旅行安全性的同时也为研学旅行增添趣味性和互动性。例如：信息检索技术，研学旅行指导师要能够熟练运用搜索引擎、学术数据库及特定网站等高效寻找、筛选和验证所需信息；多媒体制作技术，研学旅行指导师要熟练运用图像、音频、视频编辑工具，创作教学演示材料和研学记录作品；信息通信技术，研学旅行指导师要熟悉常用的沟通协作工具，有效地与家长、学校、学生进行即时通信和信息发布。

需要特别注意，研学旅行指导师应有足够的网络安全意识，了解基本的数据保护和隐私安全要求，以确保学生信息的安全，并指导学生正确使用网络资源，防止信息泄露和网络欺诈。

知识链接 7-1

从"选修课"到"必修课"，数字化赋予基础教育新温度

"智慧教育助力基础教育，让优质均衡的理想照进现实。"怀进鹏在2023年举办的世界数字教育大会主旨演讲中如是说。智慧教育是教育数字化转型的目标形态，《中国智慧教育发展报告（2023）》呈现了基础教育、职业教育、高等教育和特殊教育等领域的20个典型案例，展示了数字教育的中国实践。中国教育国际交流协会会长刘利民表示，以数字化赋能基础教育高质量发展，是面向新时代的战略选择和必由之路。基础教育如何应对数字化转型浪潮？如何利用数字化赋能基础教育质量提升？如何加强STEM教育？与会专家围绕这些问题进行了讨论。

1.数字化赋能基础教育的国际趋势

中国教育国际交流协会秘书长郁云峰表示："数字教育不再是选修课,而是必修课……'00后''10后'是数字时代的原住民,网络天然渗透到他们生活的方方面面。利用先进技术,开展公平、包容、有针对性的教育,培养德智体美劳全面发展的社会主义建设者和接班人是大势所向。"

2.数字化赋能基础教育的实践路径

人工智能素养已成为当今青少年必须掌握的技能。

在近年开展的PISA项目中,相继增加了数据素养、全球胜任力和社会情感学习等内容板块。澳门特别行政区政府教育及青年发展局局长龚志明提到,PISA 2025透过创新领域"在数字世界中学习"的评估,深化人与电脑合作解决问题的能力,特别是利用人工智能执行复杂任务、自主决策,并以更自然、更直观的方式与人类互动。为此,加强人工智能教育,培养学生具备人工智能素养,将是我们必须共同面对的挑战和重点发展方向。上海纽约大学常务副校长杰弗里·雷蒙(Jeffrey Lehman)指出,要积极培养学生的算法思维、批判性思维、创造力和社会洞察力,以适应智能社会的发展。联合国教科文组织总部教育信息化与人工智能教育部门主任苗逢春认为,要规范人工智能、培养师生智能素养以及优化教学设计等,做好与人工智能和谐共生的准备。面向所有公民普及人工智能素养教育,须将其纳入学校、职业教育和培训机构等各类主渠道国家课程。华南师范大学柯清超教授强调,教育系统必须妥善把握人工智能技术与教育深度融合发展的方向和尺度,提高教师有效利用生成式人工智能工具开展教学设计、教学评估、教学反思与改进,以及引导学生正确使用智能工具的意识。

3.加强基础教育中的STEM教育

STEM强调的是科学(science)、技术(technology)、工程(engineering)与数学(mathematics)教育的深度融合,其核心特征是基于各学科核心概念理解之上的跨学科整合性。2023年,联合国教科文组织授予中国国家智慧教育平台教育信息化奖,决定在中国上海设立国际STEM教育研究所,怀进鹏表示这既是国际社会对中国数字教育的高度认可,更是全球数字教育国际合作的新机遇、新平台。

(资料来源:中国电化教育公众号)

(二)教育改革知识

1.学生中心理念

当代教育改革强调以学生为中心,促进学生主动学习和批判性思维能力的培养。

研学旅行指导师需要了解如何设计和实施以学生为中心的研学活动,引导学生如何面对具体情境下的问题,在亲身体验中发现问题、解决问题,从而进一步激发学生的创新意识和创造性思维。

2. 素质评价改革

近年来,国家强调发展学生的综合素质,转变传统的应试教育模式。素质评价改革旨在通过多元化评价体系,关注学生的道德品质、创新能力、团队协作能力、实践能力等多方面素质,而非仅仅依赖于考试分数。这就意味着在研学旅行中,研学旅行指导师需设计相应的评价标准和方法,通过观察学生在不同活动中的表现来实施素质评价,帮助学生在研学旅行的过程中提升自我。

3. 跨学科综合学习

随着教育改革的深入,跨学科学习越来越受到重视。研学旅行指导师需要掌握如何将研学旅行活动与学校课程进行有效整合,需要理解如何将不同学科的知识融合到研学活动中,利用旅行中的实际场景和问题,与科学、历史、地理等学科内容相结合,实现跨学科教学,帮助学生在实践中深化理论知识的理解和应用。

4. 全球化教育视野

全球化背景下,了解不同文化、发展可持续性教育和培养国际理解力与合作能力成为教育改革的重要目标。研学旅行指导师需引导学生理解和尊重不同文化,通过探讨全球性问题(如气候变化、可持续发展),使学生能从全球角度对这些问题进行深入思考并作出自己的贡献。

(三)学生管理知识

1. 学生组织与团队建设

研学旅行中,学生的组织与团队建设是确保活动顺利进行的基础。研学旅行指导师需熟练掌握学生组织和团队建设的技巧,掌握如何根据学生性格、兴趣和能力进行搭配,以形成互补且和谐的团队。这要求研学旅行指导师不仅要有敏锐的洞察力,能够识别每个学生的优势和潜能,还要善于运用团队建设活动,增强团队凝聚力,让学生在研学过程中相互学习、共同进步。同时,研学旅行指导师应引导学生树立团队意识,通过确立共同的目标和规则凝聚团队力量,培养学生的团队协作精神和集体荣誉感。

2. 学生心理健康与情感管理

在研学旅行过程中,学生远离熟悉环境,可能会产生焦虑、不安等情绪。研学旅行指导师需要具备学生心理健康管理知识,能够及时察觉学生的情感变化,提供必要的心理疏导和支持。通过有效的沟通技巧和倾听策略,利用组织互动游戏、开展谈心活动等方式,增进师生之间和学生之间的情感交流,营造温馨和谐、积极向上的氛围,确保每位学生都能在情感上得到支持和关注。

3. 学生纪律与安全教育

学生安全是研学旅行的首要任务,研学旅行中的纪律与安全是重中之重。研学旅行指导师必须明确并严格执行活动纪律,确保所有学生遵守规定。同时,要对学生进行全面的安全教育,具体包括交通安全、活动安全、应急避险等。通过制定预案、组织演练等方式,提高学生的安全意识和自我保护能力,确保整个研学过程的安全有序。

4. 学生行为规范与纪律管理

研学旅行中,学生行为规范的维护至关重要。研学旅行指导师应明确并传达研学期间的行为准则和纪律要求,通过正面的榜样示范和及时的反馈机制,引导学生养成良好的行为习惯。要善于运用集体教育和个别谈话相结合的方式,既强调整体的纪律性,又照顾个别学生的特殊需求,确保学生群体在研学过程中始终保持良好的秩序状态。

5. 学生个体差异与因材施教

每个学生都有其独特的个性和需求,研学旅行指导师需要充分了解并尊重学生的个体差异。在群体性管理中,研学旅行指导师应根据学生的不同特点,采用灵活多样的教学方法和活动安排,以满足学生的个性化需求。通过因材施教,激发学生的潜能和兴趣,让每个学生都能在研学旅行中获得成长和进步。

6. 学生评价与激励机制

有效的评价和激励是推动学生积极参与研学旅行的关键。研学旅行指导师应建立多元化的评价体系,不仅关注学生的知识掌握情况,还要评价其在团队协作、问题解决等方面的表现。通过及时的肯定和奖励,激发学生的积极性和创造力。研学旅行指导师要巧妙运用激励手段,鼓励学生自我反思与提升。

二、旅行服务知识

（一）餐饮服务知识

研学旅行中的餐饮服务不仅仅是提供食物,更关乎于如何通过饮食体验支持旅行的教育目标和满足特定营养需求。

1. 营养与健康

研学旅行的餐饮应该关注参与者的营养需求,保证每一餐的均衡营养。保证学生和教师在旅行期间获得充足和平衡的营养,特别是考虑到日增的活动量和体能需求。这要求餐饮服务提供者必须了解包括营养学基础、食品营养学和食品卫生学三大部分的知识,了解食品中的基本营养成分、特殊活性成分和有毒有害成分,具体包括营养素与能量、食品的消化与吸收、膳食营养与健康、特定人群的营养需求、各类食品的营养保健特性、食品的营养强化、功能(保健)食品等。

2. 饮食文化知识

了解和尊重不同地区和文化背景下的饮食习惯,为参与者提供符合他们习惯的餐食选项。中国饮食文化知识包括中国饮食原料文化、中国菜点烹制文化、中华民族饮食文化、中国饮食器具文化、中国茶文化、中国酒文化等诸多方面的内容。旅行通常意味着接触不同的文化和风俗,其中也包括各式各样的食物。对于青少年而言,饮食问题已经不再局限于"吃饱饭"这一基本需求,而是需要根据研学目的地和餐厅的实际情况,开发与餐饮文化相关的研学课程。餐饮服务方面,应提供品尝当地特色餐饮的机会,使学生既能感受当地美食的味道,也能体验和学习新的饮食文化。

3. 安全卫生

餐饮服务必须符合食品安全和卫生标准,包括食物的采购、储存、处理等的过程。食品来源必须可靠,存储、处理和制备过程达到高标准的卫生要求。关注食品污染及其预防、食物中毒及其预防、食品安全与卫生管理等,合理建议餐厅搭配膳食,监控餐饮卫生安全情况,以避免出现食物中毒等健康问题。

4. 特殊饮食需求

提供包含素食、无过敏原等符合特殊饮食需求的餐饮服务,尊重每一位参与者的特殊需求并满足。

(二)住宿服务知识

住宿条件影响着学生的休息质量和旅行体验。研学旅行指导师应具备涵盖安全、卫生、沟通和文化等多个层面的住宿服务知识,这是保障研学活动顺利进行的关键,在组织和引导学生进行研学旅行时,能确保学生得到安全、舒适的学习体验。第一,研学旅行指导师应熟悉不同类型住宿设施的特点,如酒店、青年旅社、民宿、露营地和学生宿舍的区别,以便根据行程安排和学生需求选择最合适的住宿。第二,熟悉住宿地的安全规定和紧急应对程序,包括消防逃生路线、急救设备的位置及处理突发状况的方法,保障学生的人身安全。第三,研学旅行指导师还需掌握基本的卫生标准和清洁流程,能指导学生维护个人和公共空间的卫生,预防疾病传播。

(三)交通服务知识

交通是连接研学旅行各个环节的关键,关系到时间管理、安全等问题。研学旅行指导师要牢记无论选择什么样的交通工具,都要以"预防为主,安全第一"为原则,做好出行准备,掌握相关的交通服务知识。

1. 交通安全和法规知识

交通安全是家长们最为关注的。除了在学校进行交通安全教育知识普及,还要利用研学活动中丰富多彩的体验活动,让学生们以步行者或驾驶者的身份进行亲身体验,加深他们对交通安全知识的正确理解,并培养他们在面对危险情况时的正确行为和应变能力。为此，研学旅行指导师要掌握交通事故的预防措施、交通安全教育、交通意外的处理方法等知识，同时，还应熟悉与车辆及驾驶人管理、道路通行条件、道路通行规则、交通事故处理流程及法律责任等相关的交通法规条文。在带领学生乘坐交通工具的时候，研学旅行指导师还要将掌握的文明乘车知识传授并示范给大家，包括文明候车、文明上下车、文明乘车等内容，要做到文明礼让，保持宽容的乘车心态。

2. 交通工具和标志知识

随着时代的变化和科学技术的进步，不同的交通工具如自行车、汽车、摩托车、火车、船只及飞行器等，给人们的日常生活带来了极大的便利。研学旅行指导师要了解研学中常用交通工具的特点、乘坐要求、购票方式等，除此之外，还可以进一步了解与交通工具相关的物理知识及常见的交通标志含义。

3. 研学中的交通常识和规定

研学旅行指导师应熟知下列研学旅行中的交通常识和规定。单次路程在400千米以上的，不宜选择汽车，应优先选择铁路、航空等交通方式。选择水运交通方式的，水运交通工具应符合国家标准，不宜选择木船、划艇、快艇。选择汽车客运交通方式的，行驶道路不宜低于省级公路等级，驾驶人连续驾车不得超过2小时，停车休息时间不得少于20分钟。应提前告知学生及家长相关交通信息，以便其掌握乘坐交通工具的类型、时间、地点及需准备的有关证件。应提前与相应交通运输部门取得工作联系，组织绿色通道或开辟专门的候乘区域，特别是铁路交通。应加强交通服务环节的安全防范，向学生宣讲交通安全知识和紧急疏散要求，组织学生安全有序地乘坐交通工具。应在承运全程随机开展安全巡查工作，并在学生上、下交通工具时清点人数，防范滞留或走失现象。遭遇恶劣天气时，应认真研判安全风险，及时调整研学旅行行程和交通方式。此外，研学旅行指导师还要了解交通求救应急电话号码，如交通报警电话122；全国高速公路救援统一报警电话12122；铁路服务电话12306等。

（四）观光服务知识

研学旅行指导师在组织和引导学生进行研学旅行时，需要掌握一系列的观光服务知识，挑选具有教育意义的观光地点，与研学旅行的主题相契合，设计互动和参与性强的活动，鼓励学生积极参与，为学生打造一个既有教育意义又安全愉快的研学旅行体验，以确保学生能够从旅行中获得丰富的文化知识。首先，研学旅行指导师应具备深厚的历史、地理、文化知识，能够生动讲解景点背后的故事、历史事件及其影响，使学生在观赏自然风光或历史遗迹时，能够深入理解其文化价值和教育意义。其次，研学旅行指导师需要了解景点的开放时间、门票政策、导览服务和特殊活动安排，以便提前规划行程，确保学生能够充分利用时间，高效参观。再次，研学旅行指导师应熟悉目的地的交通布局和最佳游览路线，能够根据天气、学生兴趣和体力状况调整行程，确保旅行既充实又舒适。最后，研学旅行指导师应掌握基本的旅游安全知识和紧急应对措施，如识别危险区域、了解最近的医疗点位置,以及在紧急情况下有效组织疏散和寻求帮助等,以便更好地保障学生的安全。

(五)风物特产服务知识

风物特产不仅是地方的物质文化展现,也是研学旅行的重要组成部分。中国是一个历史悠久的文明古国。在几千年的发展历程中,中华民族的先祖们以自己的勤劳和智慧,创造了大量闻名于世的风物特产。这些风物特产是中华民族优秀文化的重要组成部分,也是人类物质文明与精神文明的完美体现。研学旅行指导师通过介绍和推荐每个地方的风物特产,增加旅行的趣味性和教育性,通过提供特产的文化背景知识,增强体验的深度。需要注意的是,一般研学活动中不会引导学生购物,作为研学旅行指导师,在讲述当地的风物特产时,更多地应着重让学生了解当地的地理、历史、文化和经济等方面的知识。

三、安全防护知识

(一)安全意识教育

1. 基本安全原则

研学旅行指导师应理解并传授基本的安全原则,如遵守当地法律法规、遵循团队纪律、在任何情况下都保持冷静。这些原则构成了安全行为的基础。

2. 个人安全与防护

(1)自我保护意识:教导学生如何在不同环境中保护自己,包括城市、野外以及海滩等不同场景的安全行为准则,树立自我保护意识。

(2)防止迷路措施:教导学生如何正确使用地图和GPS设备,并教会他们在迷路时如何有效地寻求帮助。

(3)交通安全:强调在乘坐不同交通工具时需要注意的安全事项,如系好安全带、遵守交通规则等。

(4)防盗防骗:教育学生如何保管个人物品,如何识别并避免常见的盗窃和诈骗手段。

3. 集体活动安全

(1)团队凝聚力:在户外活动和野外探险时,尤其要强调团队相互关照与合作精神的重要性。

(2)紧急集合和点名:训练学生在紧急情况下快速集合并及时响应点名,以确保每个人的安全。

4. 紧急情况处理

(1)基本急救知识:训练学生基础的急救技能,包括处理小伤口,以及烧伤、扭伤等常见伤害。

（2）应对自然灾害：教育学生如何预防和应对自然灾害，如地震、洪水、山体滑坡等。

（3）遇险自救与互救：传授在特定危急情况下（如水上安全、野外遇险等）的自救和互救技巧。

5. 环境卫生与食品安全

（1）个人卫生：强调旅行中的个人卫生习惯，如经常洗手，使用卫生纸等。

（2）安全饮食：指导学生如何选择安全、卫生的食物和水源，避免食物中毒。

6. 智能设备的安全使用

（1）信息安全：教育学生如何保护个人信息不被泄露，特别是在网络环境中应遵守的行为准则。

（2）紧急联系方式设置：指导学生如何在手机或其他设备中设置紧急联系人和紧急求救信号。

研学旅行指导师不仅要在旅行前对学生进行这些安全教育，而且还需要在整个旅行过程中不断重申和实践这些安全策略。通过树立牢固的安全意识并提升紧急响应能力，确保每一次研学旅行都是安全、有教育意义的旅程。

（二）交通安全知识

研学旅行过程中，合理安排交通和确保交通安全是研学旅行指导师的重要职责之一。交通安全不仅涉及交通工具的选择和使用，也包括行程规划、应急预案及学生的行为指导等方面。

1. 交通工具的选择与检查

（1）安全记录：选择具有良好安全记录、官方认证的交通服务提供商。

（2）车辆条件：确保所有使用的交通工具（如车辆、船只）处于良好的维护状态，必要时要求查看维修和检查记录。

（3）安全设施：检查交通工具是否配备了必要的安全设施，如安全带、救生衣等，并确保学生知道如何正确使用这些设施。

2. 司机的资格

（1）专业资格：确保所有司机和操作人员拥有合法的驾驶资格及相关操作证明。

（2）健康状况：了解司机和操作人员的健康状况，确保他们能安全地操作交通工具。

（3）紧急应对能力：确认司机和操作人员能够在紧急情况下采取正确行动，例如遵循逃生程序或执行急救措施。

3. 安全行车规划

（1）路线规划：预先规划行程中的交通路线，尽量避开高风险区域，如拥挤的市区、复杂的地形等。

（2）时间安排：规避高峰时段，避免夜间行驶，以减少交通事故的风险。

（3）天气考量：考虑天气条件对交通的影响，必要时调整行程或选择其他交通方式。

4. 乘车安全教育

（1）安全带使用：教育学生在车辆运行过程中始终系好安全带。

（2）紧急疏散：向学生介绍如何在紧急情况下安全地离开交通工具，包括识别紧急出口位置和使用紧急设备。

（3）健康管理：指导学生如何预防和应对交通工具引起的晕车、耳压不平衡等问题。

5. 紧急情况的应对

（1）紧急联络体系：建立紧急情况下的快速联系体系，包括与当地救援部门的联系方式。

（2）交通事故处理：掌握交通事故现场的应急处理知识，如如何保护事故现场、如何为伤者提供初步急救等。

（3）应急疏散计划：制订交通工具紧急疏散计划，确保学生能快速、有序地撤离到安全地带。

6. 行为规范与监督

（1）行为规范：制定乘坐各种交通工具时的行为规范，包括禁止大声喧哗、不随意走动等，减少交通安全风险。

（2）严格监督：在旅途中对学生进行监督，确保他们遵守规范，特别是监护未成年学生的行为。

7. 保险与风险评估

（1）保险准备：为团队和每位学生准备旅行保险，覆盖交通意外及相关医疗费用。

（2）风险评估：对旅程中的交通安全风险进行评估，包括分析可能的风险因素并制定相应的预防措施。

（三）活动安全知识

研学旅行指导师在策划和执行活动时，活动安全是首要的考虑因素。无论是户外探险、文化考察，还是特定主题的工作坊，确保学生的安全是研学旅行指导师的基本责任。

1. 活动风险评估

（1）风险识别：对活动的每一个环节进行风险评估，包括交通工具、活动场地、活动项目等，识别可能的安全隐患。

（2）风险等级：将识别的风险分类并评估其可能性与严重程度，确定哪些需要特别注意和应对。

（3）应对策略：针对高风险环节，制定具体的预防和应对措施。

2. **环境与场地安全**

（1）场地适宜性：确保活动场地适合计划的活动类型，有足够的空间以及必要的设施。

（2）安全检查：活动前对场地进行彻底检查，确认没有安全隐患，如松动的地板、不稳固的结构、危险的电线暴露等。

（3）环境适应：为学生提供关于环境适应的指导，如高原、丛林、沙漠等特殊环境的适应措施和安全注意事项。

3. **活动具体安全措施**

（1）设备安全：确保所有使用的设备（如攀岩装备、浮潜装备等）都处于良好状态，并通过专业机构的安全认证。

（2）安全教育：在活动开始前，向学生提供必要的安全教育，内容包括设备使用、紧急避险、安全行为规范等。

（3）现场监管：活动进行时，保证有足够的监管人员在场，监控学生的安全并指导正确的行为。

4. **紧急应对与急救**

（1）应急预案：制定详细的紧急应对预案，包括突发疾病、受伤、自然灾害等不同情况下的应对措施。

（2）急救知识：研学旅行指导师及活动领队要掌握基本的急救知识和技能，能在等待专业医疗救援到达前提供有效的初步急救。

（3）紧急联络网络：建立与当地救护、医疗、警察等紧急服务的联系方式，确保在紧急情况下可以迅速联络。

5. **学生健康管理**

（1）健康筛查：在活动前进行健康筛查，了解学生的特殊健康状况或是否存在可能对活动构成潜在风险的医疗历史。

（2）个人保护：指导学生如何个人防护，如防晒、防虫咬、个人卫生等，特别是在户外活动中。

（3）适度参与：根据学生的年龄、健康状态和体能，合理安排活动的难度和强度，防止过度疲劳和意外伤害。

6. **法律法规**

了解和遵循目的地国家或地区关于活动安全的相关法律法规。

（四）饮食安全知识

研学旅行中,饮食安全对于确保学生的健康至关重要。正确的饮食安全知识不仅有助于预防食物中毒和其他饮食相关健康问题,还能增强学生对活动的整体满意度。

1. 基本食品卫生标准

（1）个人卫生:了解并实践良好的个人卫生习惯,例如在处理食物前后洗手,以及在适当的时候戴手套。

（2）食品保存:掌握食品的正确保存方法,包括温度控制(冷藏、冷冻)和避免交叉污染的策略。

（3）食物准备和烹饪:了解不同食物的烹饪需求,确保食物彻底煮熟,特别是肉类、海鲜和禽类等食品。

2. 识别和选择安全的食物来源

（1）选择信誉良好的供应商,确保食材的新鲜度和质量。

（2）确认所有食品来源符合当地健康和安全标准。

（3）监督供应链中的食品处理和运输过程,确保满足安全要求。

3. 饮用水的安全

（1）了解和采取措施保证饮用水安全,包括使用经过净化或煮沸的水。

（2）识别和避免使用可能受污染的水源。

4. 应对特殊饮食需求和过敏

（1）收集并记录学生的特殊饮食需求和食物过敏信息。

（2）能够为特殊饮食需求提供适当的食物选择和替代品。

（3）实施严格的食物处理程序以避免交叉污染,尤其是对于存在严重过敏反应的学生。

5. 处理餐饮设备和用具的卫生

（1）定期清洁和消毒厨房设备、餐具和用具,以防止细菌滋生。

（2）使用专用工具和操作区域处理生食品和熟食品,避免交叉污染。

6. 饮食安全法规和指南

（1）熟悉适用于研学旅行地区的饮食安全法规和指南。

（2）保持最新的食品安全知识,以适应法规和标准的变化。

7. 食物中毒的预防和应对

（1）理解食物中毒的原因和预防措施,包括细菌、病毒、寄生虫以及化学和天然毒素。

（2）掌握食物中毒的初步识别和应对措施,包括何时寻求医疗帮助等。

（3）准备应急联络信息和计划,以便在出现食物中毒情况时快速反应。

8. 食品安全培训和教育

(1)定期为研学旅行指导师和与食品处理有关的工作人员进行食品安全培训。

(2)教育学生了解基本的饮食安全知识,特别是在户外活动中自我保护的方法。

(五)个人物品和财产安全知识

在组织和执行研学旅行时,确保学生的个人物品和财产安全是至关重要的一环。研学旅行指导师需要掌握一系列的安全知识和技能来预防潜在的风险和损失。

1. 旅行前的准备工作

(1)清单管理:教育学生制作出行前物品清单,包括所有必需品和贵重物品,并提醒他们对自己的物品负责。

(2)安全意识培训:对学生进行基本的旅行安全知识培训,强调在研学旅行中保护个人物品和财产的重要性。

2. 个人物品的管理

(1)标记财产:建议学生在个人物品上标记姓名和联系方式,特别是贵重物品,如护照、手机和相机等。

(2)分散财产:教导学生不要将所有财物存放在同一处,建议分散携带或存放,以减少遗失或被盗的风险。

(3)贵重物品保管:提醒学生在离开住宿地时,将贵重物品存放在安全的地方,如酒店的保险箱内。

3. 防盗安全措施

(1)防盗背包和用品:推荐使用带有防盗功能的背包和旅行用品,如带锁的拉链等。

(2)保持警觉:训练学生在人多的地方如市场、车站保持对周围环境的警觉,特别是注意自己的包和口袋。

(3)避免展示贵重物品:提醒学生在公共场合避免过多地展示电子设备或珠宝等贵重物品,减少吸引小偷的可能。

4. 应对丢失或盗窃的策略

(1)紧急联系信息:确保每位学生都有紧急联系人的信息及旅行保险的详细资料。

(2)报告失窃:指导学生在物品失窃后如何向当地警方报案,并获取报案证明,这对后续的保险理赔非常重要。

(3)备份重要文件:建议学生提前备份重要文件,如将护照、身份证、重要的旅行文件等电子版存储在云端或电子邮箱中。

5. 财产安全的沟通与教育

(1)定期沟通:研学旅行期间,定期与学生沟通,提醒他们关注个人财产安全。

（2）实践教育：通过实际案例学习，提升学生对财产安全的认识和处置能力。

6. 使用技术工具提升安全

（1）追踪器：鼓励使用智能标签或追踪器等技术设备，帮助快速找回遗失物品。

（2）数字支付：推广使用数字支付，减少携带大量现金的需求，提高财务安全。

7. 购买旅行保险

（1）保险规划：建议或为学生购买包含财产保护条款的旅行保险，详细解释报销范围和流程。

（2）理解保险条款：帮助学生理解旅行保险的具体条款细节，包括什么情况下可以获得赔偿以及赔偿的限额。

（六）应急情况处理知识

研学旅行多在户外进行，受到天气变化、不可抗力等因素的影响，存在不可控的突发情况的可能，研学旅行指导师必须具备应对各种应急情况的知识和技能，以确保学生的安全和福祉。

1. 应急预案和程序制定

（1）组织预案培训：确保所有工作人员了解并能够执行应急预案。这包括针对各种可能场景（如自然灾害、医疗紧急情况、安全威胁等）的预定响应流程。

（2）学生安全教育：在旅行开始前，对学生进行安全教育，介绍可能面临的风险和应对措施，以及如何使用安全装备（如救生衣、防毒面具等）。

2. 医疗紧急情况的处理

（1）基本急救技能：所有带队人员至少应接受基础的急救培训，包括CPR（心肺复苏术）、止血、包扎等技能。

（2）紧急医疗服务联系：熟知旅行区域内的医疗机构位置和联系方式，并与其建立沟通机制，以便快速处理紧急医疗情况。

3. 自然灾害的应对

（1）灾害预警系统了解：掌握所在地区的自然灾害预警系统，关注气象更新，及时作出响应。

（2）避难所与安全撤离：了解最近的避难所位置以及安全撤离路径和程序，确保在发生自然灾害时能够迅速且有序地疏散。

4. 人为紧急情况的处理

（1）防范绑架和抢劫：教育学生防范绑架和抢劫的基本知识，例如不单独行动、避免晚上外出等。

（2）紧急撤离：制订紧急撤离计划，包括确定紧急集合点和撤离路线，以应对恐怖袭击等人为紧急情况。

5. 突发性事件的沟通协调

（1）紧急联系体系：建立紧急联系体系，确保在发生应急情况时能快速联系到组织内部的其他成员及学生家长。

（2）信息传递准确性：确保在紧急情况下，能够准确、及时地向学生和家长传达信息，避免造成恐慌。

6. 心理应急管理

（1）心理急救：了解并能进行基本的心理急救操作，帮助学生处理受到惊吓后的情绪反应。

（2）专业支持：在需要时，能够联系专业的心理支援服务，为学生提供进一步的帮助和咨询。

7. 应急装备的准备和使用

（1）必备应急设备：确保随队携带必要的应急设备，如急救包、手电筒、备用电池、多功能刀具、哨子等。

（2）应急设备使用培训：对学生进行应急设备的使用培训，确保他们在必要时能够正确使用这些工具。

8. 法律与责任知识

深入了解与研学旅行相关的法律规定和安全标准，明确在不同应急情况下的法律责任和义务。

四、政策法规及标准知识

（一）教育类法律法规及政策

1.《中华人民共和国教育法》相关知识

《中华人民共和国教育法》是中国教育领域的基本法律，规定了教育的基本任务、教育制度、教育的指导思想和原则，以及相关各方的权利和义务等。研学旅行指导师需要熟悉该法律中与研学旅行相关的规定，特别是那些涉及教育目的、教育原则，以及保障学生合法权益等方面的内容。

理解《中华人民共和国教育法》规定的教育的基本目的，即育人为本、德育为先，为社会主义现代化建设服务。遵守教育活动必须符合的基本原则，如促进学生身心健康，注重启发、探究和实践性学习，提倡学生自主、协作和探究学习等。在研学旅行活动中，研学旅行指导师既是教师的角色，也承担着类似学校对学生教育服务的职责，认识到教育与社会实践相结合的重要性，充分利用社会资源开展教育活动是研学旅行指导师的必修课。

研学旅行指导师应将《中华人民共和国教育法》中的相关内容贯彻至研学活动的

各个环节,关注学生的全面发展、关心学生的学习生活、尊重学生的人格尊严,为学生创造积极的研学环境,加强教育和实践相结合的体验式教学方法,不断提升研学旅行的教育质量,更好地服务于学生和教育事业。

2.《中华人民共和国义务教育法》相关知识

《中华人民共和国义务教育法》是为了保障适龄儿童、少年接受义务教育的权利,保证义务教育的实施,提高全民族素质而制定的法律。研学旅行指导师在组织和实施研学旅行活动时,应掌握义务教育的教学标准以便将研学旅行内容与学校教育相衔接,有组织和有目的地开展研学活动,提高教育活动的实效性。同时,应遵循"全面发展"和"德育为先"的指导思想,在研学旅行中注重学生思想品德和个性特长的培养,加强对所使用设施、设备及教学点的条件和安全标准的认识,确保研学旅行安全性,严格按照坚持教育公平、提高教育质量的原则,保障每位学生都能享有平等受教育的机会。

(二)旅游类法律法规及政策

1.《中华人民共和国旅游法》相关知识

《中华人民共和国旅游法》是为保障旅游者和旅游经营者的合法权益,规范旅游市场秩序,保护和合理利用旅游资源,促进旅游业持续健康发展而制定的法律。研学旅行指导师应当了解该法律中与自己工作密切相关的条款,如旅游经营者应遵守的业务规范、旅游合同的签订规则和内容,以及合同中应明确的权利和义务、旅游安全的相关规定、游客权益保护的内容等。

研学旅行指导师需要将这些法律知识运用于实际工作中,确保研学旅行活动的合法性,保护学生和家长的合法权益,同时也保障旅行社或组织自身的合法运营。实际应用时,研学旅行指导师应结合具体活动的类型、参与对象及地域特点,细化理解和执行相关法律条款。

2.《导游人员管理条例》相关知识

研学旅行指导师应当掌握《导游人员管理条例》相关知识,涉及导游资格、职业道德、导游服务标准、法律责任等方面。由于研学旅行带有强烈的教育目的,研学旅行指导师在深入了解研学旅行主题所涉及的历史文化、科学知识的同时,掌握相关的教育引导方法,在从事研学旅行导游工作时,始终遵守职业道德,将《导游人员管理条例》的相关知识与研学旅行的特殊要求相结合,提供专业、有质量、符合法律要求的服务,致力于未成年人的保护和教育工作。

3.《旅游安全管理办法》相关知识

在从事研学旅行工作时,研学旅行指导师需要严格遵守《旅游安全管理办法》。这一部门规章对于旅游活动中的安全管理提出了明确的要求。研学旅行指导师应熟悉和了解旅游安全管理体系、各种安全服务和设施要求,以及研学旅行过程中的应急处理和安全监督检查等,特别是针对中小学生的特性,提供详细的安全指导和严格的保护措施,了解并满足未成年人在生理和心理上的特定安全需求。研学旅行指导师在学习理论知识的同时,还应不断通过实践提升处理安全问题的能力,制定详尽的安全操作流程,通过预防和应对风险的措施来保障未成年人在研学旅行中的安全。

4.《导游服务规范》相关知识

国家标准《导游服务规范》(GB/T 15971—2023)(以下简称《标准》)于2024年4月1日施行。研学旅行指导师在进行服务时,应当掌握专业知识和职业行为的基本原则,以确保提供高质量的教育和旅行体验。研学旅行指导师需要对导游基本职责有充分的了解,包括但不限于对旅行目的地的历史、文化背景、自然景观和人文景观的深入了解,以及如何有效地传达这些信息给研学旅行参与者。同时,研学旅行指导师还需要熟悉安全管理、应急处理措施的要求,确保研学旅行在安全的环境下进行,保障学生的人身安全。此外,研学旅行指导师还应掌握提高服务质量、促进良好旅游体验的内容。这包括了解如何组织和管理研学团队,如何与学生互动以激发他们的学习兴趣,以及如何运用创新的教育策略将知识与实践相结合,让学生在旅行中获得生动、实在的学习体验。

(三)其他法律法规

1.《中华人民共和国未成年人保护法》相关知识

研学旅行指导师作为未成年人的教育者和临时监护人,在研学旅行活动中,对未成年人的权利和安全负有不可推卸的责任。《中华人民共和国未成年人保护法》是确保未成年人健康成长的重要法律,研学旅行指导师应当熟悉并遵守其中与未成年人保护相关的条款,确保未成年人在旅行期间的安全和权益不受侵害。研学旅行指导师要了解未成年人利益,认识未成年人的特殊需要和成长阶段,在研学旅行过程中搭建安全的学习环境,预防和制止侵害未成年人行为,倡导和践行未成年人合法权益的保护。

2.其他与研学旅行相关的法律法规、管理规定、标准知识

研学旅行指导师除了掌握上述法律和管理办法,了解和熟知越多的政策法规,越有利于研学旅行的顺利开展。如《中华人民共和国预防未成年人犯罪法》《中华人民共和国环境保护法》《中华人民共和国野生动物保护法》《中华人民共和国道路交通安全法》《中华人民共和国文物保护法》《中华人民共和国自然保护区条例》《中华人民共和国网络安全法》等。研学旅行指导师不仅要熟知各项法规,而且要在实践中不断应用和整合这些知识,将安全和质量放在首位,为学生提供有益的研学旅行体验。这要求研学旅行指导师不断更新知识,关注相关法律法规的变化,并具备跨学科知识,能够应对研学旅行中可能出现的多种情况。

任务三 淬炼研学旅行从业者的从业能力

任务导入

研学旅行是中小学生的校外教育实践活动,强调学生的亲身体验,重在有效培养和发展学生发现问题、解决问题的能力。因此,研学旅行从业者特别是研学旅行指导师不仅需要具备广博的知识储备,还要在探究、调查、访谈、协作、交流等实践方面有指导学生的能力。本任务主要梳理研学旅行指导师所具备的核心职业技能,包括活动策划能力、组织实施能力、教育教学能力和积极沟通能力。

任务重点

研学旅行指导师应具备的核心职业技能。

任务难点

如何提升研学旅行指导师的教育教学能力和积极沟通能力。

任务实施

研学旅行不仅是一种教育方式,更是一种培养学生综合能力和实际操作技能的重要手段。对于研学旅行从业者而言,高效的工作能力和丰富的专业知识是其成功的关键。研学旅行从业者,主要是研学旅行指导师通过构建和提升各项核心能力,不仅能够提升个人职业素养,更能在实际工作中更好地设计和实施研学旅行项目,为学生提供更高质量、更富教育意义的旅行体验。

一、活动策划能力

活动策划能力是研学旅行指导师必备的核心技能之一,它是一个复杂而细致的过程,涉及对参与者需求的深刻理解、目标的精准设定、资源的高效整合、行程的周密规划、风险的全面评估、细节的精心管理及反馈的及时收集。这一能力主要体现在需求分析、目标设定、资源整合、行程规划、风险评估、细节管理与反馈机制几个关键点上。

(一)需求分析

需求分析是活动策划的起点,它要求研学旅行指导师深入了解学生的兴趣、年龄特点、学习需求及家长和学校的期望。例如,研学旅行指导师可能通过问卷调查、小组访谈或一对一交流的方式,收集学生对特定主题的兴趣程度,了解他们希望通过研学旅行获得什么。基于这些信息,研学旅行指导师可以确定活动的主题,比如"古代文明探秘""科技创新体验"或"环境保护实践"。此外,研学旅行指导师还需要考虑学生的年龄和身体条件,确保活动适合所有参与者,避免给学生带来任何潜在的身体或心理负担。

（二）目标设定

在明确了学生的需求后,下一步是设定具体、可衡量的活动目标。这些目标应该直接关联到学生的学习成果,包括增进历史知识、增强团队合作能力或激发对自然科学的兴趣等。例如,如果研学旅行的主题是"生物多样性",目标可能包括识别至少十种当地植物或动物,了解它们的生态角色,以及讨论生物多样性保护的重要性。设定明确的目标有助于研学旅行指导师在活动策划中保持焦点,同时也有利于后续的活动评估和反馈。

（三）资源整合

资源整合是将理论转化为实践的关键步骤。这不仅包括物质资源,如场地、交通工具、食宿安排,也包括人力资源,比如邀请专家举办讲座或指导实践活动。例如,在策划以"科技创新"为主题的研学旅行时,研学旅行指导师可联系当地的科技公司或大学实验室,安排学生参观并与科学家或工程师面对面交流。此外,研学旅行指导师还需考虑成本效益,寻找性价比高的解决方案,同时确保所有资源的合法性和安全性。

（四）行程规划

行程规划是确保研学旅行顺利进行的基础。研学旅行指导师需要制定详细的日程安排,包括活动时间、地点、负责人及备用计划。例如,在"历史文化遗址考察"活动中,研学旅行指导师应列出每天的参观地点,预留足够的时间进行实地探索和讨论,同时规划休息和用餐时间。行程规划还应考虑天气变化和交通情况,预留弹性时间以应对不可预见的延迟或调整。

（五）风险评估

安全是研学旅行策划中不可忽视的要素。研学旅行指导师需要评估活动中的潜在风险,包括健康风险、环境风险和人为风险,并制定相应的预防措施和应急计划。例如,如果研学旅行涉及户外探险,研学旅行指导师应确保所有参与者了解基本的急救知识,携带必要的安全装备,如防晒霜、防虫剂和急救包。此外,研学旅行指导师还需清楚最近的医疗机构位置和紧急联系方式,确保在发生紧急情况时能够迅速响应。

（六）细节管理

细节决定成败。从活动手册的准备到学生分组,每一项细节都直接影响着研学旅

Note

行的体验。研学旅行指导师应确保所有参与者在活动开始前收到详细的行程说明和安全指南,包括集合时间、地点、着装要求及必需物品清单等。此外,研学旅行指导师还应关注学生的情绪和行为,通过小组活动和团队建设游戏促进同学间的互动和友谊。

(七)反馈机制

活动结束后的反馈收集和分析对于持续改进至关重要。研学旅行指导师可以设计问卷或组织讨论会,邀请学生、家长和教师分享他们的观察和建议。这些反馈可以帮助研学旅行指导师了解活动的成功之处和改进空间,为未来的研学旅行提供宝贵的经验教训。

二、组织实施能力

组织实施能力是研学旅行指导师在将精心策划的活动转化为现实过程中的关键技能。这项能力要求指导师能够有效地执行活动计划,确保研学旅行既安全又充满教育意义。这项能力需要研学旅行指导师具备高度的责任感、敏锐的观察力、良好的沟通技巧以及扎实的专业知识,下面对组织实施能力中的时间管理、现场协调、安全监控、应急响应、学生参与度,以及活动评估与反馈这几个核心关键点进行深入探讨。

(一)时间管理

时间管理是研学旅行成功实施的基础。研学旅行指导师需要具备出色的计划与执行能力,确保活动按照预定的时间表进行,同时留有足够的缓冲时间以应对意外情况。这意味着在活动前,研学旅行指导师要制定详细的日程安排,包括每个环节的起止时间、交通时间、休息时间和用餐时间。例如,在"古迹探索"主题研学旅行中,研学旅行指导师会提前规划好到达每一古迹的时间,以及预计的参观时间,同时考虑到天气变化可能带来的影响,合理预留应急时间。在活动当天,研学旅行指导师要时刻监控时间进度,适时调整行程,确保活动既紧凑又不失灵活性,让学生在有限的时间内获得最大化的学习体验。

(二)现场协调

现场协调考验的是研学旅行指导师的沟通与领导能力。在研学旅行现场,研学旅行指导师需要与多个相关者进行有效沟通,包括学生、教师、导游、场地工作人员等,确保所有参与者都清楚活动流程和各自的角色。例如,在"科技博物馆探索"主题研学旅行中,研学旅行指导师不仅要确保学生了解参观规则和安全事项,还要与博物馆工作人员协调,安排讲解员和互动环节,确保活动顺利进行。此外,研学旅行指导师还需注意观察现场动态,及时调解学生之间的矛盾,维持良好的活动氛围。

（三）安全监控

安全是研学旅行中不容忽视的首要任务。研学旅行指导师必须全程监控活动的安全状况，采取预防措施，确保学生的人身安全。这包括但不限于：检查活动场地的安全性，确保没有安全隐患；在户外活动时，指导师要关注天气变化，防止恶劣天气对学生造成伤害；在交通出行时，确保车辆的安全性和乘坐秩序；在饮食安排上，注意食品安全，防止食物中毒。此外，研学旅行指导师还要定期进行安全教育，提高学生的自我保护意识，如教会学生识别紧急出口、使用急救包等基本技能。

（四）应急响应

即使事前做了充分准备，研学旅行中仍可能遇到各种突发情况。研学旅行指导师需要具备快速响应的能力，能够迅速而冷静地处理突发事件。这要求研学旅行指导师事先制定详细的应急预案，包括紧急联系人名单、医疗援助信息、疏散路线图等。例如，当学生突然出现身体不适时，研学旅行指导师应立即启动医疗援助流程，同时通知家长和学校，确保学生得到及时救治。在处理突发事件时，研学旅行指导师既要果断行动，也要保持与学生和家长的良好沟通，确保信息透明，避免恐慌。

（五）学生参与度

研学旅行的目的不仅是让学生观看和听讲，更重要的是激发学生的好奇心和参与感，让学习成为一种乐趣。研学旅行指导师需要设计互动性强的活动环节，鼓励学生动手实践，亲身体验。例如，在"环保小卫士"主题研学旅行中，研学旅行指导师可以组织学生参与垃圾分类、植树造林等实践活动，让学生在亲身参与中。同时，研学旅行指导师还可以通过提问、小组讨论、角色扮演等形式，引导学生主动思考和表达，增强学生对主题的理解和记忆。

（六）活动评估与反馈

活动结束后，研学旅行指导师应进行详细的活动评估，收集学生、教师和家长的反馈意见，总结经验教训，为今后的研学旅行提供参考。评估可以从多个角度进行，包括活动目标的达成情况、学生的参与度、活动的组织效率、安全措施的有效性等。例如，通过问卷调查、小组讨论或一对一访谈的形式，了解学生对活动内容的兴趣度、活动安排的满意度及活动中学到的知识和技能。研学旅行指导师还应根据反馈结果，反思活动策划和实施过程中的不足之处，提出改进建议，不断提高研学旅行的质量和效果。

三、教育教学能力

研学旅行指导师的教育教学能力是其专业素质的重要组成部分，直接关系到研学活动的教育效果和学生的学习体验，它要求研学旅行指导师具备创意性的课程设计、灵活多样的教学技巧、对学生的指导和关心、严谨的评估与反馈体系、持续学习的意愿及技术应用的创新精神。这一能力包含了课程设计、教学方法、学生指导、评估与反馈等关键点。

（一）课程设计

课程设计是研学旅行的灵魂,研学旅行指导师需要根据研学主题、学生年龄和兴趣点来策划教育活动。例如,在"丝绸之路文化探秘"主题研学旅行中,研学旅行指导师应围绕历史、地理、人文等多学科知识,设计一系列互动体验项目,如实地考察古代商路遗址、参与传统手工艺制作、聆听丝路故事讲述等。课程设计还应融入现代教育理念,鼓励学生跨学科学习。研学旅行指导师需确保课程内容丰富多样,既能满足学生的好奇心,又能激发其探索精神,同时兼顾教育目标与学生兴趣的平衡。

（二）教学方法

教学方法的选择直接影响学生的学习成效。研学旅行指导师应采用多种教学策略,以适应不同学生的学习风格。例如,通过情景模拟,让学生置身于历史事件中,体验古代丝绸之路贸易的艰辛与繁荣;利用问题引导法,鼓励学生提出疑问,促进批判性思维的发展;开展小组合作学习,培养学生的团队协作能力。此外,研学旅行指导师还应熟练运用多媒体工具,如电子地图、虚拟现实(VR)体验等,使教学内容更加生动直观,增强学生的参与感和学习兴趣。

（三）学生指导

学生指导是研学旅行中不可或缺的一环,研学旅行指导师需关注学生的情感状态、学习进展和个人成长。在研学过程中,研学旅行指导师应充当导师的角色,不仅传授知识,还要倾听学生的心声,提供情感支持。例如,在"环保科普之旅"主题研学旅行中,研学旅行指导师可以引导学生观察自然环境,讨论人类活动对生态的影响,同时鼓励学生表达自己对环保的看法,培养其责任感和行动力。此外,研学旅行指导师还需识别学习障碍,对有特殊需要的学生提供额外辅导,确保每位学生都能在研学中有所收获。

（四）评估与反馈

有效的评估与反馈机制能够帮助研学旅行指导师了解研学活动的实际效果,为后续改进提供依据。研学旅行指导师应设计多维度的评估体系,包括学生知识掌握情况、技能发展水平、态度变化和情感体验等。例如,通过问卷调查、学生作品集、同伴评价等多种方式收集数据,全面评估研学活动的教育成果。研学旅行指导师还应定期与学生开展一对一的反馈会议,鼓励学生自我反思,讨论学习过程中的挑战与成就,同时提出个性化的改进建议,促进学生的持续成长。

（五）专业发展与学习

为了不断提升教育教学能力,研学旅行指导师必须致力于持续学习和专业发展。

这包括参加教育研讨会、进修课程、获取新的教学资源和工具，以及与其他教育工作者交流经验。例如，研学旅行指导师可以加入研学旅行的专业社群，共享最佳实践案例，探讨新兴教育趋势。此外，研学旅行指导师还应关注教育政策的变化，确保研学活动符合最新的教育标准和要求。

（六）技术应用与创新

随着科技的进步，研学旅行指导师应积极探索技术在教学中的应用，如利用智能穿戴设备监测学生健康状况，确保活动安全；通过在线平台分享研学资源，拓展学习空间；利用数据分析工具追踪学生进步，优化教学策略。技术的应用不仅能够提升教学效率，还能创造更具吸引力的学习环境，激发学生的学习动力。

四、积极沟通能力

积极沟通能力是研学旅行指导师成功组织活动、建立良好人际关系和促进学生学习的关键，也是研学旅行指导师连接学生、家长、同事和社区的桥梁。它不仅能够提升研学活动的组织效率和教育效果，还能促进参与者之间的理解和合作，为学生提供一个安全、包容和富有教育意义的学习环境。这项能力涵盖倾听与理解、清晰表达与反馈、非言语交流、情绪管理与同理心、冲突解决与调解、跨文化沟通等方面。

（一）倾听与理解

倾听是积极沟通的基石，它不仅仅是听别人说话，更是理解对方的意图、情感和需求。研学旅行指导师应培养深度倾听的能力，无论是与学生、同事还是合作伙伴交流，都要给予对方充分的关注和尊重。例如，在与学生交谈时，研学旅行指导师应表现出真诚的兴趣，通过眼神接触、点头和重复关键词等方式，表明自己在认真倾听。通过倾听，研学旅行指导师能够捕捉到学生的非言语信号，如紧张、兴奋或困惑的表情，进而采取适当的措施，如提供额外的解释或安慰，确保学生在研学过程中感到被理解和接纳。

（二）清晰表达与反馈

清晰表达是有效沟通的关键因素。研学旅行指导师需要能够准确、简洁地传达信息，无论是讲解研学活动的安排、解释复杂的概念，还是给出反馈和指导。研学旅行指导师应使用学生能够理解的语言，避免行业术语或过于复杂的表述，确保信息的可接受性和可操作性。例如，在开展"古生物学探秘"研学活动时，研学旅行指导师可以使用生动的比喻和具体的实例，帮助学生形象地理解化石的形成过程和古生物的生活环境。此外，研学旅行指导师还应鼓励双向沟通，即在表达观点的同时，也欢迎学生提出问题和意见，营造开放的对话氛围。

（三）非言语交流

非言语交流,包括肢体语言、面部表情和声音语调,是沟通的重要组成部分,能够补充或强化言语信息。研学旅行指导师应意识到自身非言语行为的影响,确保其与口头信息一致,传达积极、自信和友好的态度。例如,在进行团队建设活动时,研学旅行指导师的微笑、开放的姿态和鼓励的眼神,可以激发学生的参与热情,营造轻松愉快的氛围。同时,研学旅行指导师还应注意观察学生的非言语线索,如肢体僵硬可能表示紧张或抗拒,适时调整活动节奏或提供额外的支持。

（四）情绪管理与同理心

情绪管理是指在沟通中控制和表达情绪的能力,而同理心则表现为深度理解并与他人情感产生共鸣的状态。研学旅行指导师在面对压力、挑战或冲突时,需要保持冷静,用理性而非冲动的方式回应,为学生树立榜样。例如,当学生因团队合作中的分歧而情绪激动时,研学旅行指导师应展现出耐心和理解,先安抚学生情绪,再引导他们通过对话解决问题。通过展现同理心,研学旅行指导师能够建立起信任和尊重,促进健康的人际关系,为研学旅行创造和谐的氛围。

（五）冲突解决与调解

在研学旅行中,由于参与者背景、兴趣和性格的多样性,冲突在所难免。研学旅行指导师应具备冲突解决的技巧,能够公正、及时地处理纠纷,避免事态升级。例如,学生之间发生争执时,研学旅行指导师应首先倾听各方意见,确保每个人都有表达的机会,然后引导学生找到共同点,鼓励他们从对方的角度思考,最终达成共识。研学旅行指导师在调解冲突时,应保持中立,避免偏袒任何一方,同时强调团队合作的重要性,促进集体的和谐与团结。

（六）跨文化沟通

在全球化的背景下,研学旅行往往涉及不同文化背景的学生和目的地。研学旅行指导师应具备跨文化沟通的意识和能力,尊重和欣赏文化的多样性,避免刻板印象和文化偏见。例如,在组织"世界文化之旅"研学活动时,研学旅行指导师可以提前了解目的地的文化习俗和社会规范,向学生介绍相关的礼仪知识,如问候方式、餐桌礼仪等,以减少文化误解和冲突。此外,研学旅行指导师还应鼓励学生分享自己的文化背景,促进相互理解和尊重,增强研学旅行的教育意义和文化交流价值。

知识链接7-2

非暴力沟通——看到他人的美

非暴力沟通为我们指明了一条道路,以找出他人内在鲜活的生命状态。

它教导我们,在任何时刻,无论人们的行为或言语如何,都要去发现他们内在的美好。这要求我们与他人的当前感受和需要建立深刻的联系，正是这些构成了他们内在鲜活的生命状态。当我们这样做时，就能聆听到他们内心唱响的优美的歌。

我在美国华盛顿州的一所学校里辅导一些十二岁的孩子，告诉他们怎样用倾听与人们建立连接。他们希望我讲讲怎样面对家长和教师。他们心中有所顾虑，如果向家长或教师敞开心扉、袒露自我，会得到怎样的回应。其中一名学生说："比如说，马歇尔，我坦诚地对待一位老师。我说我还是不明白，问她能不能再讲一遍。可是老师却反问我是否没有认真听，她已经讲过两遍了。"另一名学生说："昨天我向爸爸提出了一些请求。我想告诉他我的需要，但他却说我是家里最自私的孩子。"

所以，这些学生都迫切希望我能告诉他们，如何与生活中这样回应他们的人通过倾听建立联系。他们现在只会把那些矛头指向自己，认为是自己有问题。我告诉这些学生，如果你能学会用倾听与他人建立连接，你就会听到，他们的内心一直都在唱着一首优美的歌。他们是在邀请你去了解他们内在鲜活而美好的需要。我让他们知道，如果在那个时刻能与其他人的内在能量相连，在人们传达给你的每一条信息的背后，你都能听到他们内在鲜活的需要。

（资料来源：马歇尔·卢森堡，《用非暴力沟通化解冲突》，华夏出版社，2015年）

⛵ 拓展资源

1. 罗伯特·西奥迪尼，《影响力》，北京联合出版有限公司，2021年。
2. 马歇尔·卢森堡，《非暴力沟通》，华夏出版社，2021年。

⛵ 微 语 录

同理的核心是"临在"——全然地与他人以及他们当下的体验同在。

——马歇尔·卢森堡

⛵ 课后练习

理论思考

请结合自己的优势与就业倾向，深入思考你决定从事研学旅行服务的可能性有多大？该如何做才能提升这种可能性呢。

实操训练

1.广泛开展社会调研,设计一份调查问卷,重点调查并分析研学旅行从业人员的现状,写一份调查报告。

2.寻找并采访一位在研学旅行服务领域比较有经验的学长,从职业理想、职业技能等方面分析他比较成功的原因,并说明对你未来从事研学旅行相关工作的启发。

参 考 文 献

[1] 王晓燕，韩新.研学旅行来了[M].西安:陕西人民教育出版社，2019.

[2] 魏巴德，邓青.研学旅行实操手册[M].北京:教育科学出版社，2020.

[3] 王煜琴，赵恩兰.研学旅行执业实务[M].北京:旅游教育出版社，2020.

[4] 赵利民.研学旅行概论[M].北京:中国人民大学出版社，2021.

[5] 薛兵旺，杨崇君.研学旅行概论[M].北京:旅游教育出版社，2023.

[6] 杨振之，李慧.研学旅行概论[M].武汉:华中科技大学出版社，2022.

[7] 潘淑兰，王晓倩.研学旅行概论[M].武汉:华中科技大学出版社，2022.

[8] 卫红，郑远帆，郑耀星.研学旅行资源概论[M].武汉:华中科技大学出版社，2023.

[9] 罗祖兵.研学旅行课程设计[M].北京:中国人民大学出版社，2022.

教学支持说明

为了改善教学效果,提高教材的使用效率,满足高校授课教师的教学需求,本套教材备有与纸质教材配套的教学课件和拓展资源(案例库、习题库等)。

为保证本教学课件及相关教学资料仅为教材使用者所得,我们将向使用本套教材的高校授课教师赠送教学课件或者相关教学资料,烦请授课教师通过加入旅游专家俱乐部QQ群或公众号等方式与我们联系,获取"电子资源申请表"文档并认真准确填写后发给我们,我们的联系方式如下:

地址:湖北省武汉市东湖新技术开发区华工科技园华工园六路

邮编:430223

研学旅行专家俱乐部QQ群号:487307447

研学旅行专家俱乐部
群号:487307447

扫码关注
柚书公众号

华中科技大学出版社
http://press.hust.edu.cn

电子资源申请表

填表时间：_____年____月____日

1. 以下内容请教师按实际情况写，★为必填项。
2. 根据个人情况如实填写，相关内容可以酌情调整提交。

★姓名		★性别	□男 □女	出生年月		★职务		
						★职称	□教授 □副教授 □讲师 □助教	
★学校				★院/系				
★教研室				★专业				
★办公电话			家庭电话			★移动电话		
★E-mail（请填写清晰）						★QQ号/微信号		
★联系地址						★邮编		

★现在主授课程情况	学生人数	教材所属出版社	教材满意度
课程一			□满意 □一般 □不满意
课程二			□满意 □一般 □不满意
课程三			□满意 □一般 □不满意
其 他			□满意 □一般 □不满意

教 材 出 版 信 息	
方向一	□准备写 □写作中 □已成稿 □已出版待修订 □有讲义
方向二	□准备写 □写作中 □已成稿 □已出版待修订 □有讲义
方向三	□准备写 □写作中 □已成稿 □已出版待修订 □有讲义

　　请教师认真填写表格下列内容，提供索取课件配套教材的相关信息，我社根据每位教师填表信息的完整性、授课情况与索取课件的相关性，以及教材使用的情况赠送教材的配套课件及相关教学资源。

ISBN（书号）	书名	作者	索取课件简要说明	学生人数（如选作教材）
			□教学　□参考	
			□教学　□参考	

★您对与课件配套的纸质教材的意见和建议，希望提供哪些配套教学资源：